プレデール
立地論と地政学

経済のグローバル化と国家の限界

水野忠尚
Tadahisa Mizuno

早稲田大学エウプラクシス叢書——011

早稲田大学出版部

Andreas Predöhl's Location Theory in the World Economy and Geopolitics

MIZUNO Tadahisa, Doctor of Economics, is an adjunct researcher at the Institute for Research in Contemporary Political and Economic Affairs, Waseda University.

First published in 2018 by
Waseda University Press Co., Ltd.
1-9-12 Nishiwaseda
Shinjuku-ku, Tokyo 169-0051
www.waseda-up.co.jp

© 2018 by Tadahisa Mizuno

All rights reserved. Except for short extracts used for academic purposes or book reviews, no part of this publication may be reproduced, stored in a retrieval system or transmitted in any form whatsoever—electronic, mechanical, photocopying or otherwise—without the prior and written permission of the publisher.

ISBN978-4-657-18801-4

Printed in Japan

は じ め に

　ギリシャ問題などに続いてイギリスの EU 離脱で欧州は大きく揺らいでいる。またロシアによるクリミヤ半島問題，ウクライナの混乱，さらにはシリアをはじめとする中東の混乱，中国の強引な海洋進出に加えて，アメリカの大統領の交代，北朝鮮の核問題など世界の安全保障をめぐる政治体制は不安定化している。いわゆる地政学リスクが高まっている。一方，経済においては，リーマン・ショック，中国経済の減速などに象徴される世界経済情勢も不透明感を増している。グローバル化する世界経済は，各国を巻き込んで新たな局面を迎えている。これまでグローバル化は，世界政治，安全保障の安定化した枠組みのうえで進展してきたことをもう一度考えてみる必要がある。こうした状況下における世界経済秩序の動揺，安定化について考える手がかりを与えるのが，アンドレアス・プレデール（Andreas Predöhl, 1893–1974）が提示した立地論を基盤とする世界経済論である。有名な学者であるにもかかわらず，日本において今一つ知名度が低く，ここに再認識する価値のあるものとして訴えようとするものである。

　シュンペーター（Joseph Alois Schumpeter, 1883–1950）は，有名な『景気循環論』の序において，キール世界経済研究所のハルムス（Bernhard Harms, 1876–1939）とプレデールに感謝の意を表している（Schumpeter 1939, p. viii）。シュンペーターは，翻訳書も多く，経済学者として広く世界に知られている。またそこまでではないにしろ，ハルムスについては，日本でも世界経済論の提唱者として知られている。しかし経済学者としてのプレデールの名は，戦時にかけての一時期を除いて殆ど知られていない。

　本国ドイツにおいても，プレデールについては，これまで部分的，断片的にしか取り上げられてこなかった。本書ではプレデールの思想を，戦前そしてナチス時代から戦後の欧州統合論に至るまで，一貫した経済統合論として 1 つのまとまった見方であるとして取り上げ，論じる。

　プレデールの見方は，過去の時代のものではなく，現在の EU やアメリカ，東南アジアにおける分離，統合，保護主義の動きを考えるうえで，基本的な見

方を提供する。彼の思想のなかに，混沌とするリスクを秘めている今後の世界経済と世界政治の秩序を展望する手がかりを見出すことが期待される。

かつてドイツを代表する大物経済学者の一人として有名であったプレデールは，すでに戦前から経済発展に伴うグローバル化と国家のあり方の問題を理論的に論じていた。拡張していく経済空間と国境に留まる国家空間との範囲の違いから生じる緊張の問題を指摘した。しかしプレデールの名前は，第2次世界大戦後の復興が一段落し，世界経済が安定を取り戻すなかで次第に影を薄くしていった。

プレデールは，ハルムスのもとで学生時代から一貫してともにあり，キール世界経済研究所の同僚となり，最終的にはヒトラー政権により追放されたハルムスの後を引き継ぎ，キール世界経済研究所所長，並びにキール大学総長となった。ヒトラー政権下で政権に協力しながらも，研究所と大学をナチスの手から守り通したとみることもできる。

また，戦後再構築された（新）社会政策学会においては，立地論と国際経済学の関係についてハーバラーやレオンティエフと議論を戦わせ，それなりの存在感を与えていた。そしてこの間，再び欧州統合論者として活躍し，直接的，間接的に拡大ECやワイダー・バンドのEMS成立にまで関わった。

政治的には，のちにハンブルク大学教授からブラント政権の経済大臣となるカール・シラー（Karl Schiller）とともに戦前からSPD（ドイツ社会民主党）に参加し，戦後の社会民主党初のブラント政権下では，経済大臣になったシラーを助け，交通政策審議会議長としても関わっていた。

しかし重要人物ではありながら，プレデールが戦後それ程多く取り上げられなかったのは，やはりナチスとの関係が尾を引いているとみられる。彼の専門とする立地論自体が，ナチスの生存空間論に似てみえてしまう側面を持っていたこともまた否めない事実である。

プレデールの論じる経済と政治の関係は，経済のグローバル化のなかにある国家のあり方に問題を提起する。世界経済の発展とともに，とりわけ欧州において各国の経済空間は，国境を越えて拡大し，幾つかの集積を呑み込んで，欧州全体を1つにまとめる経済統合への途を進んでいった。

プレデールは，短期的には，経済の空間が国家の空間に対して受け身であることを指摘し，特に不況期には，国家の政策も失業対策など国境の内側で国民経済としての防御が求められるものであるとした。しかし長期的にみれば，経済の合理性に逆らって自立を求める国家のあり方は，可能な限り他国に頼らない国家を理想とするアウタルキーの国家観と他国との協調を求める世界経済との関係にあり，どのように経済と国家のバランスをとっていくのかという問題に帰着することを見通した。これは国家空間から議論を立てる地政学と近似するともいえるし，真逆ともいえる見方である。

　プレデールの理論は，立地論，経済地理学，空間経済学のみならず，国際経済学，政治地理学／地政学，近現代史，学説史，社会学など関係してくる学問分野は非常に多い。こうした学際的な分野での分析は必ずしも十分ではない。しかしプレデールの学問的に意味するところは大きく，自らの浅学非才を省みず，現代にも当てはまる意義を持つものと確信し，敢えてこの書を出版してプレデール理論の存在を広く知らしめたいと思うものである。

水野　忠尚

目　次

はじめに　i

序　章▶プレデールとは何者か‥‥‥‥‥‥‥‥‥‥‥‥‥‥‥ 1

第1節　本書の目的　001
第2節　プレデールの略歴とキール世界経済研究所　002
第3節　プレデールの統合思想の背景　005
第4節　プレデール理論の概要　006
第5節　本書の構成　010

第1章▶テューネン孤立国の社会モデル
──合理的な農業生産と孤立国の社会‥‥‥‥‥‥‥ 013

第1節　孤立国の概要　013
第2節　交通の役割と孤立国の拡張　017
第3節　工業生産に対する課税効果　019
第4節　孤立国の社会における分配の問題　021
第5節　テューネンの理想社会と現実への処方箋　028
第6節　合理性に基づいた社会　030
付　録　自然賃金の農場モデル　032

第2章▶リストの立地空間と世界連邦‥‥‥‥‥‥‥‥‥ 035

第1節　領邦国家から国民国家，そして世界連邦へ　035
第2節　普遍的な経済合理性と歴史から生まれる国民経済学　038
第3節　経済発展段階論と重商主義批判　040
第4節　政策と政治空間　042
第5節　リストにとっての経済空間　043
第6節　交通の発達と貿易　044
第7節　リストの最終目標　046

第3章▶ヴェーバーの経済地理学批判と現実的理論 ………049

第1節 『工業立地論』と経済発展　049

第2節 ヴェーバーの経済地理学批判　058

第3節 ヴェーバー純粋理論に対する批判と現実的理論　064

第4節 現実的理論への手掛かり　070

第5節 純粋理論と現実的理論　073

第4章▶プレデールのヴェーバー批判とレッシュの見方
──補完理論としての立地論と国境の扱い …………075

第1節 古典的工業立地論としてのヴェーバー　075

第2節 ヴェーバーの貿易政策論　077

第3節 リストの世界連邦とヴェーバーの欧州生産力の連邦　080

第4節 プレデールとレッシュの評価　081

第5章▶国際分業をめぐるハーバラー，
レオンティエフとの違い……………………………089

第1節 プレデールとハーバラーの議論　090

第2節 レオンティエフとの視点の違い　093

第3節 2つの流れに分かれる立地論　095

第6章▶プレデールの経済空間と政治空間の統合理論……099

第1節 戦前と戦後の連続性　099

第2節 プレデール理論に影響を与えた思想　101

第3節 経済空間と国家空間　106

第4節 プレデール理論体系の集大成 *Außenwirtschaft*
（『世界経済論』）　112

第5節 「世界経済の集中の極」における欧州の国家空間　118

第6節 経済空間の連続性　121

第7章▶ナチス広域経済圏構想におけるプレデール ……… 127

第1節　世界経済の行き詰まり　127
第2節　ナチス大空間経済構想　130
第3節　フンク声明とアウタルキー政策を補完する貿易・決済制度　135
第4節　共鳴する思想と中立性　142

第8章▶プレデール立地論と地政学
──戦時下の日本における誤解 ……………………… 147

第1節　立地論とアウタルキー　147
第2節　戦時下の日本における誤解　150
第3節　学問としての地政学との近似性　155
第4節　時代に流された日本の立地論　161

第9章▶プレデールの欧州統合論 ……………………… 165

第1節　ドイツ経済思想における欧州統合　165
第2節　プレデールの欧州統合論と経済政策　168
第3節　プレデールの空間認識の独自性　176
第4節　現実の欧州統合　182

第10章▶プレデール理論の残された課題 ……………… 187

第1節　世界経済の環境変化　187
第2節　プレデール後継者たちの理論展開　188
第3節　ゆらぐ第3の「集中の極」の捉え方──アジアの地理的空間　196
第4節　レンパーによるプレデール理論の解釈　198
第5節　プレデール理論の限界と課題　201

終　章▶本書のまとめ ………………………………… 211

第1節　立地の合理性と国民国家　211
第2節　欧州生産力の連邦と国家という2つの視点　212
第3節　プレデールの空間統合理論　212

第4節　プレデール理論の評価と課題　215
第5節　現実との接点　217

お わ り に　221
参 考 文 献　225
人 名 索 引　237
事 項 索 引　240
英 文 要 旨　251

アンドレアス・プレデール
(出所) Predöhl, Andreas, *Gestaltungsprobleme der weltwirschaft*, 1964.

序 章
プレデールとは何者か

第*1*節　本書の目的

　本書ではアンドレアス・プレデール（Andreas Predöhl, 1893-1974）の経済統合の思想を中心に，経済発展による空間の拡張と国家の領域との関係を論じる。それは経済統合という行動のなかに象徴される。これまでプレデールに関しては，ヴェーバー工業立地論に価格理論を導入し近代化を図ったとして経済地理学で多く取り上げられているほか，ナチスに関係した学者として近現代史の視点から論じられることはあるが，特定の限定された部分的，個別的分野に留まり，思想として全体像を論じたものはない。

　本国ドイツにおいては，依然としてナチスとの近親性が問題とされており，戦時下においても戦後においても彼の研究は極めて限られた範囲でしか論じられていない。そのなかで，日本において戦後唯一森本憲夫教授が世界経済論としてプレデールを取り上げている。しかし，戦後の中心である経済統合論にまでは及んでいない。したがって先行研究としてまとまったものはいまだないといえる。

　ハンブルク大学教授のカッペル（Robert Kappel）は，ドイツ立地論の創始者といわれるヨハン・ハインリッヒ・フォン・テューネン[1]（Johann Heinrich

---

1)　戦前を含め一般的にはチューネンと表記されることが多いが，本書では経済学史学会の表記法に従い，テューネンと表す。

von Thünen, 1783-1850）の『孤立国』について，当時のイギリスという中核地に対して東プロイセンが農業地帯として限界地にあったことを指摘し，こうした状況の下で構想されたものだと説明している。一方，テューネンと同時代のフリードリッヒ・リスト（Friedrich List, 1789-1846）は，当時のドイツの状況を農業段階にあることを認め，工業化の時代を見越して，狭い領邦国家の統合を進め大きな経済空間を創るべく，関税同盟を主張したことは度々取り上げられている。この国家と関税の関係を問う問題意識は，のちにアルフレート・ヴェーバー（Alfred Weber, 1868-1958）による欧州大陸の生産力の連邦の提唱に繋がるものであった。

　本書の中心となるプレデールは，欧州大陸に拡大したテューネン孤立国の提示した同心円が，初めて欧州において「世界経済の集中の極」として形成されたことを取り上げた。世界経済の発展と拡大に伴い，これに続いて北米大陸において1つの自立した経済空間が形成され，第2の「世界経済の集中の極」が生まれた。また同じ欧州大陸に対して限界地であったロシアにおいても，計画経済による第3の「世界経済の集中の極」が成立されたことを主張するものであった。同じ時期に世界経済の外れにあった極東アジアの日本においても小さいながらも自立した第4の「世界経済の集中の極」が構築された。

　本書では，こうしたプレデールの立地論に従って世界経済における統合問題を中心に取り上げ論じる。テューネン孤立国に始まった立地論，つまり経済空間の理論が，政治との関わりのなかで，特に地政学との近似性も問われるなかで，自立した体系を保っていることを確認し，プレデールの立地論的世界経済論が依然として現代的意義を失っていないことを主張しようとするものである。

第2節　プレデールの略歴とキール世界経済研究所

1　プレデールの生い立ち

　アンドレアス・プレデールは，父マックス（Max Predöhl, 1854-1923），母クララとの間に1893年10月26日ハンブルクに生まれた。父マックスは，1910年から1917年にわたり，ハンブルク自由都市の第1市長を3度，第2

市長を2度繰り返し務めており名門の家柄といえよう。

　プレデールは，1912年から14年の間ベルリンとボンで法学を学んでいたが，1914年第1次世界大戦勃発のために学業は中断した。戦時中は当初陸軍で働き，のちには空軍に転じ飛行隊長を務めたという。

　第1次世界大戦終了とともに学業に復帰し，キール大学で経済学をキール世界経済研究所創設者ベルンハルト・ハルムス（Bernhard Harms, 1876-1939）のもとで学び，1921年博士号を取得，1924年には教授資格を取得した。

　1921年から1930年にかけて，ハルムスのもとでキール世界経済研究所並びに海運研究所の助手を務めた。この間1921年からSPD（社会民主党）党員であった。1922年にはエマ（Emma）と結婚している。また1925年から28年の間，ロックフェラー基金のフェローとしてイギリス，アメリカ，カナダに研究旅行を行っている。

　1930年にはケーニッヒスベルク商科大学の正教授に招聘され，この間にソビエト連邦にも研究旅行をしている。そして1932年キール大学に呼び戻され，教授職に就いた。後に本人も書いているように，キールにおいては学生として，助手として，同僚として常にハルムスとともにあった（Predöhl 1972）。

　しかしワイマールからナチスに政権が変わると，ユダヤ人スタッフの処遇にからんで，ハルムスはその地位を追われた。最終的に直弟子であるプレデールが1934年7月に研究所の後を継ぎ，1942年から45年までキール大学総長も務めた。この間1937年にナチス党員となったともいわれる。

　第2次世界大戦終戦の直前にキール世界経済研究所長を交替したが（交替させられたとの説もある），キール大学の教授職には戦後も留まった。1946年にはSPDに再入党し，1950年弟子であるカール・シラー（Karl Schiller）を助け，党の経済政策プログラム（Godesberger Programm）の起草にも加わったといわれる（Scheuplein 2009, p. 88）[2]。1953年にキール大学からミュンスター大

---

2)　1959年にバート・ゴーデスベルク綱領としてまとめられた社会民主党の綱領は，戦後の混乱からドイツが主権を回復すると，1952年にまずドルトムント行動計画が作られ，54年にはベルリン行動計画綱領となり，58年には基本計画並びに組織改革草案が検討された上に出来上がったものといわれる。このどの段階でどの程度プレデールが加わったのかは不明である。

学に移り，ミュンスター大学総長にもなった（1959-1960）。1962年から64年には，戦後復活した（新）社会政策学会の経済政策委員会の議長を務めている。その後もハンブルク海外研究所の初代所長（1965-1969）として働くかたわら，政府の交通政策審議会座長などを務め活躍し，1966年には功労大十字勲章を受章している[3]。

1974年7月18日ミュンスターにて逝去。子供はなかった。なお，主要な著書に *Außenwirtschaft*（1949，改訂1971），*Verkehrspolitik*（1958，改訂1964），*Das Ende der Wirtschaftskrise*（1962）などがある。

2　キール世界経済研究所

プレデールの研究活動に関して特記すべきはキール世界経済研究所の存在である。キール世界経済研究所の広報誌によれば，世界経済研究所は1914年2月にキール大学王立海運並びに世界経済研究所として設立された。初代の所長ハルムスは，図書館を体系的に整備し，資料・情報の充実に努めるとともに，研究と実践とを結び付けることを重視したといわれる。1920年には財閥クルップ家の家屋敷の提供を受け，研究所は移設された。財政的には大学，プロイセン国家，そしてロックフェラー基金，篤志家の寄付によっていた。

しかし政権がナチスに移ると圧力が強まり，ハルムスは1933年名誉教授として引退させられ，ナチスに傾倒するイェッセン（Jan Jessen, 後にヒトラー暗殺計画に加担したとして処刑される）が引き継いだが続かず，プレデールが1934年から所長を務めた。以降研究所名も今日のキール大学世界経済研究所（Institut für Weltwirtschaft an der Universität Kiel）となった。プレデールのもとでユダヤ人による書籍，海外雑誌の購入も保護され，研究所は1939年からナチスの大空間経済体制の研究に注力した。後に戦時研究の独占的な中心となった。

戦後，研究所所長は，バーデ（Fritz Baade, 1948-1961），シュナイダー

---

3)　本パラグラフに関しては，Hein, Wolfgang and Kappel, Robert. *Raum, Welt, Wirtschaft: Andreas Predöhl - eine deutsche Wissenschaftlerkarriere*, Hamburg, GIGA No. 252, 2014, pp. 8-11 が参考になる。

(Erich Schneider, 1961-1968)，ギールシュ（Herbert Giersch, 1969-1989），ジーベルト（Horst Siebert, 1989-2003），スノワー（Dennis Snower, 2004-）と引き継がれている。また戦前から関係した著名研究者は，レオンティエフ（Wassily Leontief, 1906-1999），コルム（Gerhard Colm, 1897-1968），レッシュ（August Lösch, 1906-1945），シラー（Karl Schiller, 1911-1994），シュナイダー（Erich Schneider, 1900-1970）など多彩であり，名門研究所である。戦後も日本から，慶應大学から気賀健三，山本登，神戸大学から生島廣治郎などがプレデールのもとを訪れている。さらにはシュナイダーの時代には，早稲田大学から伊達邦春，東京大学から大石泰彦が訪れた。また，学習院大学の島野卓爾は，キール大学で博士号を取得したのちにも，２度にわたり客員教授として教壇に立っている。

第3節　プレデールの統合思想の背景

1　ヴェーバー工業立地論の問題提起

アルフレート・ヴェーバーは，工業立地について幾何学の手法を使い，全体の運送費が最小になる場所に生産の場所が作られるべきであるとして，工業の最適立地の場所を論じた。資源・原料と消費地との間に描かれる立地図形による最適立地の決定は，その属する国の国境とは関係なく，また国境を無視した場所の選択の議論であり，費用最小を求める純粋理論として展開された。

しかしヴェーバーの経済関連の論文，著書のなかに，国境を考えない立地の最適化を目指した合理性を追求する純粋理論的な視点と，現実のドイツの国境にとらわれる実際的な視点との２つの見方が並存していた。またヴェーバーが提起した純粋理論と現実的理論の問題は，合理的立地の問題と歴史的・文化的に限定された国家空間との関係の問題であり，２つの見方は分裂したまま次世代のプレデールに引き継がれた。

2　合理的な経済空間と限定された国家の領域

経済空間と国境との問題は，プレデールにより経済空間と国家空間（政治空

間）との範囲の違いから生まれる緊張と調和の問題として展開された。経済空間は，国家空間のなかに存在する社会，文化，歴史から生み出される各国の国民が有する価値観により制約を受け，2つの空間のバランスを求めて経済政策として具体化されると主張した。

また，経済空間自体は，歴史のなかで展開する経済発展により，テューネン同心円のうえに，地域ごとに集中化をみせながら多様化して展開する。経済空間と政治空間は，各々拠って立つ基盤が異なるものとして理解される。ここに，2つの空間の間に生じる緊張状態の解消として統合問題が存在した。

大きく異なる政治体制の違いがあるとはいえ，プレデールにとってナチスの広域経済論と戦後の欧州統合論との間には，経済空間統合の流れが一貫して存在していることが，暗黙のうちに主張された。

3　経済のグローバル化と国家の自立の問題

こうして経済空間と国境の問題は，ヴェーバーを経て，プレデールのなかに明確な形として取り上げられた。そしてこの問題は，現在においても経済のグローバル化と国家の自立の問題として解かれるべきものとして未解決のまま我々に突き付けられている。

とりわけ経済がグローバル化するなかで，国家の自立の問題は複雑になる。国内の完全雇用を目指す経済政策は，一方において他国との経済関係の調整を必要とする。輸入を抑え輸出を伸ばそうとする国家の政策は，他国との関係，世界経済との関係で制約を受ける。したがって経済政策の範囲は，限定されざるを得ないことになる。経済のグローバル化の進展に伴い国家の主権は，次第に制約を受けてゆく。経済のグローバル化は，国家の自立の問題に大きな影響を与えている。

第4節　プレデール理論の概要

第6章を中心に論じるプレデールは，戦前・戦後をとおして一貫して世界経済の発展について立地論を基盤とする理論，世界経済論を展開した。プレ

デールの思想の特徴は，かつてタルコット・パーソンズ（Talcott Parsons, 1902-1979）が『経済と社会』のなかで描いたような，社会のなかの経済の位置づけ，機能を明らかにするものである。すなわち経済の機能を自律的な経済原理が支配する経済空間として国境を考えない立地論の視点から，特にチューネン同心円を意識するものであった。この空間のなかで経済の規則性，法則性が追求された。

　プレデールは，立地の選択の問題は技術と生産要素の組み合わせの問題であり，経済学の代替原理を応用することにより，ヴェーバーの工業立地論を価格理論と結び付けることが可能であり，経済学の特殊な1分野を構成するとの提言を行った（Predöhl 1925, 1928）。

　この考えは一方においてレッシュ（August Lösch）によって不完全競争の概念と結び付けられ，立地の一般原理の研究へと展開された。またアイサード（Walter Isard）をはじめ，クルーグマン（Paul R. Krugman）に至る数理化されたモデル研究へと繋がっていった。

　他方プレデールは，経済空間と国家空間との接点に対外経済政策が存在するという認識を戦後一段と強め，欧州統合論を展開した。

　欧州大陸に拡大したチューネン同心円は，各国の国境により分断され，そのために経済の効率化は阻まれることになる。プレデールは，この2つの空間（国家と経済）の範囲の違い，すなわち不一致により，とりわけ国境において緊張状態が生み出されることを指摘した。そして経済政策は，国家空間と経済空間との間に生まれる緊張を解消し，調和をもたらす機能を担うものであると捉えた。

　経済の持つ法則性は，国の内外を問うものではない。しかし国家空間は限定されており，それを許さない。政治空間には，国家の自立という経済とは別の判断があるからである。そこで対外的に関係する経済政策には，国内と国外との違いを調和させることが課せられると捉えた。

　しかし国家空間を中心に考えるとしても，国家の経済政策が適用される範囲には限界が厳然と存在する。プレデールは，国家と経済空間の範囲が一致しない場合，究極的には関係する国家間の相互の譲歩により経済統合を進め，2つ

の空間を一致させる必要があると考えた。すなわち政治空間は経済空間に歩み寄ることが求められた。

　国家空間は，経済空間に歩み寄ることにより，調和と安定がもたらされる。これは個々の国家にとって必要であるが，同時に拡大した経済空間全体からみれば，関係する各国の間で地域統合が進むことを意味する。

　19世紀の終わりから，欧州全体を包み込む経済空間において自由貿易と金本位制により世界経済が形成された。拡大してゆく経済空間において，生産の流れはウォーラーステイン（Immanuel Maurice Wallerstein）が商品連鎖（commodity chains）と表現したように（Wallerstein 1984），中核地を目指し，「集中の極」が形成され，完成品は中核地から世界中に輸出された。プレデールは，大きな経済空間の中心を「世界経済の集中の極」と呼んだ。

　しかし不況の時代には自国の失業を防ぎ国内の経済を守るために，各国の政治空間は，国境の垣根を高くするので，欧州の経済空間は国境により分断されていった。アメリカのような大国は，経済空間と政治空間の範囲が一致する程度が高く，それだけ有利であった。またロシア（ソビエト連邦）の空間は，力により欧州における国境での人・物の行き来を厳しく制限し，共産圏という限られた範囲に限定することでアウタルキー的な大空間を構築しようとした。

　しかし大国と異なり中小国家においては，国家間で譲歩ができない場合，軍事力による強い国家を中心とする広域経済圏の形成しか途はなくなる。ナチスの広域経済圏構想である。プレデールは，これを避けるために第2次世界大戦後の欧州統合の歩みにみられるように，関連する国々が国家の権力を相互に譲歩し，連邦的な経済統合を行うことが唯一の途であると論じた。各国の経済政策が各々独立してばらばらになり，相互の協調を欠く場合，経済の効率を損なうことは明らかである。したがってより良い効果を求めるなら，各国とも周辺国との間により一層踏み込んだ政策的協調が求められる。

　そして，そのためには相互の信頼は不可欠であるが，社会的，文化的，歴史的に様々に異なる世界に一律にこれを求めるのは難しく，政策は現実的には地域的な制約を受けることを指摘した。こうした相互の信頼が築けなければ，地域の経済は，地域の経済空間と国家の政治空間の範囲の違いに悩まされ，直接

関係する国家間のみならず，世界経済にもネガティブな影響をもたらすことになる。直接的な軍事的な行動は言うに及ばず，各国の法・社会制度の違いは，対外的な摩擦を喚起する可能性を秘めている。プレデールは，相互の理解と信頼が不可欠であり鍵となることを強調した。

　以上のような独自の思想がありながら，プレデールが戦後それ程多く取り上げられなかったのは，やはりナチスとの関係が尾を引いているとみられる。しかしプレデールは，戦後のドイツ（新）社会政策学会で，ハーバラー（Gottfried von Haberler）やレオンティエフ（Wassily W. Leontief）とも議論を戦わせ，また交通政策の権威として政府の交通政策審議会にも参画し，限定的ではあるがそれなりの存在感を示していた。

　ソビエト連邦の崩壊，東西ドイツの統合が進むなかで，プレデールの扱いには変化がみられ，1990 年代にはまずナチスとの関係が議論され，その多くは批判的であった。しかし 90 年代後半から，空間経済論の視点から再びプレデールの中核地―周辺地―限界地のモデルが取り上げられるようになった。そこには，プレデールが戦前から一貫してみせた立地論のうえに世界経済を論じる姿勢がみてとれる。

　プレデールの論じる経済と政治の関係は，世界経済のグローバル化のなかにある国家のあり方に示唆に富んだ問題提起を行うものである。経済学が体系化するなかで影を薄くする国家との関係を浮き彫りにし，短期的には，経済は国家に対して受け身であることを主張する。しかし中長期的には，経済の合理性に逆らう国家のあり方は，かつてプレデールが指摘したように，国家の自立を目指すアウタルキーと対立する経済発展との関係にあり，どのように経済と国家のバランスをとっていくのかという問題に帰着するものである。

　国内と国外との間の緊張の問題は，経済のグローバル化が進展するなかにおいて，国家が崩壊しないように国家が自立をどう保っていくかという現代的な問題である。対外直接投資の増大をはじめグローバル化する世界経済は，各国の選択できる経済政策の範囲を一段と制約し，他国を考えない完全雇用の達成は，各国とも難しくなっている。国家間の相互依存性を一段とクローズアップするものであり，各国を世界経済のネットワークのなかに緊密に取り込んでい

く。国際社会における相互信頼の重要性を強調し，相互信頼の構築努力のなかにしか出口を見出せないと主張するものである。プレデールの思想は，現代の経済社会が認めなくてはならない大事な点，すなわち国家のあり方とグローバル化して展開する経済の合理性との関係を問うものである。そしてその出口には，相互信頼しかないとするものであり，彼の思想は，現在でも有益なものであり，ここにプレデール思想の再評価が求められる所以である。

第5節　本書の構成

　本書の構成は，かかる視点をふまえ本章に続いて以下のようになる。

　プレデールの理論を考える場合，彼の議論を構築する出発点には，ハインリッヒ・フォン・テューネンの合理的な農業生産に基づく孤立国の世界が挙げられる（第1章）。そして同じ時期に領邦国家から国民国家への国家統合，すなわち，政治空間の統合により経済の内実化，発展段階を意識し近代化をはかろうとしたフリードリッヒ・リストの国民経済学の研究も欠かせない（第2章）。

　そして資本主義が発達した工業化の時代に，とりわけアルフレート・ヴェーバーの影響は大きい。ヴェーバーの『工業立地論』が指摘する資本主義の固有の運動法則をふまえた独自性と純粋理論の位置づけ，そしてそこに抱える問題をまず論じる（第3章）。『工業立地論』におけるヴェーバーの立地論は，抽象理論・厳密理論として展開されたが，しかし当該書のなかで予告された現実との橋渡しを行う現実的理論は，実際には提示されないまま終わった。最終的にはヴェーバーの理論は，プレデールにより経済学に対する補完理論としての役割を演じていることが指摘され，位置づけられたことを論じる（第4章）。

　しかしこうした捉え方は，国家を面のない点として捉えるところから議論を立てる国際経済学とは出発点において異なるものであった。戦後に再結成された（新）社会政策学会においても，プレデールとハーバラー，レオンティエフとの間の議論となるものであった（第5章）。

　プレデールの思想は，1949年の主著 *Außenwirtschaft* において「世界経済の集中の極」の思想に集大成する。それは立地論に基づき展開するテューネン

の同心円のうえに形成される。独立したテューネン同心円を国内に備える大陸の大国を除いて，拡張する経済空間とその内側にある国境は，2つの空間の範囲の違いから緊張を生み出す。この緊張を解消しようとする行動が，1つには，ナチスの広域経済圏構想であり，2つには，戦後の欧州統合の行動である。両者はともに同じテューネン同心円のうえに成立するものであり，経済空間は国家空間のあり方により影響を受けることを表している（第6章）。

　プレデールは，クリスタラー（Walter Christaller, 1893-1969）と同様に，ナチス政権と関わりを持ち，ナチス広域空間経済研究機関において，対外経済担当を任じた。そして，広域経済の決済制度の構築にも関わったとみられる。しかし彼の思想は，立地論からするもので根底において地政学とは一線を画していた。制海権にこだわるのは無意味であるとし，アウタルキーにも基本的に反対であった。プレデールの唱える立地の合理性のうえに国家空間から発する課題との調和を求める姿勢は一貫していた（第7章）。そして第3の「世界経済の集中の極」であるソビエト連邦（ロシア）との協調を経済的には重要であると当時はみていた（Predöhl 1934）。

　ここで全く反対の方向から，つまり政治空間の視点から空間を捉える地政学との関係を論じておく必要がある。プレデールの合理性を重視する立地論の見方と平行して，ラッツェル（Friedrich Ratzel, 1844-1904）の政治地理学にみられるように，集団による有機体の発展過程を重視するドイツ地政学の流れが存在する。異質なものでありながらプレデール立地論との近似する面が浮かび上がってくる。それは戦時下の日本においてプレデールの立地論も地政学のなかに組み入れてしまうという誤解を生みだすものでもあった（第8章）。

　立地論に関してナチスとの関係や地政学との関係に近いものが指摘されるものの，立地の合理性と国家空間との緊張というプレデールの基本姿勢は，第2次世界大戦が終結しても変わらなかった。国境により多く分断されている欧州では，戦後経済の復興発展を考える場合，何らかの形での経済統合が不可欠であった。中小国家がひしめく欧州大陸において，各国が国家の自立を求めてアウタルキー化を進めるのは，全く不可能であると考えた。プレデールが戦後展開した欧州統合論は，師である世界経済論提唱者のハルムスとも，同時代の

「発展の極」の理論を展開したフランソワ・ペルー（François Perroux, 1903-1987）とも異なるものであった。世界経済論においてもテューネン同心円という立地論の見方に立っているからである（第9章）。

　プレデールの死後，第2次世界大戦後のアジアの経済発展のなかで，プレデールの「世界経済の集中の極」の思想は，近年の空間経済学においても見直されており，ペルーと並んで議論の出発点の基礎概念として論じられている。しかし，発展するアジアにそのままでは適用できないものであった。アジアの発展，例えば東南アジアの経済統合についても，プレデールは，現実的に中心となる大陸，半大陸の大国を軸に考えており，ASEAN諸国としての統合の流れは，想定していなかったからである。

　そしてそれ以上に新しい切り口は，新たに取り上げられた経済の行動主体としての国際的企業，グローバル企業の存在と位置づけの問題である。これらのグローバル企業は中小国家を超える規模を持つ巨大なものに成長しており，経済空間にも複数の国家空間にもまたがって行動している。最終的にはこれらの課題をも含めて適応可能なプレデール理論の拡張が必要とされることを論じる（第10章）。

第1章
テューネン孤立国の社会モデル
——合理的な農業生産と孤立国の社会

第1節　孤立国の概要

　ヨハン・ハインリッヒ・フォン・テューネン（Johann Heinrich von Thünen）は，1783年北ドイツ，フリースランドの地主の旧家に生まれ，1810年からかつてのハンザ都市ロストック近郊のテローの農場の経営に従事した。そこはハンブルク市の東方100kmに位置していた。フリードリッヒ・リスト（Friedrich List）よりも6年早く生まれ，リストの死の4年後の1850年に同じテローの農場で息を引き取った。テューネンとリストは，同じ時代の人間であった。

　積極的な行動派のリストに比べ，同じ国民議会の議員に選ばれながらも，テューネンは謙虚であり地味にみえる存在である。しかし手の届く範囲ではあるが，実証的なデータ分析に基づいて，理論をモデル化するという学問的に大きな意義を持つ研究を行った。

　テューネンの『孤立国』は，1826年に『農業と国民経済に関する孤立国』と題して単行本として出版され，1842年に増補・改訂されて『孤立国』第1部となった。第2部第1編は，彼がテローの農場において生涯を終えた1850年に出版され，さらに13年後の1863年に第2部第2編および第3部が出版された [4]。

　テューネンは，アダム・スミス（Adam Smith, 1723-1790）を経済学の，そ

してアルブレヒト・テーア（Albrecht Thaer, 1752-1828）[5]を合理的農業学の師であると呼んでいる。テューネンの生きた時代は，フランス革命から続くナポレオンの時代であった。それは農民解放など農業改革が始まった時期でもあり，大土地所有者は農業企業家へと変貌し始めた新しい動きと同時に反動の時代でもあった。こうした不安定な時代のなかで『孤立国』は生まれた。

『孤立国』第1部では都市を中心として同心円状に農業生産が展開することが論じられる。中心にある消費地への距離に基づいて地代が形成され，各種作物の価格と作付けの範囲が，それぞれ運送費を反映して同心円状に展開することが述べられる。そして運送手段の改善により孤立国の範囲は次第に大きく拡大していく。無限にあった土地もやがて隣国と接するようになると，生産にかかわる課税の効果の問題が論じられた。

1　合理的な農業生産

テューネンは，1つのモデルとして孤立国を構想した．そこでは国家の構造として農業以外は，すべて中心都市およびその周辺に集中していると前提された。農業は生産物並びに生産方法の違いにより第1圏から第6圏に同心円状に展開された。

構成としては，中心にある第1圏には首都があり，政府，官僚，医者等が集まり，その国の唯一である市場において全農産物，全商品が取引される。交通手段は，馬車等がすべてで，水運・運河，鉄道はないとされる。狩猟・放牧業の第6圏から先は，人も住まない荒地であり，国境は定かではない。

想定される孤立国において，その形態には以下の前提が置かれている（1875-3. Aufl. Vol.1-1, p. 1）。

・1つの大都市が肥沃な平野の中央にある。

・平野には川も運河もなく，平野は全く同一の土壌で耕作に適している。

---

4)　本書ではテューネンの以下の著書に基づく。Thünen, J.H.von *Der isolierte Staat in Beziehung auf Landwirtschaft und Nationalökonomie, oder Untersuchungen über den Einfluss, den die Getreidepreise, der Reichtum des Bodens und die Abgaben auf den Ackerbau ausüben,* ed. Schmacher-Zarhin: Berlin, 1875-3. Aufl.

5)　テーアは，北ドイツのツェレに住む農業理論家で，三圃式に代えて合理的な方法を唱え，イギリスの穀物輪作制度を導入しようと試みた。

・都市から最も遠く離れたところで平野は未耕の荒地に終わり，この国は他の世界とは全く分離する。

・平野にはこの大都市以外に都市はなく，工芸品はすべてこの都市が国内に供給する。そして都市にはそれを取り巻く平野からのみ食料品が供給される。

　この条件のもとで農業が最も合理的に経営されるために，都市からの距離が農業にどのような影響を与えるかが論じられた。都市の近郊では，価格に比べ重量のある生産物，かさばって運送費のかかる生産物，遠方からはとうてい運送できない生産物が栽培されなくてはならず，また新鮮さが大切なものも同様である（*Ibid*. Vol.1-1, p. 2）。

　耕作地は，唯一の市場がある都市から離れるのに従い，運送費は増加するので，次第に各々の土地には中央の市場で付けられる価格に比して単位当たり費用負担のかからない作物生産が求められるようになる。その結果，農業生産物並びに生産方法ごとに同心円が明瞭に描かれることになる。

　都市を中心とする第1の環（第1圏）は，自由式農業であり，園芸作物が育てられ，肥料は都市から購入される。新鮮な牛乳も同じである。乾し草，わらの販売が行われ，他は遠隔地からでは輸送するには余りにも高価な生産物が都市に供給される。例えば馬鈴薯，キャベツ，カブ，青刈りクローバーである（*Ibid*. Vol. 1-1, p. 4）。

　土地の質は，すべて同一であることが仮定されており，農業生産物の費用構成は，生産費，運送費，地代に3分割される（*Ibid*. Vol. 1-1, p. 203）。

　第2の環（第2圏）は都市で使われる燃料となる林業である。以下続いて第3の環（第3圏）では輪作式農業，第4の環（第4圏）では穀草式農業，第5の環（第5圏）では三圃式農業，第6の環（第6圏）において狩猟・放牧業が営まれる。

　その国の富と人口とが増加するとともに，耕作地もより遠方にまで拡大し，運送費も増加し，これに応じて中心地の地代も上昇するので，中心部ではより集約的な農耕が有利になることが示される（*Ibid*. Vol. 1-1, pp. 172-246），（図1-1参照）。

図 1-1　テューネン孤立国の同心円

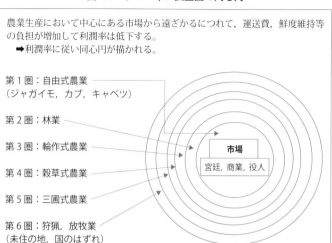

2　孤立国と現状への接近

ここで孤立国の前提条件は，現実に近付けるために緩和される。国内の都市は，『孤立国』の第1部第1編では，首都である大都市のみが仮定されたが，第2編では大都市に加えて，小都市が仮定される。穀物の価格は，依然として大都市により決定されることが前提とされるが，需要は大都市と小都市とに2分される[6]。地方に散在する小都市には，首都と同様に生活物資が供給されなくてはならないので，この小都市に近い農場は，穀物をこの都市へ向けて運送し，首都へは運ばれない。そこは「その他の都市圏」と呼ばれる。したがって首都では，この分の供給はなくなり，首都はこれらの供給地を失う。この場合首都の需要は，より遠方から満たされねばならないので，この需要を満たすために生産圏は広がらなくてはならないと説明する。この拡大につれて，耕作をしている平野の外縁から都市へ運送される穀物の運送費は増加し，首都における穀物価格はその分上昇する。しかし小都市における穀物価格は，首都におけ

6）のちにプレデールによりこの関係は，中核地と周辺核の関係として捉えられた（Predöhl 1971, p. 145）。

る市場の価格によって決定されると前提される。小都市でなく，相当に広い面積の独自の地域を考えることもできるが，自由に売買がなされる場合には，大都市の高い価格に引き寄せられてより多くの商品が集まるので，大都市が穀物価格に対する決定力を失うことはないとされた（*Ibid.* Vol. 1-2, pp. 272-273）。

　理論的にはこの小都市は均等に配置されることが最も効率的であり，国民経済的に望ましいことになる。生産地と消費地（首都）との関係が述べられ，これに鉄道，水運等が影響を与える。しかし価格は，依然として唯一の大都市にある市場で決定される。

　孤立国の農業者が都市からのみ買うことのできるすべての商品および材料の価格は，その農業者が住む土地の穀物価格を標準とするのではない。なぜなら彼らは商品が都市において有する価格に加えて運送費も支払わなくてはならないからである（*Ibid.*Vol.1-2, p. 273）。

　そこで前提とされた条件の幾つかは，現実とは以下の諸点において異なっている点に注意が喚起される。

1. 実際には，土壌がすべて同一肥力を持ち，また完全に同一の物理的性質である国は存在しない。
2. 川や運河に沿わない大都市というものはない。
3. 面積が広く大都市を有する国には，この首都のほかに地方に散在する多くの小都市が存在する。
4. 現実には，畜産物のみを産する未開の地域が動物性生産物価格に及ぼす影響が孤立国のように強い国はない。

（*Ibid.* Vol. 1-2, pp. 268-269）

　テューネンは，孤立国を形成する原理は現実においても存在するが，それが実際に現す現象は，孤立国の場合のように規則的に順次に並ぶことはなく，交互に錯綜すると現実との違いを付け加えている（*Ibid.* Vol. 1-2, p. 275）。

第2節　交通の役割と孤立国の拡張

　鉄道によって孤立国のこの無限の荒地に囲まれた国の遠隔地まで中心の都市

と結ばれる場合，そこから鉄道によって穀物を都市へ供給することが可能になるので，この国の広さは，どんどん拡張されることになる。その拡張は，気候の違いだけによっても南部と北部の農業がその性質を全く異にするほどの状況が生まれるまでになる。

第6圏の狩猟・放牧圏のはずれは，人のいない荒野が想定されており，それにより孤立国は他の世界と分かたれている。したがって，耕作がこの地に広がるのをさまたげるものは，孤立国では，土壌の性質ではなくて，単に農業生産物に関する市場への距離が大きいことのみである。そこで交通が発達するにつれて孤立国も大きく広がっていく。こうして孤立国は，単に静態的に留まるのではなく，経済発展のダイナミズムを備えており，動態的な構造を有している。孤立国は鉄道の延伸とともに拡大していく。

鉄道の延伸については，第2部第2編において蒸気船の出現とともに大きな効果が認められている。

「ロシアの内陸部において価値がなく，したがって質の高い製品の生産を刺激しないものは，鉄道によりより遠くまで送られ，その土地にはないが，住民の生活に役に立つ製品と産物が交換可能になる。ペテルスブルクからの鉄道は，トゥヴェール，モスクワ，カルーガ，トゥーラ，オリョール，クラコウを経てタウリンの海峡へ向かい，この国の主要都市，住民が最も集まる地域，黒海を直接的に内陸の入江と結びつけるだろう。リガからの第2の鉄道は，ビルナをへてオデッサへ，実りの多いが生産が少ないため殆ど荒れ地で分断されている東ポーランドをこの幅広い延伸で高度に耕作された地域に変身させ，そして同時に南と北の地方の交易への路を構築するのである。

この2つの鉄道の総延長は，500キロを超え……この投資は，単に利子をカバーするだけでなく，その国の豊かさの向上と人口増加によって，国富，国家の収入，対外的な国家の力を高める。」(*Ibid.* Vol. 2-2, pp. 104-106)

テューネンは，こうして空間の拡大に寄与する鉄道の効果そして交易の効果を高く評価した。そこで孤立国では，立地の効率性の観点から，都市は，その

大きさおよび相互間の距離に関して，国民の所得が最大になるように全国に分布されなくてはならないと立地上の配置の問題に言及する。こうした原則に適うのは，その生産物を商業および工業が最も安く作ることができ，最も安く消費者に届けることのできる点に立地する場合である。立地の問題は，消費地を規制すると同時に生産地を規定する（*Ibid*. Vol. 2-2, pp. 29-30)。再び気候の地域差の問題が取り上げられ，交通手段の改善による孤立国の拡大が論じられる。

> 「第 1 部で孤立国は必然的に気候の影響を一定と見做す必要があった。平野の直径 63 マイルにおいて気候は大した違いがないとして考察対象とはならなかった。しかし孤立国は，鉄道が引かれることにより，そしてその場合，設備投資の利子を国家の支払いと考え，鉄道の収入により取り立てられないと考えるなら，孤立国の耕作された土地は，300 マイル，つまりイタリアのカラブリア半島の南端からユトランドの北端にまで到達する。」
> (*Ibid*. Vol. 2-2. pp. 106-107)

このようにして孤立国も鉄道の延伸効果を享受し，交易が活発化する結果，農業生産も一段と増加することになる。孤立国の国富は増加し，広さも拡大し，欧州大陸を縦断するほどになるとされる。のちに森本憲夫が「チューネンの種子はこれがしだいに培養され，のちに世界経済にまで拡大されてゆくことになる。」（森本憲夫『世界経済学の研究』p. 216) と指摘しているように，テューネンの孤立国の世界は，世界経済にまで拡張される可能性を持っていた。ただそのためには，農業生産だけではなく，工業生産をも視野に入れていなければならない。テューネンは，プリミティブな生産過程とはいえ，次の節で述べるように工業生産にも言及している。

第3節　工業生産に対する課税効果

1　テューネンからみた工業生産の特徴

テューネンは，工業立地の研究には農業生産物の価格決定の場合に言及されなかった 2 つの点を加えなくてはならないと述べる。

1つ目は，利子の問題である。富んだ国の方が利子が低くなる原因は，物事の性質なのか，いろいろな国に分裂しているせいなのか分からないと率直に述べている。費用において利子が高い比重を占めるものもあれば，賃金や原材料のウェイトのほうが高く，利子の比重はそれほどでもない工業，手工業が存在する。この研究においては，商品の価格を労賃（Arbeitslohn），利潤（Kapitalgewinn）および地代（Landrente）の3部分に分解することが必要であるとした。この商品の費用構成の問題は，のちのアルフレート・ヴェーバー（Alfred Weber）の工業立地論によって分析され明らかにされるが，先駆的な指摘である。そして国々に分かれていることが高い金利に関係するという指摘は，直感的なものであろうが興味ある捉え方である。のちの経済統合論の基本認識を暗示させるものでもある。しかしその分析が，労賃，利潤，地代の3つの要因に留まるのは，やはり時代の制約というべきであろう。

　2つ目は，企業の規模である。ある場所で工業がどこまで大きくなれるかは，市場と販売範囲に依存することである。そして分業や機械の導入が，企業の大きさに依存することを指摘する。この点ものちに，マーシャル（Alfred Marshall）やレッシュ（August Lösch）などにより分析されるものである。

2　中心部のA国と周辺部のB国

　そして課税の問題が取り上げられる。第2部第2編第33章「商業自由の制限について」において，亜麻栽培と麻布製造の関係が具体例として取り上げられる。テューネンは，この影響・効果を明らかにするために，孤立国が分裂し，この両国が国境を挟んで別々の国に属する場合を検討する。

　中心から15マイルまでの豊かな国Aには，亜麻および麻布の輸入禁止の効果と，15マイルから外側にあるこれを生産する貧乏な国Bの富の状況への影響が議論される。つまりこれまで孤立国が1つであったものが，内側の環の部分にあるA国と利潤率の低い外側の環にあるB国とに分かれる場合を想定する。

　輸入が禁止されると，亜麻生産および麻布製造は，A国の国境に近い都市から15マイルの場所で行われねばならないことになる。しかしここでの土地は，

中心地から近いために地代は高く，賃金も都市から 30 マイル隔たった地方よりも高い。したがって麻布は，この場所から以前の価格よりも非常に高い費用で生産されて，都市へ供給される。しかし麻布は必需品なので，都市の住民はこれを負担しなければならない。

かつては穀物を生産し，今は亜麻を生産する A 国の農業者にとっては，亜麻がこのように高くなっても亜麻栽培を行うことによって少しも利益は増加しない。いまや亜麻が栽培される地方は，穀物を都市へ供給することはなく，これに伴い都市には穀物の欠乏が生じることになる。

では，不足の穀物はどこから来るのだろうか。

従来，亜麻を生産していたより外円にある B 国は，運送費が高いので本来穀物を都市に供給することはできない。亜麻栽培をしていた場所は，穀物生産の場に変わり，価格は穀物を都市へ供給しうる高さまで上昇することになる。

結論として，課税という商業自由の制限により，貧乏国 B では亜麻栽培地域が全滅する。富める国 A は，従来栽培地方向けに働いていた人を失い，面積，富，人口は減少する。したがって，A 国に対して破壊的反作用をもたらすことになる[7]。

テューネンは，輸入禁止措置が，こうして両国の負担になるにもかかわらず，当時の欧州では，輸入禁止制度，商業の制限が一般的に行われていると批判する。のちにプレデール（Andreas Predöhl）が指摘したように，テューネンの同心円が欧州全体に拡大した場合，中心に近い部分のみからなるイギリスは，欧州大陸と離れてはやってゆけない。まさに，政治的な自立をどこまで犠牲を払って維持するのかという問題に繋がってゆく。

第4節　孤立国の社会における分配の問題

こうして生産の合理性が貫かれる孤立国において，そこで達成された成果物は，働く人の社会に対して合理性を持って適切に配分されなくてはならず，

7）　これは見方によっては，アメリカと周辺国との NAFTA の関係に似てみえる。

『孤立国』第2部を中心にその合理的な分配方法が論じられる。そこでまず分配の対象主体が検討される。

　通常，分配を論じる場合には，地代，利潤，利子，賃金が論じられる。しかし孤立国では，後述するように自然賃金の方程式により資本と労働の間の分配のみが，すなわち利子と賃金のみが検討される。何故資本と労働だけを論じればよいのであろうか。そこにはテューネンの独自の見方が存在している。

1　経営利潤を構成する企業者所得と勤勉報酬

　第2部において土地地代は，収益の分配に際して国家に収納されて排除されている。注意を要するのは，前提としてテューネンは，以下にみるように，第2部第1編第7章において，企業家の経営利潤を資本家の事業執行者に等しいものとし，粗収入から生産費，管理費とともに控除している点である。こうすることにより企業家は，分配の議論から逃れることになる。同じ第7章の86ページにおいても，企業家の眠れぬ夜は不生産的ではないと述べているのに続き，次のように表現している。

　　「ある企業に投下された資本の収益をこのような方法で分解確定した後は，以下の研究においては，企業者というものを抽象し去り，これ［企業者］を経営利潤という労賃を与えられている資本家の事業執行者に等しいとみなすことが許されるであろう。」（*Ibid.* Vol. 2-1, chap.7, pp. 88-89 ／近藤・熊代訳 p. 367，［　］は著者による補記）

　ブレンターノ（Lujo Brentano, 1844-1931）は，1867年の論文でこの点についてすでに指摘している。「……企業者利潤はまさに粗収入から控除され，それはあたかも位置地代や経営コストと同じである，……」（Brentano 1867, p. 30）とし，そしてこの扱いについて，

　　「賃金と利子の関係をよりよく伝えることができるように，利潤として企業者利潤はすでに控除されていると判断を下すことを考えた。つまり企業者利潤を脇にどけておくことによってである。」（Brentano 1867, p. 34）

と解釈している。かくして経営利潤は，粗収入から控除されることになる。

　ここにある経営利潤控除の問題に関して，テューネン自身も企業家の働きは，

農場の管理人や代理人とは異なり，単なる費用項目ではないことを認めている。そうした労苦は，また勤勉報酬として表現されている（1875-3. Aufl. Vol. 2-1, p. 86）。

　しかし企業家が眠れぬ夜を過ごすのは，やはり利潤そのものと連動していると考える方が自然であろう。レックテンバルト（Horst Claus Recktenwald）も利潤について「テューネンは，この収益を各種のリスクに対する保険料に，そして企業の経営に対する手当に分けた」（Recktenwald 1986, p. 12）と表現し，この経営利潤は，単に資本家のための保険と経営手当として配分されるとしている。しかしそれ以上の議論は述べられてはいない。

　テューネンは，同編第7章の最後に，経営利潤を取り除くことにより，労働生産物の分配問題の場合には，労働者，資本家，および土地所有者のみが観察されると書いている（*Ibid.* Vol. 2-1, p. 89／同訳 p. 367）。

2 資本利子

　そして資本自体についてテューネンは，第2部第1編の序章において，過去において働いた賃金の一部（生存賃金を超える部分）が蓄積されて資本が形成されることを述べている。

> 「資本は労働生産物の集積，したがって完成した労働であって，一つの根源——人間の活動——から不断の労働によって生ずる。故に資本と労働は本質的に1つであって，ただ過去と現在という時間の経過において異なるのみである。」（*Ibid.* Vol. 2-1, p. 26／同訳 p. 321）

　つまり，資本は過去に蓄積されたものであり，時間的な差はあれ，両者はいずれも労働から発したものであると考えられ，労働の過去の蓄積と現在との関係の差に答えるのがテューネンの考えた自然賃金の方程式であるということができる。したがって，テューネンの自然賃金論は，過去と現在の労働のみから成る分配論ということができる（*Ibid.* Vol. 2-1, p. 26）。

　この認識のもとで，しかし一方建物等の利子の支払いは，収益配分の前にすでに経費処理されることとされている。利子には利益分配からなされるものと経費処理されるものの2通りを認めるのであろうか。利子は期間にかかわら

ず事前的に固定的ないわゆる他人資本である一方で，事後的に年々の収益に連動する株式の配当金のようなもの（いわゆる自己資本）でもある。

この点に関して，クルツ（Heinz D. Kurz）は「賃金と利子は事が終わってから，つまり生産期間の最後に支払われる」（Kurz 1995, p.124）といっているように，そもそも事後的に分配されるものである。クルツも指摘するように，ここに不整合が存在する。借り入れられた資本に対する利子は，貸し付け時に決定される固定利子を支払う他人資本の場合であり，自然賃金の方程式から導かれるものは，自己資本つまり株式資本のような収益からなされる配当のようなものである。

この原因についてレックテンバルトは，「変数間の次元は 2 次的なものである」と表現している（Recktenwald 1986, p. 20）。時間の次元が無視されていることによるものである。この点について根岸隆は，「テューネンは何を最大化したのか？」という論文で，テューネンは彼の社会厚生関数 U=a+y(1+r) の最大化を図ったと表現し，合理的な解釈を与えている[8]。

> 「……時間選好の概念を欠くテューネンの場合，労働者家計の 2 期間にわたる効用は単純にその消費可能額の合計である U=a+y(1+r) となる。つまりテューネンが最大化した yz は，いわば代表的労働者家計の効用水準であり，一種の社会厚生関数と解しても差し支えないであろう。」（根岸 2005, p. 94）

以上のように利潤，利子の問題は，追加的な解釈，時代的な制約などを勘案すると前提条件のなかに含めることにより吸収することは，あながち無理ともみえない。しかし，そのなかで議論されずに残る土地地代については，どのように理解すべきなのであろうか。土地地代，すなわち，孤立国において位置地代は，孤立国の基本的な基盤を構成し，第 1 部と第 2 部を連結させる重要なものであり，さらなる検討の必要がある。

---

8) a は生存賃金，y は余剰，r は利回り，z は賃料率。

3　分配に際しての位置地代の問題

（1）　位置地代の扱い

　ザリーン（Edgar Salin）がいうように，自然賃金を扱った『孤立国』第 2 部におけるテューネンの理解は，空間に対する認識が自然法則（Naturgesetz）に従う第 1 部の自然的―技術的観点から，経済法則（Wirtschaftgesetz）に従う文化的―歴史的な見方に変わっている（Salin 1967, p. 128 並びに p. 427）。 様相は一変し，それまで作物の種類・耕作法の配置にとって重要であった地代（Landrente）は，収益の分配を考察する段階になると姿を消す。

　テューネンは，地代に関して『孤立国』の第 2 部第 1 編第 14 章「孤立国においてはその限界に賃金・利率間の関係を定める場がある」において，土地が潤沢にあり，ただで入手できるという前提に立っている（Ibid. Vol.2-1, p. 140）。それは第 5 圏の三圃式農業圏の外側で，第 6 圏の未住の地と接する場所であるとされる。そこでは地代は 0 である。ここに収益分配の方程式が作られる。しかしそれ以外の場所では，地代は生産物の売り上げから折に触れその都度計算されているものの，その成果の分配になると地代は語られなくなる。その答えとして考えられるのは，第 1 部第 3 編第 38 章「土地地代の課税」において以下のように述べていることである。

> 「孤立国ではわれわれの土地の収穫は不変であり，そこでは土地地代はすべて国に帰属し，このことが土地の耕作に有害な影響を与えることはないとすることができると前提した。」（Ibid. Vol. 1-3, p. 352 ／同訳 p. 265）

と書き，この土地地代はすべて国に帰属し，土地の耕作を乱さないという前提に立つと，さらりと書いてある。この地代の部分は，『孤立国』第 2 部第 1 編第 1 章「不明瞭な自然賃金の概念」にみられるように，分配に関してテューネンが，地代を道徳的にも論理的にも返上されるべきものであると考えていたことを反映しているものとみられる。これは，地味一定の孤立国において，中心の市場からの距離の見合いで地代が発生するため，土地所有者の何らの努力に基づかず発生するものとして考えられており，個人の努力には全く関係のない土地の位置の問題と捉えられていることから生まれるものである。

　ただし以上は，土地地代（Landrente）についてであり，それ以外の一般的

な地代（Gutrente），特に土壌の改善については，

　「それによってより高い収入が得られるところの土壌の改良はしかしほと
　んどいつも莫大な費用を必要とし，そして多くの場合改良に投下された資
　本の利子は，農場の純収益が増加する額とほとんど同じである。」(*Ibid.*
　Vol. 1-3, p. 213 ／同訳 p. 266)

つまり地代に関して資本の働きによる土壌の改良があることを認めている。
しかしテューネンは，孤立国において地味一定の前提を最初から置いたため，
これ以上の議論には進まない。

　ザリーンがいうよう，孤立国において地味一定の前提を置いたことから，そ
の結果運送費と差額地代のみが対応せざるを得なくなっていた。またエングレ
ンダー（Oskar Engländer）は，テューネンが立地の選択の議論から地代を外
しており，運送費と生産費のみが2点間の立地の選択に考慮され，地代が代
替関係から無視されていると批判している（Engländer 1925, p. 499）。この点
ものちに議論となるものである。

　地味を一定とする前提は，そもそもリカードウ（David Ricardo, 1772-1823）
が『経済学および課税の原理』(1817, pp. 54-58 ／羽鳥卓也・吉澤芳樹訳 p.
106，および p. 108）のなかで，差額地代は土地の肥沃度と位置により構成され
るとしているが，リカードウとは反対に肥沃度を一定にした場合，残るのは位
置だけが問題となることとも整合するものである[9]。運送費と差額地代という
この両者が収入から控除されるなら，どの場所においてもその控除後の成果は，
賃金と利子の分配という問題になるはずである。つまり土地の地味を一定とす
れば，差額地代は最大の運送費と対象地点の運送費との差額から構成されるこ
とになる。

　すでに述べたように，テューネンは土地地代に対する課税は合理的な立地の
形成に影響を与えないものとされ，国民経済にとって害がなく，また道徳的で
もあるとみていた（*Ibid.* Vol.1-3, 第38章）。

---

9)　テューネン自身はリカードウの影響を否定している。テューネンは，第2部第1編 p. 65
において，自分の研究はスミスの著書に基づいていると述べている。実際テューネン『孤立国』
は，リカードウやセイの著書が出版されるよりも前に書かれている。

つまりテューネン孤立国の地代は，第1部第1編において資源の適切な配分機能を果たすとともに，第1部第3編において課税により引きさられてしまうという2つの顔を持っていた。単に地代を廃止するというのではなく，この2面的な使い分けが孤立国のモデルを成立させているということができる。言い換えれば，孤立国ではどの場所でも資源の合理的な配分機能として地代は存在するが，地主の所得にはならないことになる。

(2)　孤立国第1部と第2部とを繋ぐ地代の2面的扱い

テューネン研究の第1人者の近藤康男は，国家による課税というテューネンの発想に対して，『チウネン孤立国の研究』において第2部の利益の分配を論じるに際して，第1部で提示した土地地代をすでに検討済みのものとして課税について言及することなく，収益から控除するという見解を示している。すなわち，第2部で残りの利子，利潤，賃金だけを論じれば良いことにされている。この近藤の解釈は，論理的に第1部と第2部の連続性・整合性を上手く説明する解釈である。同様にブレンターノも，経営費用，位置地代，企業者利潤を控除したあと残ったものを労働者と資本家の間で分配すると述べている (Brentano 1867, p. 30)。

地代の議論は，地代が発生しないモデルの出発点において問題にならない。しかし本来ならそれ以外の場所，つまり地代がすでに存在する第5圏より内側の農場に適用する場合に発生するはずである。

近藤が第1部で検討済みであるとして控除した土地地代は，地主に帰属するのか，国家に帰属するのかは明示されていない。もし地代が地主に帰属するとすれば，第1部の地代による同心円は論理的な整合性を持つ。しかし，テューネン自身がこだわった不労所得を廃するという道徳上の観点から，国家による地代の課税を考えることもまた可能となる。

その場合，第1部の同心円はどうなるであろうか。同心円は何によって形成されるのであろうか。テューネン自身は他の課税と異なり，土地地代に課税することは，耕作に対して少しも悪影響を及ぼさないと明言している (*Ibid.* Vol. 1–3, 第38章)。

第1部でいう地代は，Vol. 1–1, p. 26において述べられているように課税

前である。しかるに Vol. 1-3, 第38章において控除するというのは，孤立国が整合性を持って成立するのかという問題を残したままである。この点で近藤説による地代の存在を認めることは合理的であるが，しかしそれはテューネンの考えとは恐らく異なるものであろう。レントは課税前なのか，課税後なのかについて，孤立国を一体としたものと考えるならば，両者を別々に扱うことはこの点で矛盾を残すものである。

　地代がすべて課税されてしまう土地にはそもそも流動性はないと考えられる。それでも土地を購入しようと考える者は，経営利潤を得ることにより償われるより他はなくなる。

　ここにおいて無難な解釈は，第1部第3編第38章の冒頭にある「土地地代の一部を国に差し出さなければならない場合，……」(*Ibid.* Vol.1-3, p. 348 ／同訳 p. 263) としつつも，そのあとで，

> 「だからこの土地の税は人口，資本の投下，生産物の数量に対するのと同じく，耕作の範囲に対しても有害な影響を示すことは少ないのである。しかり全土地地代が税で取り上げられても，土地の耕作はそれでも以前のまま残る。」(*Ibid.* Vol. 1-3, p. 349 ／同訳 p. 263)

としていることから，極端な場合，すべてを税として取り上げるとも表現しており，第38章の冒頭で書いているように，すべてなのか，また一部 (einen Teil) に留めるのかの迷いを暗示しているとも読み取れる。必ずしも論理的ではないが，同心円を壊さない範囲で課税すると解釈するべきものといえよう。この解釈は折衷的ではあるが，第1部で検討済みとする近藤の解釈にも，課税するというテューネン自身の叙述とも整合性を保つものである。すなわち，土地地代は，第1部の同心円を保つことを可能にする範囲において課税されなくてはならないという結論が導かれる。

第5節　テューネンの理想社会と現実への処方箋

1　合理的な社会における自然賃金の役割

テューネンにとって孤立国を通してみた当時の労働者の状況は，非常にみじ

めであった。その理由は，労働者に知識が欠けており，子供の教育に意欲が欠けているからであると考えた。その結果，労働者は企業経営者にも資本家にもなることができないとテューネンは分析した（*Ibid.* Vol. 2-1, pp. 43-48）。

その解決として，上述のように，労働者階級から農場の管理人，企業家，資本家階級への途が開かれることが必要であると考えた。そしてそのためには，余剰を含んでいるテューネンのいう自然賃金であることが必要であり，そのことによって，

1)　労働者の資本蓄積

2)　社会で高い地位につくための知識を得る教育

が可能になることを意味した。これが達成されれば彼の理想が実現できると考えた（*Ibid.* Vol. 2-1, p. 46）。

しかし現実には，賃金が自然賃金ではなく生存賃金といわれるほど低い水準にあり，これが貧困を持続させる原因であり，実際の賃金が生存賃金 a と 1 人当たり生産物の価値 p との比例中項 $\sqrt{ap}$ という彼の自然賃金から離れているために生じるものであると結論した（*Ibid.* Vol. 2-1, p. 210）。

2　社会的流動性の創出と暴力革命の回避

この自然賃金において，資本形成を可能にする賃金の生存賃金を超える部分は，一方において労働に対するインセンティブとして重要な役割を担っている。孤立国においては，よく働く者と働かない者が区別される。労働者自身にも努力する者としない者の区別が存在する。そこでは資本家・経営者階級に上昇する者とそうではない者とが想定されている。単なる平等主義とも異なり，努力することが重視されていた。

　「これ（教育制度は国費で整えられ維持されること）が完全に行なわれ，労賃は高められ，労働者が企業者のもたねばならない学校教育を受けるならば，従来両階級の間にあった柵は破れる。企業者の独占はなくなり，低い生活になれた労働者の子弟が企業者と自由競争を始めるから，産業利潤は逓減するであろう。無能な企業者（管理人等を含めて）は労働者階級になってゆかねばならず，有能なものはもはや報酬の少ない営業を捨てて，研究に

没頭したり，官吏として尽力したりするであろう——だからこの方面にも大きな競争が起きて，官吏の俸給は低下し，国家の行政費が節約されることになるだろう。」(*Ibid*. Vol. 2-1. p.46／同訳 pp. 336-337)

こうして自然賃金の超過分により労働者は貯蓄が可能になり，意欲のある者に社会階級の上昇への可能性が開かれる。この自然賃金において生産性の向上に伴い労働者の受け取り分も増えていく。同時に積極的な労働者は，労働者の地位から資本家になる。それがテューネンの理想であった (*Ibid*. Vol. 2-1, pp. 210-211)。

しかしテューネンが問題とするのは，自然賃金というこうした理想的なものがあるにもかかわらず，もし仮に多数を占める労働者が，低い生存賃金に疑問を持ち暴動を起こせば革命になってしまうという強い危惧であった (*Ibid*. Vol. 2-1, pp. 41-43)。こうした暴力革命を逃れる唯一つの出口は，両者にこの自然賃金の正しさを理解させることであり，国家にこの役割を期待した。

テューネンは，孤立国の空間において労働者の賃金を自然賃金として合理的に決定することにより，資本家に高い収益を保証するとともに，資本家と労働者の間に存在する緊張を取り除くことができると考えた。孤立国の空間の内側にある緊張は，自然賃金により解消され，社会的地位の上昇と交替という社会的な流動性を生み出す。この働きは国家のモデルとして，努力する者が報われる社会的なダイナミズムと秩序を創り出す1つの理想であった。

第6節　合理性に基づいた社会

テューネンは，孤立国の内側では獲得された成果物の配分を合理的に行う途を探り，独自の自然賃金という概念を打ち出した。これは最終的に労働者と資本家に和解をもたらすべく，暴力革命を回避すべき手段と考えられた。そこにテューネンは，単なる理論家，経営者という立場を超えて，自分の理想を込め，また実現可能な手段として提唱した。そして現実に自分の経営する農場に年金制度を導入するという実践に結びつくものであった。

テューネンの孤立国は，経済を社会全体のなかに取り込み，経済の合理性を

軸に社会全体を展望するものであった。その方法も数学的・論理的であるとともに、彼の農場生活のなかで入手された実体的な現実の数値を踏まえたものであった。経験と理論の両面を捉える1つの理想ともいえる姿勢を保っていた。シュナイダーはテューネンをして計量経済学の先駆者として評価している[10]。

しかし欧州大陸において産業革命に端を発する工業化の波、そして学問としての経済学の理論的な見方は、農業生産において苦心した地代のウェイトを、他の要素との代替肢の1つに圧縮することになる。また実体的にも、都市の近郊を前提に置いた重要な意味を持つ鉱山資源等は、同心円上に必ずしも特定された場所を与えるものではなかった。

そもそもテューネンの孤立国は、合理的な農業生産の途を示すとともに、素朴ではあるが、社会のあるべき姿を求める壮大なモデルであった。テューネンを動かしたものは、現実に展開する社会的な緊張状態を解消したいという願いであり、暴力によらず理性により合理的に緊張を解消し、社会正義を貫かんとするものであった。それは、狭い経済分野に留まるものではなく、孤立国の社会の全体性（Ganzheit）を考えるものであった。テューネンの『孤立国』では、資源の合理的配分が行われ、資本家と労働者階級の調和をもたらす分配が行われる経済学における1つの夢を描くものであった。これがテューネンの経済合理性に従って構築されるべき理想の国家であった。

しかしこうしたテューネンの姿勢は、価値判断に従って政策可能性を提言する理論構築であり、価値体系を実現するための道具として経済論理を志向したものでもあった。この方法論上の課題は後の時代になって議論となるものであった。

これに加えて以上の議論は、基本的に他国と国境を接することのない孤立した空間におけるものである。隣国と接し、生産活動が周辺国にまたがる場合、封鎖制度（Sperrsystem）をとることはできない。また鉄道・運河の発達により空間が拡張する場合、孤立国の中心は1つに留まる可能性は少なく、むしろ空間的に融合し、より大きく拡大し複雑になる。

10）　Erich Schneider 'Johann Heinrich von Thünen', *Econometrica*, Vol.2, No. 1, 1934, pp. 1-12.

そしてこの空間の拡大をもたらす中心となるのは，工業である。工業化のなかでアウタルキー経済[11]の構築は非常に難しいものとなる。孤立国は，歴史という制約のなかにあるものであり，直接現代に持ち込むことは不可能であった。資本主義の史的発展をふまえた理論の拡充と価値の体系を位置付ける場が必要であった。

付　録　自然賃金の農場モデル

1　自然賃金の位置づけ

すでに論じたように第 1 部で合理的な方法で最適生産された農産物に対して，第 2 部においてその成果物の適切な分配方法が検討された。

労働者が受け取る賃金は自然的か，それとも本来受け取るべきものが横領されているのだろうか。「労賃の低い原因は，資本家と土地所有者とが，労働者の生産する生産物の甚だ大きな部分を着服することにあるから……」(*Ibid.* Vol. 2-1, p. 38 ／同訳 p. 331) とテューネンは述べている。

テューネンは，「この法則の研究は単に国民経済学的に興味があるばかりでなく道徳的な関心事である。」(*Ibid.* Vol. 2-1, p. 39 ／同訳 p. 331) として自然賃金研究の重要性を訴えた。

「正義と真理を認識するなかに，利己心の抑制，それによって富者が不正なる所有物を自発的に返却する利己心の抑制の中に人類を発達と向上へと平和的に晴やかに導く手段がある。科学の尊く高い使命は，経験によらず，歴史の経過によらず，理性それ自身によって，それに向かって我々が努力すべき真理と目的を究め認識することである。」(*Ibid.* Vol. 2-1, p. 43 ／同訳 p. 334)

テューネンは，この問題を解決するために，地代の発生しない孤立国の限界地に農場を創るというモデルを考え出した。

---

11)　基本的に国内で原料，食料など必要資源を確保し，生産物を国内で消費するという孤立国の経済をいう。近代社会において他国の行動に左右されない 1 つの理想体制であるということができる。

2　限界地の農場モデル

　第2部第1編第14章において，地代の発生しない場所に農場を建設するが，それは孤立国の一番外側である地代の発生しない第6圏である。そこに新しい農場が創られることを議論の出発点とした（*Ibid*. Vol. 2-1, pp.140-141）。

　ある人数の労働者（Tagelöhner）が，孤立国の耕地の限界において古い農場と同じ大きさの1農場を新設するために，1つの組を作ると考える。この組は2つの班に分かれ，そのうち第1班は，耕地の開墾，建物の建設，用具の製作等農場の建設に直接従事し，他の第2班は，自らと新農場開拓者の生活維持のための食糧生産を行う。第2班の余剰により農場設備に従事する者の必要とする生活必需品が供給される（*Ibid*. Vol. 2-1, pp. 150-151）。

　この農場が完成すれば，農場のもたらす収益は新しい農場を作る者，すなわち農場をその労働によって建設する者にそっくり帰するのである。そして，この収益が彼らの働きに対する報酬である。この農場ができあがるまでは全員労働者であるが，完成後には，第1班の労働者は資本家になる。そして必要な賃労働者を雇うことになる（*Ibid*. Vol. 2-1, pp. 151-152）。このモデルも目立たないが労働者から資本家が生まれる過程を表している。

　第2班の食糧生産を行う労働者は，生存賃金を上回る部分を第1班に貸し付け，その利子を加味して新農場完成時に報酬を受ける[12]（*Ibid*. Vol. 2-1, p. 153）。この労働者は，農場完成時に貸し付け分，つまりそれまで提供した余剰分の返済を受けるはずである（*Ibid*. Vol. 2-1, p.141，そして pp. 199-200）。そしてこの農場に引き続き留まり労働者として働く場合には，この分を積み立て，年金として受け取ることが可能となるものである（*Ibid*. Vol. 2-1, 資料 B）。

　賃金が労働者の必要生活費と労働の生産物の比例中項となる場合が理想であり，このとき資本家の利子が最大になることを意味している（*Ibid*. Vol. 2-1, p. 157）。つまりこのときに資本家の収益は最大になるとともに，生存賃金と生産物価格の比例中項 $\sqrt{ap}$ は労働者が受け取れる最高の賃金である。そのため

---

[12]　彼のモデルでは，第2グループの余剰分は第1グループ に対し貸し付けられる形になるはずである。この点に関して，根岸隆が指摘したように，テューネンには期間概念がないことを表していると考えられる。第2グループの労働者は，貸し付けた余剰分に利息を含めて農場完成時には返済を受けると解釈することができる。

にあるべき賃金が自然賃金であるとした。そしてこの過程は，同時に労働者か
ら資本家への変貌をも物語るものであった。

第2章
リストの立地空間と世界連邦

第1節　領邦国家から国民国家，そして世界連邦へ

テューネン（Johann Heinrich von Thünen）とならんで立地論とも視点を共有する同時代の重要な人物は，フリードリッヒ・リスト（Friedrich List, 1789-1846）である。しかし2人の思想は，空間認識において大きく異なっていた。リストは，諸外国，特にイギリスを意識する気持ちが強く，領邦国家に分裂していたドイツの国家統一を目指し，国家の空間に主たる関心を置き，そのうえでドイツ経済の工業化を考えたという点に大きな違いがあった。

リストは1789年に生まれ，1846年にその生涯を終えた。彼は，ドイツ歴史学派の先駆者といわれており，その主著は1841年に出版された『経済学の国民的体系』[13] である。故郷ビュルテンベルクでは行政官ではあったが，ビュルテンベルク新憲法をめぐる闘争，ドイツ商工業同盟の設立，領邦議会での活動などを活発に行い，ついには1825年，ビュルテンベルク公国からアメリカに追放されることになった。

当時のアメリカは勃興期にあり，リストは保護関税のもとで国内市場の開拓運動にも駆り出された。彼自身も鉱山業，鉄道事業に手を染めた。帰国を果た

---

13)　List, F. *Das nationale System der politischen Ökonomie*, 1841（小林昇訳『経済学の国民的体系』岩波書店，1970）。本稿では，1930年の Artur Sommer により編纂された Raimar Hobbing 社のリスト全集第6巻に収録されている最終版を使用している。

した後，依然として領邦国家に分裂していたドイツの状況から脱却を進めるべく，ドイツ関税同盟を求めて運動し，ついにその成立にこぎつけた（1834年）。またドイツの鉄道網の充実にも大きく貢献した。しかし晩年は不遇で1846年に生涯を終えた[14]。

　代表作である『経済学の国民的体系』は，初版が1841年に出され，その続編ともいわれる『農地制度論』が1842年に出版された。ドイツの現状を鋭く分析し，ドイツの進むべき途を精力的に追求した。リストは，イギリス古典派の自由貿易論への批判を展開し，本来的に国民経済が自立するために国民経済学が必要であると訴えた。それとともに，テューネンが最後に取り上げたロシアの鉄道問題や商業の自由化への効果などについての原初的な扱いに対して，工業化の視点を据えたドイツの国家空間の形成という問題意識から積極的な議論を展開した。

　リストの考えは，欧米列強諸国を意識して，領邦国家に分かれていたドイツの国家統一を目指すものであった。『経済学の国民的体系』の緒言のなかでリストは，はじめに経済学は世界主義経済学と政治経済学（kosmopolitische und politische Ökonomie）とに区別すべきであると説いた[15]。ドイツの現状においては政治経済学に従い，具体的にはドイツにおいて，その当時厳然として存在している諸領邦間の関税を撤廃し，外国に対する共通の関税・貿易体制をつくり，他の国民が貿易政策によって獲得していたのと同程度の工業・商業上の発達を求めるよう努めるべきであると主張した。あとで述べるように，彼のいう国民経済は段階的に発展してゆくものである。そして経済発展段階に応じて政策は対応されるべきであると論じた。この発展段階という概念は，以後ドイツ歴史学派のなかで維持され，のちに第6章で述べるプレデール（Andreas Predöhl）にも意識されているものであった。

　リストは『経済学の国民的体系』の序章において，経済学において国際貿易と貿易政策の分野の間で，理論家と実践家に大きな意見の違いがあるが，それ

---

14)　小林昇『フリードリッヒ・リスト論考』未来社，1966。
15)　List, F. *Outlines of American Political Economy*, 1827（正木一夫訳『アメリカ経済学綱要』未来社，1966）のなかでもすでに同じ主張が繰り返されている。

は理論と実践の間の矛盾から来るものであると考えた。経済学は，その理論を経験から汲み取らなければならず，政策ではその国民の考え方や置かれている状態を併せて考えなければならず，また将来と全人類との要求するところを見誤ってはならないとして，そのために経済学は，哲学（Philosophie）と政策（Politik）と歴史（Geschichte）とのうえに立脚しなければならないと主張した。

彼のいう哲学は，諸国民の相互の理解，戦争の回避，法の支配を求めるもので，精神と物質の国際交流の自由，法に従った全人類の結合，すなわち，世界連合（Universalunion）を希求するものであった。そこでの政策は，各国民の独立と存続を保障し，文化や幸福を追求すべきものであった。過去を振り返れば，歴史はどんな時代にも人間の物質的・精神的幸福が，その政治的統一と商業的結合との拡大に比例して増大したことを教えていると論じた。

リストによれば，重商主義が主張する貿易制限は，発展段階に応じた手段に過ぎず，自由こそが最終の目標であることを自覚していなければならないという。自国の国民だけをみて，どこにも人類をみず，未来をみていない経済学は，ひたすら政治的かつ国民的限界にのみ留まるものであり，そこには哲学的洞察が欠けており，世界主義的意図が欠けていると批判した。

歴史から基本的諸原理を引き出し，発展させ，先行の諸理論体系に検討を加えるとともに，最終的な目的はあくまで実践的なものなので，現実に即した適切な貿易政策が必要であると主張した。

その結果，最終的に形成される世界連合は，対等な国どうしの連合という意味で，連盟的（Konföderation）であるべきで，過去の歴史にあるような他国家への服従と従属とのうえに立つたぐいの世界連合は，ローマ人が行った誤りを繰り返すだけで野蛮であると否定した。

> 「……それはおのずから，制定法のもとでの諸国民の究極的統一すなわち世界連合を成立させるからであって，しかもこの世界連合は，多くの国民が同等の段階の文化と勢力とに到達してその結果世界連合が連盟 Konföderation という方法で実現されるときにはじめて，人類の幸福に役立つことができるのである。」（*Ibid*. p. 48／同訳 p. 54）

そこでの究極の政治体制は，カント（Immanuel Kant, 1724-1804）が，

1795 年に著した *Zum ewigen Frieden*（永遠平和のために）[16] において，理想として論じた「世界連邦」における国家間の対等な関係の構築を求めるものであった。

第2節　普遍的な経済合理性と歴史から生まれる国民経済学

　リストは，上記の視点に立って，アダム・スミス（Adam Smith, 1723-1790）に始まるイギリス古典派の批判を行う。スミスの唱える世界主義の理念は，遠い未来のみを考え国民国家の本性を誤解しているとして，国家が抱える本質的な側面を鋭く指摘し，今に至るまで克服できない難問であることを表していると論じた。歴史が示している実例は，政治が先行して貿易がそれに続くというものばかりであるにもかかわらず，古典派は，経済学において政治や政治的勢力は考慮の対象になり得ないと信じさせようとしていると批判する。なるほど経済学が価値と交換だけを研究の対象とする限りでは，古典派のいうことは正しいかもしれない。しかし工業を農業と同じ範疇に入れたり，労働，自然，資本等々それらの間にある本質的な違いが検討されずに，すべてを一括して汎用的な一般論として論じるという誤りを犯していると批判した（『経済学の国民的体系』第 12 章「生産諸力の理論と価値の理論」）。

> 「（スミスのいう）学派がきわめて重要な社会経済の諸現象を説明する際に依拠している自然法則の本質は，あきらかにたんなる分業ではなくて，さまざまな作業を幾人もの人々のあいだに分割することであるが，それは同時にまた，さまざまな行為や判断や力を一つの共同的生産（gemeinschaft-liche Produktion）のために結合したり統一したりすることである。この作業の生産性の基礎は，前者の分割ということのなかにあるのではなくて，本質的には後者の結合ということのなかにある。」（*Ibid.* pp. 187-188 ／同訳 pp. 213-214）

---

16)　Kant, I. *Zum ewigen Frieden,* 1795（宇都宮芳明訳『永遠平和のために』岩波書店，1985）。『経済学の国民的体系』原書 p.275, p. 276 and p. 279 ／同訳書 p. 243 および p. 246 のなかで " 永久の平和 " という表現がたびたび使われている。

「一言で云えば，あらゆる人間の営為の場合と同様に工業においても，重要な仕事の基礎には，作業分割および生産諸力の結合という自然法則と共通するところの多い一つの自然法則であることが注意をひく。」(*Ibid.* p. 311／同訳 p. 352)

この発言は 70 年ののちに，アルフレート・ヴェーバー（Alfred Weber）が『工業立地論』において，資本主義は分散化を促進する一方で，巨大な生産集中の過程であったという認識に繋がるものである。

農・工業国において自国の工業製品が保護関税により価格の点で不利になるとしても，それは時間の経過とともに生産力が獲得されることによって補償され維持されるものであると考えた。そしてこれに続いて，国民経済の観点から，私経済と国民経済のなかにも政策に違いが生まれる可能性を指摘した。リストは，第 14 章「私経済と国民経済」において，象徴的に，

「裁縫師は国民ではなく，国民は裁縫師ではないからであり，1 家族は数百万の家族の結合体とはまったくというほど別ものだし，1 つの家は大きい国土とはまったくというほど別のものだからである。」(*Ibid.* p. 201／同訳 p. 228)

と表現して，単なる個々人の経済生活を超えるものが国家には存在すると捉えた。そして個人が自由に活動する場合に，社会の利益を必ずしも促進するとは限らない面があるので，国家は極めて多くの場合に，私的産業を制限しなければならないことになる。国家はいたるところで，公衆を危険と不利益とから保護することを自分の義務と考えているので，一般的に個人の自由は，それが社会の目的に反しない限りにおいてのみ善とされるが，それと同様に私企業は，国民の福祉と相容れる限りにおいてのみ，制限なく行動を主張できるのは当然であり，本来的に無制限な自由などはありえないと主張した。リストの場合，テューネンとは異なった視点で，経済発展に対する国家・政府の役割が強調された。リストの視線は，海外先進国との格差を強く意識して捉えており，常に海外に気を配っていた。この点でドイツの北部において農場生活を中心に考えたテューネンとは対照的であった。

これらの考えを総括して第 15 章「国民国家と国民の経済」において，イギ

リス古典派には，３つの大きな欠陥があるとして以下の点を挙げた。それは，

1. 国民国家の性質を認めていない土台のない世界主義である
2. 物の交換価値に注目を集めるばかりで，国民の精神に及ぼす政治的利益，現在および将来の利益，さらに生産諸力を顧慮していない死んだ物質主義である
3. 社会的な労働の性質と高次の結果をもたらす諸力の結合作用を見誤り，結局私的な産業のことばかり述べている分裂的な分離主義であり，個人主義である

と厳しく批判した。国民は個人の単なる集まりではなく，国民として１つの集合体を形成する。したがって，個人と人類の間には国民が存在していることを強調した。そして「ドイツ国民は，関税同盟によって始めてその国家の最も重要な属性の１つを獲得したのである。」(*Ibid.* p. 211／同訳 p. 237) と述べ，領邦国家が関税同盟のなかに統一されることについて，国家としての統一へ大きな期待を示していた。それはリストにとって，国家は国民としての統合体を構成するものとして意識されていたことに他ならない。

第3節　経済発展段階論と重商主義批判

テューネンが立地上の場所の違いを取り上げたのに対して，リストは歴史的時間の違い，すなわち発展段階の差を強調した。リストは，イギリスをはじめとする国家の発展段階の差を議論の中心に据えた。諸国民の文明と政治的発達は，主としてその経済状態により制約を受け，また反対に経済状態を制約する。

経済の発展段階には，未開状態，牧畜状態，農業状態，農・工業状態，農・工・商業状態という５つの状態があると考えた。そのなかに世界主義経済学と政治経済学，交換価値の理論と生産諸力の理論が存在し，それらは互いに従属するものではなく，発展段階に応じて展開される必要があると考えた。

したがって，このなかで国際貿易を介して行われる諸国民の経済的発展には，４つの時期があるとした。すなわち，第１期は，国内農業が外国の工業品の輸入と国内農産物および原料の輸出により発達する段階，第２期は，国内工業

品が外国の工業品の輸入と並行して交流する段階，第3期は，国内工業品が国内市場の大部分の需要に応じる段階，第4期は大量の国内工業品が輸出され，大量の外国産の原料および農産物が輸入される段階である。つまりこの第4期の段階で展開されるのは，まさにカントが『永遠平和のために』のなかでいう商業精神[17]に基づくものであるとリストは考えた。

　しかしだからといって，この最高段階に到達するために，国内農業を保護関税により発達させようとするのは馬鹿げた企てであるとリストはいう。何故なら，国内農業は，国内工業によってのみ費用をかけずに発達させることができるからであり，外国の原料・食糧を制限することは，かえって国内工業の発達を遅らせ不利になると考えたからである。

　そこでこの最高段階に至る過程で必要な自国の工業を育成・保護するために，一時的に重商主義が必要であると主張する。重商主義を経た結果，経済発展段階の最高段階に到達できたあかつきには，各国との対等な連盟的な世界連合が機能することになる。

　重商主義が是認される理由として，ナポレオンの大陸封鎖がドイツ製造業を初めて大きく発展させたこと，1818年のプロイセン関税法が自由貿易から保護制度への移行を促進したこと，そしてその結果，オーストリア，両メクレンブルク，ハンザ諸都市を除くものであったが，ドイツ共通の貿易・関税制度の樹立を目的に1834年フランクフルトにおいて領邦単独関税の廃止が決められ，1つの関税連合が結成されることとなったという現実的な認識がそこにあったからである。

　そしてリストは，過去の歴史を検討した結果から，国家が発展するには，国民の支持が不可欠であると付け加えた。この発展段階の各国の状況は，イギリスでは自由が，工業，貿易，一般の富と歩みをそろえて進んでいる最高段階にあり，スペインとポルトガルとが発展の第1段階にあり，ドイツと北アメリカが第2段階にあり，フランスも最高段階に達しているようであるが，いずれにせよこの最終段階に本格的に到達しているのは，イギリスだけであると分

---

17)　Kant 1795, 邦訳 p.74 において「商業精神は，戦争とは両立できないが，おそかれ早かれあらゆる民族を支配するようになるのは，この商業精神である。」と述べている。

析した（*Ibid.* pp. 157-158）。

第4節　政策と政治空間

　経済の発展段階に違いがある場合，資格はあっても発展の遅れている国が，はるかに進んだ国民と完全な自由競争を行う場合には，そのために保護的な措置がなければ十分に発展した自国の工業力を獲得することは不可能であり，完全な国民的な独立を達成することはできないと強く主張した。

　しかしまたリストは，『経済学の国民的体系』の第35章「大陸政策」のなかで，小国の位置づけも論じている。すなわち，オランダは，ドイツとイギリスの両方の経済のなかに巻き込まれているが，ドイツとの連邦によってしか，またそれとの緊密な統合をもってしか，かつての繁栄を取り戻すことができないと自説を展開した。一方イギリスにとっても，オランダは大陸への橋頭堡であり，重要な地域であることは理解できるが，しかしオランダは，地理的にも，商工業上の関係でも，住民の血統的・言語的関連からいっても，ドイツの一地方であったとリストは主張し，経済的空間のみならず，政治的・文化的空間においてもドイツの統一に際しては包含されるべきであると論じた[18]。

　ここにリストの地理的空間の認識が明確に現れている。オランダにおいてイギリスとドイツの経済空間は重なり合い，そこにドイツの血統・言語の影響，すなわち文化的な影響が決定要因として持ち込まれているからである。

　リストは，欧州大陸の状況を次のように表現している。当時の大陸の諸国民は，種々の原因から互いに疎遠になっている状態であり，自然にかなった領土区分の主要な原則についての一致がみられていない。しかし，もしもあらゆる国民が国内での発展と政治上，工業上，商業上の独立の維持とに必要な領土を所有しているとするならば，どんな侵略も健全な政策に反するものになると論じた。欧州大陸において国家間の相互理解・信頼が必要であり，一方において

18）　しかしのちにリストは，イギリスとの連携・同盟を求める姿勢に一転する。*Über den Wert und die Bedingungen einer Allianz zwischen Großbritanien und Deutschland*, 1846, リスト全集 1927, 1935, Vol.7.

また現実における国家空間のあり方に不合理性を感じていた。

この不合理性をもたらすもの，すなわちこの時点での欧州大陸の結合を妨げている最大の原因は，大陸中心部であるドイツが，関税同盟が成立したとはいえ，国民国家として統一されておらず，依然として領邦国家に分かれたままであり，当然に自分にふさわしい地位を今なお占めていないということにあると認識した。つまりそれは，ドイツが国民的統一を欠くために弱体化し，常に不安定であり，ドイツ地域を東も西も双方が自分の側に引き寄せようとしているからであるという（*Ibid*. p. 409／同訳 p. 466）。中心となるべきドイツが領邦国家に分裂したままでいるために，ドイツ自らが不安定な状態をつくり出していると訴えた。

そこでリストは海軍力の強化を求めた。なぜなら海軍の弱小な国民が自分の持つ国際貿易よりも大きな商船隊を所有するものは1つもなく，そうした国民で他の国民の工業力に著しい優位を保てるような工業力を持つものはないからである（*Ibid*. p. 410／同訳 p. 467）。

リストは，有効な欧州の大陸制度は，利益を平等にすることを目的とし，最終的には欧州列強間での平等化が不可欠であると論じた。そのためには，ドイツ国民の国家の存在と将来はドイツにおける国内工業，貿易，海運等の保護制度の完成を基盤としなければならず，加えてドイツ関税同盟が全ドイツ沿海諸国およびオランダとベルギーとに拡大されない限り，まだその目的，すなわち空間的な統合に関して，不完全であると主張した。

第5節　リストにとっての経済空間

リストは，古典派が市場の本質を政治的な関係で理解を欠いている例として，次の点を挙げた。すなわち，欧州大陸の沿海諸域に対して，すでにロンドン，リバプール，マンチェスターの製造業者は実際に市場圏に入っており，もし仮に自由貿易を行うなら，そこにはイギリスの製造業と同じ価格を維持できるものはほとんど存在しない。しかし沿海諸域の市場は，どの国民にとっても長期的な保護と内陸輸送手段の改善により工業は発展し，国内市場の観点から一層

重要なものとなるはずである。外国貿易の観点からも重要であって，もしその沿海市場が自国よりも外国に属しているならば，その国民は，経済的にだけでなく，政治的にも分割されることになるだろう。そこに本来1つであるべき経済空間が政治空間により分断される危険があることを指摘し（*Ibid.* p. 219／同訳 p. 248），国家の空間としての統合上のあり方を優先的にすべきと考えた。リストは，実際にアメリカ産業の力強い発展を身をもって体験しており，彼の空間認識はドイツの将来を見通す先鋭的なものであった。

> 「ドイツの統一は，オランダとデンマークとを包括して，ラインの河口からポーランドの国境に至るまで全海岸地方まで拡大されないかぎり，完全なものとは見做されない。」（*Ibid.* p. 211／同訳 p. 239）

いずれにせよこれらの小国家は，その起源とそのすべての性質からいって，ドイツの国民国家に属しており，小国はただより強力な国民との同盟により，国民国家の利益の部分的な犠牲により，また異常な努力によって，かろうじてその独立を保つことができるに過ぎず，それが過去50年の間の貿易政策の結果なのだという。ここでのリストは，前述の対等な関係による世界連邦の考えとは一転して，小国の吸収により，ドイツの政治空間は，ドイツの経済空間と一致すべきであると主張するに至る。この見方は，後のナチスの広域経済論（広域空間経済論）にも繋がる1つの見方である。リストは，その源泉として第2次世界大戦後批判を浴びることとなるものでもあった[19]。

第6節　交通の発達と貿易

リストがドイツの空間の拡大を考えるに際して，先進国を顧みると，大規模な世界貿易の興隆の原因には，以下の理由が考えられた。

1) 工業生産力の大きな進歩，
2) 水陸での輸送手段の改良，

---

19) 『体系経済学辞典』高橋泰蔵編，1952, p. 864 ではリストについて，「全体としてあまりにも性急に主体性・実践性を強調して，経済の数量的・客体的把握を顧みなかった。後にナチス経済学がリストの政治的面のみを強調したのであるが，それもまた同様な欠陥を暴露した。」と記されている。

3) 南米諸国の独立やトルコ帝国の崩壊という政治上の出来事

（第22章）。

　そして大規模な国内交易や対外貿易の基盤としての工業は，有力な海運の基本的条件であるが，独立した国家の輸出入は，現在では大部分が国の貿易政策と力により，またその国民が他国および諸民族に及ぼす影響により，また植民地の領有と国内の金融制度とにより，あるいは戦争と平和とにより，制約されていると捉えた（第23章「工業力と流通用具」）。

　そしてこれに続けて，工業において重要な仕事の基礎には，作業の分割そして生産諸力の結合という自然法則と共通するところの多い法則があることを取り上げる。この分業と協業が実施される場がリストにとって領土（国家空間）であり，そして同時に経済空間に他ならなかった。分業と協業というこの法則はまた，工業・貿易・海運の点で大きな成功を遂げさせるものである。つまるところ国民国家の維持とその力の増大は，作業過程の分割と生産諸力の結合という原理によるものであると考えた（*Ibid.* p. 311）。

　実際にイギリスで見聞し，アメリカで体験してきたように，そのためには，鉄道をはじめとする交通体制の整備・統合が国の指導のもとに速やかに行われるべきであると考えた。リストは，国民の輸送制度の全体にとって，こうした制度的なシステムの重要性については，その統合が大切であると強調した。

　リストは交通手段，とりわけ鉄道の敷設・延伸に大きな関心を寄せていた。リストには，鉄道を中心とする交通制度に関しての著作も多く，リスト全集8巻のうち第3巻が交通制度にあてられているが，関連する書簡などを加えると，2分冊に分かれ，1,000ページを超えるものとなっている。

　このなかでも強い印象を与えるのは，1841年の ‘*Das deutsche Eisenbahnsystem als Mittel zur Vervollkommnung der deutschen Industrie, des deutschen Zollvereins und des deutschen Nationalverbandes überhaupt*’（ドイツ工業，ドイツ関税同盟，ドイツ国民連合の手段としてのドイツ鉄道システム全般）のなかで冒頭において，ドイツ関税同盟とドイツの鉄道システムは，シャムの双生児のように切り離せるものではなく，相互に支え合う関係にあると書いていることである。それはリストがすでにイギリスにおいて鉄道の威力を実感し

ており，またアメリカにおいて小スクールキル鉄道の建設に関わったことをは
じめ，ドイツにおいてもライプツィヒ―ドレスデン鉄道などの数多くの鉄道事
業に関わったことにも表れている[20]。これに応じて全集では 19 本の鉄道に関
するリストの論文が収録されている。

　その他にも 1837 年のパリの懸賞論文，Eugen Wendler によるドイツ語訳
'*Die Welt bewegt sich: Über die Auswirkungen der Dampfkraft und der
neuen Transportmittel auf die Wirtschaft, das bürgerliche Leben, das
soziale Gefüge und die Macht der Nationen*', 1985, Göttingen,
Vandenhoeck & Ruprecht（世界は動く――経済と市民生活と社会組織と国家の
力に対する蒸気の力と新しい運送手段の効果）においても，新しい交通手段，な
かんずく鉄道の多面的な影響力を論じている。

　リストにとって，ドイツの関税同盟と並んで交通制度の発展・充実は，国内
経済，ひいては国力の増強をはかる極めて重要な手段として考えられており，
リストの空間を構築する重要なポイントであった。

　交通制度を重視する姿勢は，テューネン以降の立地論においても発展の原動
力であったが，テューネンの孤立国は，鉄道の発達により単に範囲が拡大する
だけであった。しかしリストの場合，すでに各国の国境が確定していたことを
前提としていたことは大きな違いであった。

第 7 節　リストの最終目標

　リストは，工業力を育成することにより最高の発展段階に辿りつき，そこで
自由と平等な政治的立場を得ることを目的とした。リストの空間は，この国民
経済学的な最終目標が達成される場であった。より具体的には，空間は領邦国
家の統一のうえに，より一層大きなドイツの統一した国家空間として経済空間
の領域を領土的に確保し，そして内実化を図るために，経済発展のための手段

---

20)　リストの鉄道に関して，諸田實は『フリードリッヒ・リストと彼の時代――国民経済学
　の成立』有斐閣，2003 のなかで 1 章をさき，第 7 章「鉄道事業の先駆者（1832-37）」において，
　リストの鉄道論ならびにライプツィヒ―ドレスデン鉄道の建設をはじめとする鉄道建設に
　ついて論じており，リストの並々ならぬ鉄道への思いが読み取れる。

として保護関税を実施する。ここに彼の保護関税の大義名分があり，国家の対等な関係による連盟の成立が究極の目標として存在した。

しかしその過程において小国の取り扱い，特に経済活動が密接である地域の取り扱いが問題を残していることも明らかであった。ドイツの経済空間において重要と見做されるオランダとデンマークに空間を拡張することが，すなわち一体化することが必須であるとリストはいう[21]。彼にとってこれらの地域は，実際上の商取引がドイツとの間に多くなされ，ドイツの交易圏に帰属するような状況にある。言い方を変えれば，ドイツの経済空間の内側に存在しているとみえた。この経済空間の分断を危惧し，経済空間の広がりに合わせたドイツの政治空間の拡大による一致を求めていた。しかし国家空間には，民族・文化といった空間を統合するものが必要であり，民族の集合体としての国家がその前提条件になっていた。この意味でリストは拡張主義的な国家主義者でもあった。

より高い発展段階への上昇を志向し，対等な世界を求めたリストの考えは，空間において，周辺に対する侵略のリスクを含んでいた。しかしまた一方において，我が国のリスト研究の第一人者である小林昇は，リスト『経済学の国民的体系』翻訳書のあとがきのなかで，欧州統合の先駆的議論であるとも評している[22]。つまり空間統合に関して，リストのなかに国家の力により小国を統合するという見方と，大国同士の連盟的な統合という2つの側面を持った見方が併存していた。ナチス的でもあり，また同時に戦後の欧州統合論的でもあった。統合に関してリストの見方は，2つの切り口を内包するものであった。

リストは，ドイツの経済空間を確保し発展させることを，そしてそれに対応する政治空間は，このために拡張される必要があると考えた。彼にとって国家の空間は，経済空間と一致させるべきものであった。またそれが他国と対等な政治力を確保するためのものでもあった。

リストは，まず場としての領土を確保し，国家の主導のもとにこれを補おうと考えていた。しかし産業革命の欧州大陸への拡大，交通の発達によるドイツ

---

21) 板垣與一『新版　政治経済学の方法』勁草書房，1951, pp. 281-283。このなかで板垣は，発展の最高段階に到達した時にリストが「諸国民の多くは」と表現しており，「諸国民のすべて」となっていない点を指摘している。

22) 小林昇『リスト　経済学の国民的体系』岩波書店，1970, 訳者解説，p. 563。

の経済空間の発展・実質化にはまだ時間を必要としていた。こうした認識のもとで分断された領邦国家の小さな政治空間は，少なくとも国家というより一層大きな政治空間に統合される必要が第1にあり，それは国民経済と国民国家の成立のために求められているものであった。この点，テューネンの孤立国とは捉え方の視点が全く異なるものであった。

　テューネンと同様に，鉄道をはじめとする交通手段・制度の重要性を重視し，しかもそれが単なる私企業だけでは不十分であり，国家の支援・負担が必要であるという認識では両者は一致していたものの，しかしリストにはテューネンにある経済の合理性に基づく経済空間の発展という捉え方はなかった。国家の意志として経済発展を必要と考えていた。

　『経済学の国民的体系』に続く翌年の1842年に発表された『農地制度論』では，のちにヴェーバーが5層構造を持つ社会モデルにおける出発点として入植地への植民の考えが，すでに東欧，特にハンガリーへの入植と中規模農業の創出というアイデアとして盛り込まれていた。これもまた一面においてのちの時代を先取りする見方であった。こうしてみてくると，テューネンと並んでリストにも立地論的に示唆に富んだ見解が多く含まれていたことがわかる。リストは，変則的ではあるが立地の認識においても国家空間の基盤を前提とする独自の捉え方を行っていた。

第3章
ヴェーバーの経済地理学批判と
現実的理論

第1節　『工業立地論』と経済発展

1　テューネンからヴェーバーへ

　立地論に関しては，テューネン（Johann Heinrich von Thünen）のあと，歴史学派の中心人物ロッシャー（Wilhelm Roscher, 1817-1894）は，*System der Volkswirtschaft*（国民経済の体系）の第3分冊，特に第2部第2章において個別産業ごとの立地について目的的な立地を決定する法則の研究について実証的に論じている[23]。しかしこれは，理論的なテューネンの学説に基づくものではなかった。ロッシャーが追求したのは，理論ではなく実証的に工業立地を決定しようとする自然法則の認識に関わるものであり，消費地近郊の小規模手工業と，原材料，労働費，資本に恵まれた場所である生産地近郊の大規模手工業についてであった。

　またほぼ同じ時期に，シェフレ（Albrecht Schäffle, 1831-1903）は，テューネンの農業立地論に従いつつ，これを鉱業にも適用した[24]。他の産業については，発展した工業が高質な労働と資本を必要とすることにより，農業・工業の密集した地域に集まり，運送費を最も要するものは，都市寄りに，そして要し

---

23) Roscher, W. *System der Volkswirtschaft III*, Stuttgart, Gotta, 1887-3. Aufl. 518ff.
24) Schäffle, A. *Das gesellschaftliche System der menschlichen Wirtschaft*, Tübingen, 1867, pp. 274-302. 春日茂男『立地の理論』大明堂，1982, pp. 299-302。

ないものは周辺に配置されるとした（Gerhard Stavenhagen, *Geschichte der Wirtschaftstheorien*, 1969-4. Aufl. pp.467-468）。

理論的に注目に値するのは，ラウンハルト（Wilhelm Launhardt, 1832-1918）であり，立地の決定に際して，トン・キロメートルの概念を使って，数学的に扱かったことである[25]。ラウンハルトは自らいうように，ワルラス（Léon Walras, 1834-1910），ジェボンズ（William Stanley Jevons, 1835-1882）の研究をふまえ，立地について独自の分析を行った。

エーリッヒ・シュナイダー（Erich Schneider, 1900-1970）は，ラウンハルトの主著の1つである『経済学の数学的基礎』の巻頭の序において，ラウンハルトは，販売領域の研究において「ラウンハルトの漏斗」を呈示し，また不完全市場における供給独占の問題，いわゆる「ラウンハルト－ホテリング問題」を扱い，そして消費地における購入領域の研究では，テューネン同心円の本質的部分を継承したと評価している。

シュナイダーが指摘するように，ラウンハルトはこの書の第3編「財貨運送」において，トン・キロメートル概念を使い，微積分を使って，均衡問題を扱った。この数学的利用は，のちのレッシュ（August Lösch, 1906-1945），クリスタラー（Walter Christaller, 1893-1969）などの空間経済学の発展に手がかりを与えるものであった。

こうした流れのなかで工業化の時代を的確に捉えたのは，アルフレート・ヴェーバー（Alfred Weber, 1868-1958）であった。とりわけ彼の『工業立地論』は有名であり，多くの学者がテューネンの農業立地論に対してヴェーバーの工業立地論として取り上げている[26]。

アルフレート・ヴェーバー[27]の『工業立地論』については，我が国において

25）　Launhardt, W. *Die Bestimmung des zweckmäßigen Standorts einer gewerbliche Anlage.* Z.V.D.I, XXVI, 1882, 及び *Mathematische Begründung der Volkswirtschaftslehre*, Leipzig: Scientia, 1885（本間祥介訳『経済学の数学的基礎』中央経済社，1971）。

26）　本章の以下の部分は，拙稿「アルフレート・ヴェーバー『工業立地論』における経済地理学批判と現実的理論について」早稲田大学大学院経済学研究科経済学研究会『早稲田経済学研究』No.72, 2015, pp. 35-56 をもとに加筆修正を行ったものである。

27）　アルフレート・ヴェーバーは，マックス・ヴェーバーの4歳年下の弟として1868年にエアフルトに生まれた。シュモラーに師事したあと，プラハ大学を経て，1907年からハイデルベルク大学教授として働いた。第1次世界大戦後，兄 Max とともに Die linksliberale Deutsche Demokratische Partei（DDP）を 1918 年に設立するなど，積極的な政治活動も行っ

も，江澤譲爾（『立地論序説』1955），川西正鑑（『工業立地論』1937）をはじめ多くの学者により論じられている。例えば，西岡久雄（『立地と地域経済』1963），伊藤久秋（『ウェーバー工業立地論入門』1976）などが詳細に分析，検討している。学説史でも玉野井芳郎などが取り上げている（玉野井芳郎『エコノミーとエコロジー』1978）。もちろん本場ドイツにおいても，スターベンハーゲンやトーマス・リハ（Tomas Riha，『ドイツ政治経済学——もうひとつの経済学の歴史』1985）などが学説史のなかで論じている。しかしここで論じるように，ヴェーバーが『工業立地論』のなかで行った経済地理学批判の背景と，そこで予告された工業立地論の第2部との関連に言及するものは少ない。

ヴェーバーは『工業立地論』のなかで，当時の経済地理学が人間の働きかけを矮小化して自然科学的に扱っていることを批判し，人間の働きかけ，つまり労働の作用を重視した研究をすべきであると主張した。彼は，人類の歴史のなかで産業革命以降の資本主義の発展を特別なものと見做し，当時の経済地理学にあった自然法則の解明だけでは足らず，固有の動態的な分析が必要であると考えた。地表を自然的要因に拘束されているとみる地理学の考え方に対して，産業革命以降の時代，つまり工業化の時代には，自然的，歴史的要因以外に，経済的要因による工業立地の合理的行動があり，そこから生み出される人間の移動の解明が必要であると論じた。彼は『工業立地論』の序章で次のように述べている。

「前の時代には決してみることができなかったような経済諸力の非常に大規模な場所の移動，資本と人間の移動を現在目にしている。国家の崩壊と国家の興隆がみられるが，それは経済地点の変化の結果としてみてとれる。それが我々に対して持つ重要性について，情熱をもって追跡し，将来の集

ていた。彼の政治姿勢は，反ナチスを貫き，そのためナチス政権成立から敗戦に至る12年間，ハイデルベルク大学を休職させられた。しかし敗戦とともに再びハイデルベルク大学に復帰した。強靭な精神力を持っていた。

ヴェーバーの研究活動は，ヴェーバー全集によれば，経済学のみならず，政治学，精神史・文明史，文明社会学に及び，非常に幅広い範囲にわたるもので，社会科学の1人の巨人といえるものであった。ハイデルベルク大学時代の弟子達には，後に有名になる学者が数多く集まり，経済学説史家のザリーン（Edgar Salin, 1892-1974）をはじめ，社会学者のマンハイム（Karl Mannheim, 1893-1947），社会心理学者のフロム（Erich Fromm, 1900-1980）などに加えて，構造機能主義社会学を唱えたアメリカ人パーソンズ（Talcott Parsons, 1902-1979）も彼のもとで博士論文を書いたといわれる。

中と分散の傾向を予測し，工業国家の発展とその崩壊の傾向を予測するのである。」(Weber 1922, p. 2)

ヴェーバーは，この人口の地理学的な移動について，背後に工業立地に関わる合理的な法則があると考えた (Weber 1922, p. 3)。そして当時の経済地理学を批判するとともに，自らの考えを展開した。そこには資本主義固有の原理があり，立地の合理的なモデルを構築したうえで，現実の歴史を解釈すべきであるとの見解が示されている。そして歴史的な発展への関心を，経済の合理的行動が顕著になった産業革命以降の資本主義に範囲を限定した。この限定した歴史のなかで純粋理論を創出し，そのうえに現実的理論を構築しようと試みた。

そこには，限界革命の主導者の1人，カール・メンガー (Carl Menger, 1840-1921) の考え方が背後で影響しているものとみられる。そしてヴェーバーは，彼の文明史でみせたのと同じような捉え方で，メンガーが歴史学派に対して指摘し批判した問題点についての克服を試みたと解釈することができる。

具体的には，『工業立地論』の序章においてヴェーバー自らいうように，厳密理論として立地論の体系を純粋理論として構築しようと考えられていた。ゾンバルト (Werner Sombart) をはじめ多くの歴史学派の人達が，実態は理論とは異なっているとして立地の非合理性を強調するのとは違って，非合理性よりも合理性に着目するという姿勢は，ヴェーバーのみに限られるものではなく，例えばヴェーバーとともに社会政策学会を率いた同時代の経済学者ハルムス (Bernhard Harms) の世界経済論にもみられるものであった[28]。

ヴェーバーは，『工業立地論』のタイトルで副題として「第1部 純粋理論」と明確に表記している[29]。そして前書きにおいて，当該書を第1部として基礎となる純粋理論を構築し，しかる後に第2部において実際のデータに基づく現実的理論 (realistische Theorie) を構築すると宣言している。第2部に予定

---

[28]　ハルムスは，各国の国民経済を超えるものとして普遍的な世界経済を経済体，経済の広がりといった抽象概念を使って論じた。Harms, B. *Probleme der Weltwirtschaft*, Jena: Gustav Fischer, 1912. そして同じく 'Weltwirtschaft und Weltwirtschaftslehre', *Weltwirtschaftliches Archiv*, 1, 1913, pp. 1-36. 詳しくは，第9章において論じる。

[29]　『工業立地論』は原書において，*Über den Standort der Industrien: Erster Teil Reine Theorie des Standorts* として第1部であることを表題部で表している。しかし邦訳では省略されている。恐らく第2部が実現されなかったために不要とみなされたものと考えられる。

されるのは，1861年以降のドイツの工業立地と資本主義諸国の人口集中に関して得られる資料の分析であり，資本主義という歴史的発展過程のなかで労働力の集積を捉えることにある。これにより現実的理論として完成させることができると述べている（Weber 1922, pp. 12-13）。

そして予告した現実的理論のなかに，資本主義の発展を舞台にして厳密性・普遍性と個別性・独自性とを統合しようと企画していた。これは，当時ヴェーバーが立地論研究と並行して研究していた文明史において，社会化の過程とともに文明化の過程を自然的・技術的な普遍的なものとして捉える一方で，文化運動がそれぞれの集団の固有の過程を形成し，歴史上に各々個別的な独自の社会を生みだすと捉えていたからである。彼の文明史の捉え方に関係しているものである[30]。つまり基本的な過程のうえに固有の特殊性が加わるという発想に基づくものであった。ヴェーバーは，資本主義経済社会は，普遍的で技術的な共通性を備えると同時に，各集団，国民ごとに社会的に固有な独自性を有することを現実的理論において把握しようと計画していたものと考えられる。それはテューネンが有していた，理論的な把握とともにこれを梃子に社会全体を良くしようとする道徳意識を強く持った姿勢とは異なって，理論を歴史のなかで確かめようとする，むしろシュンペーター（Joseph Alois Schumpeter）の景気循環論のなかでの試みに近いものとみられる。

2 『工業立地論』の概要

『工業立地論』は1909年に出版され，1922年には第2版が刷り増された。邦訳は1938年に江澤譲爾により，そして戦後の1966年には同じく江澤監修により，また1986年には篠原泰三によりなされている。

ヴェーバーは，原料供給地の価格，運送費，労働費が工業にとって一般的な立地を決定する因子であるとした。そして同一原料の供給地による価格の違いは，供給地から工場地までの距離の差を反映していると定義した。そこで理論

---

30) ヴェーバー全集の編者の1人であるデムは，全集の第1巻の解説において，ヴェーバーは経済学の研究よりも前に文明史の研究をはじめていると指摘している（Demm 1997a, p. 11）。

上は，同じ種類の原料の価格差は運送費の差になるため，2つの一般的な地域的な立地因子，つまり運送費と労働費のみを考えれば良いことになる。すべての集積傾向は，運送費と労働費により立地を集積地点に向かって引き付け，生産を集中させる。

労働費を一定とする条件のもとでは，運送費を決定する本質的な要因は，運送される重量と距離である。重量と距離は，工業生産の立地を生産と販売の全過程における輸送トン・キロメートルが最小になる地点に引き寄せるように作用する。すなわち，工業立地に際して，消費地，原料供給地・燃料供給地を考慮して選ばれた「トン・キロメートルの最小値」となる場所が存在する。そこで消費地と供給地の間に消費地，原料・燃料供給地を頂点とする「立地図形」を描くことにより，最適立地を求めることができると考えた（図3-1）。

水，土，農産物などをはじめ，いたる所に存在する原料は「遍在原料」と呼ばれる。「遍在原料」の立地は，原料が何処にでも存在するので，運送費が最小になる消費地になる。一方，石炭，鉄鉱石など原料が特定の場所のみで得られるものは，「局地原料」と呼ばれ，生産物と比べ原料の重量が勝る場合，トン・キロメートルが最小になる原料供給地に，生産物の重量が原料に勝る場合，消費地に立地する。したがって立地は，すべて消費地への指向か，原料地への指向かの2つに分かれる（消費指向と原料指向）。そこで使用時に重量を大きく減じるもの，すなわち石炭などの「重量減損原料」は，生産を供給地に引き付けるが，それ以外のものは，常に消費地に向かう。

前述の立地図形により求められた1次的な工業立地は，さらに労働地との間で，より低下する労働費とそこへの移動により増加する運送費との間で均衡する地点への偏奇が生まれる（労働指向）。以上は個々の生産過程から導かれる。これ以外に社会的な性格を持つ集積要因がある。

産業集積については，すでにマーシャル（Alfred Marshall, 1842-1924）が『経済学原理』のなかで1章をさいて第4巻第10章で論じている（Marshall 1922-8[th]ed. IV, chap.10）。マーシャルは，外部経済の効果に注目し，集積を歴史的なもの，経験的なものであると捉えていた。

しかしヴェーバーの集積の概念は，マーシャルよりも広く，個別企業の規模

図 3-1　立地図形

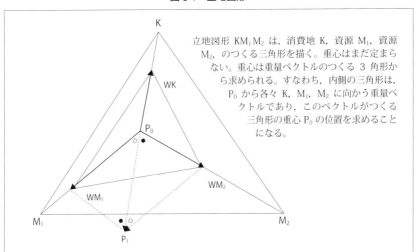

立地図形 KM_1M_2 は，消費地 K，資源 M_1，資源 M_2，のつくる三角形を描く。重心はまだ定まらない。重心は重量ベクトルのつくる 3 角形から求められる。すなわち，内側の三角形は，P_0 から各々 K，M_1，M_2 に向かう重量ベクトルであり，このベクトルがつくる三角形の重心 P_0 の位置を求めることになる。

重量ベクトルから並行四辺形 $P_0WM_1P_1WM_2$ を描く。$P_0WM_1WM_2$ の重量三角形の各辺は定められているので，その各々の角も一定。この角 $WM_1P_0WM_2$ も一定となる。したがって三角形 $M_1M_2P_0$ が描く円の軌跡と，同様にして KM_1 を一辺とする 角 WKP_0WM_1 のつくる角を一定とする円の軌跡の交わる点が求める P_0 となる。

の拡大（内部経済）をも対象としていた。残念ながら収益逓増の作用が働くといっても，売り上げ，利潤の増加面は取り上げられず，専ら経費の節約に焦点が絞られていた。距離，運送費の節約効果により，とりわけ偏在原料工業において，集積の効果が大きく現れることとなる。この点は，のちにレッシュ (August Lösch) により販売概念がない，利潤概念がないとして，批判を受けることとなった。いずれにせよ純粋理論を追求するヴェーバーは，この時点で現実的理論としての歴史的・経験的なものを先送りにしており，歴史的・経験的であるマーシャルとの違いは大きかった[31]。

---

31)　両者の違いについてはすでに多く論じられており，例えば以下の書が参考になる：松原宏『経済地理学——立地・地域・都市の理論』東京大学出版会，2006，柳井雅人『経済発展と地域構造』大明堂，1997，山本健兒『産業集積の経済地理学』法政大学出版局，2005。また，のちに述べるクラスター概念は，切り口は異なるがヴェーバーの集積に包摂されるものであり，この間の技術変化を捉え，より外部効果を強調したものである。
　一方，プレデールの場合，マーシャルについて「マーシャルのいう内部経済，外部経済は，経費の低下から発展により最適な労働組織に至る」(1971, p.51) と評するに留まり，歴史的経験的なマーシャルの見方を受け入れるが，むしろロンドン，パリ，ベルリンを含むより多

集積要因についてヴェーバーは，生産活動に伴う運送費を始めとする経費の削減効果を取り上げる。集積要因を定義して，一定量のまとまった生産が 1 つの場所に集中して行われることから生ずる「利益」，すなわち生産あるいは販売の費用面での節約効果によるものであるとした。費用の節約による力がここでも働く。立地は，集積が提示する内部的・外部的な規模の経済から生まれる供給価格の低下により影響を受ける。結論として工業立地には，消費指向，原料指向，労働指向に加えて，集積要因が作用する。

3 経済発展の組織モデル

ヴェーバーは，立地の発展傾向を歴史のなかに求める。産業革命は，生産過程の分業による一層の断片化と，これら断片の地域的な立地指向という考え方を成立させた。ヴェーバーの基盤となる考え方は，生産過程の資本主義化と機械化によって工業集中の過程が進行しつつあるという認識に基づいている。資本主義化と機械化が，その影響下にある生産過程の個々の部分を 1 つにまとめ，壮大な資本主義的な集中過程を伴いつつ，同時に 1 つの新しい，そして強力な立地革命を招くものであったと捉えた。各種の伝統的な生産段階を広範囲に補足し，分割された生産段階を統一的な一体にまとめる集中の過程は，資本主義によるものであると分析した。

ヴェーバーは，この認識に立ち経済全体を組織的・構造的に捉え直し，社会モデルを考えた。1 つの民族が新しい未住の土地を占有し，テューネン孤立国のように独立した経済組織が形成される場合，どのような動態過程が社会階層の分布のうえに生じるかを検討した。分業と生産過程の統合，そして 1 つの民族の新しい土地の占有は，まさにリストが『農地制度論』で主張していたことでもあり，理論的に整理し直して表現したかの如くにみえる。

この立地革命は，所与とされる資源や技術手段という「自然的・技術的要因」のみならず，人の集団，労働力の集中という「社会的・文化的要因」の作用に因るものである。

数の大きな集積群を中核地（集中の極）と認識する議論に特化している。

そこで作用するのは，生産活動の分布層の動態過程であり，それらは互いに影響し合うものである。前提とされる孤立国の社会において，最初に居住地が選定されると，そこでは全体の人口に必要な農産物を供給するため，農地への植民が第1に必要とされ，農業層が形成される。

1つの孤立した経済組織において人口の大きさと，これらの人々を農業生産により養うのに必要な土地面積とには関係がある。農業層が国家の基盤となるが，同時に，直接的に農業層のために生産する工業生産の基盤ともなる。この最下部の農業生産によって決定される工業生産の部分を第2の分布層とする。それは「農業に立地指向する第1次的工業層」である（Weber 1922, p. 204／同訳 p. 191）。このうえに第3層の第2次的工業がくる。そして独立の分布層として，流通業の人口と消費者人口がある。例えば一般的な組織活動に係る役人である。さらに自由業，年金生活者がいる。これらが第4の層となる「中央組織層」である。加えて第5層として中央組織に依存する層があり，これを「中央組織依存層」とヴェーバーは呼んだ（Weber 1922, p. 206／同訳 p. 194）。生産に関わる社会構造が示され，全体としてみると以下のように5つの層が社会を構成する。

1)　農業層

2)　第1次的工業層（農業指向）

3)　第2次的工業層（工業指向）

4)　中央組織層

5)　中央組織依存層

この構造は，

> 「非農業的な層によって造り出された消費の中心地の分布は，農業生産に対して中心点を創り出し，次にその中心点のまわりにテューネンの意味における「農業圏の形成」が生まれる。」（Weber 1922, p. 207／同訳 p. 195）

として，農業生産と工業生産の範囲は重なったものとなる。農業生産は，中心部に近いほど集約的になる。テューネン孤立国においては，同心円状に6層に分かれて展開する農業の基盤のうえで，中心部の第1圏に工業が形成される。

供給地のあり方は，多くの場合消費地により決定される。つまり農業基盤の

うえに薄く拡散する消費と中心地にある集約化された消費である。工業の立地形成の基礎である消費地と供給地は，上で述べた農業を基盤とする経済組織の立地構造によって，一義的に所与のものとして与えられる。

　生産過程において周辺にある農業から1次，2次の工業層をへて，工業製品には消費地である中心地に向かう流れが生まれる。この基盤上で工業は，前述の分析に従い消費指向，原料指向，労働指向という3つの工業に分類される。しかし3つの立地指向に関して経済組織が決まるなかで，消費地と原料地も社会組織のなかで定まったものとなる。その際に労働地そして労働費が無関係ならば，工業立地は運送費が与えられれば，決定されることになる（Weber 1909, pp. 211-213）。これがヴェーバーの純粋理論として主張された結論である。

第2節　ヴェーバーの経済地理学批判

1　ヴェーバーの批判

　ヴェーバーは，『工業立地論』の序説において，経済学には，生産，流通，消費が「どのようにして」行われるかという問題と並んで，「どこで」行われるかの問題が存在しており，これを支える経済理論が存在してしかるべきである。しかしそれにもかかわらず，経済学は立地の問題をないがしろにしてきたと批判する。そしてこの批判は，最終的に経済地理学に向けられた。

> 「……経済学は，立地に関して経済の理論的考察を土地に対して行われる過程として専ら経済地理学の手に委ねた。しかし経済地理学は，言うまでもなく委ねられた対象を自然科学として処理し得たに過ぎず，この現象を経済的事実としてではなく，純粋に自然的事実からなる形態のなかに自らを説明したのである。このことはあたかも経済の本質の分析を技術的な科学の手に委ねるのに等しい。」（Weber 1922, pp. 1-2）

と，当時の経済地理学を批判し，この現象を単に自然科学的側面から解明するのではなく，経済学的な側面から，すなわち資本と労働の視点から明らかにすべきであると主張した。これは，当時の地理学においてゲッツ（Wilhelm

Götz, 1844-1911) やヘットナー（Alfred Hettner, 1859-1941）などにより，よ
うやく経済地理学に目が向けられ始めたことを背景にしている[32]。しかしヘッ
トナーの『地理学——歴史・本質・方法』にみられるように，そこで語られる
のは，土地，気候，土壌，資源等の自然的環境，分布を中心とするものであっ
た。そこには依然としてフンボルト（Alexander von Humboldt, 1769-1859)
により体系化された自然地理学の影響が強く存在し，自然地理学を中心に，付
加的に経済地理学を論じようとするものであった（黒正巌 1936, pp. 9-18）。

　これに対してヴェーバーは，人類の歴史のなかで，それまでの緩やかな発展
傾向とは異なって，産業革命により生産力が飛躍的に増加し，資本主義の独自
の展開があることを意識しており，こうした傾向はこれまでの自然法則のみで
は捉えられないと考えた。ヴェーバーは，従来の立地を扱う議論は，テューネ
ンを除いて，殆ど大部分が自然科学的な経済地理学であったと批判する[33]。
ヴェーバーの目には，地表に生じた経済発展という経済の大規模な場所の移動，
すなわち資本と人の移動は，経済の場所に関わる変化であり，将来の集中と分
散の傾向を予測させるものであり，工業国家の発展と崩壊の傾向を予測させる
ものであった。そこでヴェーバーは，「この点において貿易政策により介入し，
そして克服しようと試みる」（Weber 1922, p. 2）ことを企画する。自然科学
的な経済地理学とは別に，経済学的な視点，そして政策的な視点がそこに導入
されるべきであると主張した。

2　ラッツェルの環境決定論

　ヴェーバーの経済地理学批判とされる対象について，具体的な名前は挙げら
れていない。しかし当時の地理学では，中心的な人物ラッツェル（Friedrich
Ratzel, 1844-1904）が，人類の長い歴史的な発展傾向のなかにある法則性を追
求していた。ラッツェルは，フンボルトの後を受けて人類・民族に焦点を絞り，

---

[32]　当時の京都帝国大学教授の黒正巌は，経済地理学（Wirtschaftsgeographie）の呼び方に
　　ついてヘットナーが言い出したことを指摘している。そして当時の経済地理学は「なほラッ
　　チェル流の研究に堕し，自然と経済との相関関係を論じたにすぎなかつた……」と評してい
　　る（黒正 1936, pp. 18-19）。

[33]　小原敬士は『社会地理学の基礎問題』のなかで，これを地理学的唯物論の伝統と表現し
　　ている（小原 1936, pp. 207-208）。

人類地理学（人文地理学）を創始し，地理学において大きな足跡を残した学者である。ラッツェル自身は，ダーウィン（Charles Robert Darwin, 1809-1882）の進化論に影響され，移動や伝播の重要性を説いたといわれる。ラッツェルは，主著『人類地理学』において以下のように書いている。

　「純粋に理解できるのは，人類が地球の空間的な関係に依存するか影響を受ける限り，人類は研究の対象物なのであるということである。動物・植物学が動物・植物の地理学になったように，地理学を人類にまで拡張するならば，それは人類の総合科学となる。……動物・植物の地理学でさえ，特定の科，属，種がみられる環境に区分する境界線を引くだけに留まらず，この境界の歴史と自然的な理由づけを行うという課題，つまり何処から，そして如何にしてという同じ課題を探求することを，次第にレベルを上げて研究しようとするのである。」（Ratzel 1882, p. 20）

　ラッツェルは，動物・植物の分布と同じように人類・民族の地域的分布を考え，巨視的にそれらが時間とともに変化しまた移動することから，その結果である地理的位置，空間のあり方を地理学の重要な課題とした。

　またこの見方は，同じ著書『人類地理学』の第 1 部第 3 章第 27 節「土地と国家」において，「国家はまず生計単位を，次に親族単位を克服し，これら両者を凌駕し，包括する。これをもって国家のみが空間的に連結して増大する段階に到達したのである」と表現されている。生活のうえに人的な結合が，そして家族から氏族へ，さらに氏族同士の同盟により国家が形成されるとし，人間の集団の生成，発展，変化に関心を寄せた。そしてラッツェルは，*Politische Geographie oder die Geographie der Staaten, des Verkehrs und des Krieges*（政治地理学または国家と交通と戦争の地理学）の冒頭において，

　「生物地理学には生活空間，すなわち生活の孤立空間（Insel）があり，人間の国家に生活が拡張する形態が地上に存在することがみてとれる。それはすべての生命と同じように，同じ影響の下にある。」（Ratzel 1923-3. Aufl. p. 1）

として，他の生命体の集団と同じように，人類に対して国家という生活空間が地球上に存在するとした。これは 1 つの有機体説ということができるが，ラッ

ツェルのいう有機体は，特定の民族を指すものではなく，根底において人種・民族を含めた大きな自然の法則に従う集団であった[34]。

当時の京都帝国大学教授の黒正巌は，ラッツェルは「国家体制又は政治と地理的事情との相互作用を克明に研究した」。そして「人類文化の発展変化は，必然的に地理的環境によって制約せられ，各民族の有する文化の特異性は，地理的環境と関数的関係にありとなす所のいわゆる地学的歴史観を構成するものといわねばならぬ」（黒正 1936, pp. 10-11）と表現している。

また，東京商科大学教授の江澤譲爾（1907-1975）は，当時いわれていたラッツェルなどの環境決定論について，自然地理学の物理的な均質的で外延的な空間を，同じ発想で地理学にも適用し，物理学的な法則性のもとにある空間を人間社会（いわゆる生活空間）のものとして規定しているとみていた（江澤 1943a, pp. 59-63）。経済学では，おしなべてラッツェルの見方は，環境決定論であるとされた[35]。

ラッツェル自身の経済に対する見方は，有史以来の中心である農業を考えており，前述の *Politische Geographie* 第1章「地上にある有機体としての国家」の第12項「経済領域が有機体的なものに近づく」において，

「国家の政治的な働きは，ある領域において組織体（Organe）が生まれるのと全く同じである。しかし経済の働きは気候や土地の種類に依存するので，国家の行政区域（Provinz）である政治と経済の重要性は大きく異なる。国家が，ある区域を豊かな農業や豊かな森林やその他銀鉱石の埋蔵資源のせいで必要とし，そのためにある地域を手もとに繋ぎとめるなら，それらは実際に組織体と同じように全くの経済的な有機体（Organismus）になる。国家の経済的有機体が，その地域を帰属させることを考えるなら，全体の

34) 地理学者飯塚浩二は，『地理学批判』のなかで，「ラッツェルが……人文地理学を生物地理学にまで引き下げてしまい，しかもこれを当然のこととして主張し，歴史を機械論的な運動論のうちに解体してしまったのは，偶然ではないのであり，彼の方法論的な立場が彼をここまで駆り立ててしまったのだということを注意せねばならない。」（飯塚 1947, p. 116）と，ラッツェルの見方は機械論的であると批判している。

35) ラッツェル『人類地理学』訳者の由比濱省吾は，当該書の訳者前書きにおいて環境決定論は，当時の時代的背景のなかで極端に誇張化されて表現されており，環境決定論というレッテルをラッツェルに貼ることは必ずしも正確ではないとしている。しかし本書では，ヴェーバーのいう意味において，つまり産業革命以降の労働の役割について，以降の資本主義の発展を扱うという視点に立つならば，ヴェーバーの批判は該当していると考えている。

関係は一層確固たるものになる。」(Ratzel 1903-2.Aufl. p. 21)
と表現して，経済が政治と結び付けば，一層力強い国家になると表現している。
つまるところ長い人類史的な視点のもとに，政治体としての有機体が歴史的に
まず先行して存在する。

　こうした捉え方は，後にドイツ地政学に影響を与えるものであり，ラッツェ
ルを地政学の創始者の1人としてみる見方も存在する[36]。しかしラッツェルは，
人類（人文）地理学の提唱者として普遍性を追求する学者としての姿勢を貫い
たということができよう。

　いずれにせよラッツェルにとって経済は，農業や埋蔵資源の観点から追加的
に捉えられており，人類史上画期的な近代の新しい動きである工業化の視点は，
存在する場所すら見当たらなかった。

3　ヴェーバーの認識

　ラッツェルの捉え方は，自然法則のなかで人類，民族の移動，変遷を中心と
した地表上の変化を追うものであり，文化史・文明史にも通じる巨視的な視野
を持つものであった。この関係でいえば，あとで論じるようにヴェーバーにも
立地論と並行して文明史の視点から長期的な視野を持つ論文，著書がある。し
かし『工業立地論』を著したのは，ヴェーバー自身が，近代資本主義の発展が
特異な文明化の過程（Zivilisationsprozess）として存在すると認識したことに
他ならない。『工業立地論』においても資源，原料，燃料の自然的な分布は，
議論の前提をなしている。しかしそれに留まることなくヴェーバーは，自然的
な分布のうえに人間の生産活動により新しい移動が生まれることに注目した。

　つまりラッツェルの見方に対して，ヴェーバーが『工業立地論』において追
求したのは，人種や民族を離れた，労働と資本のうえに成り立つ経済の機能的
な合理的な働きであり，その結果生じる動態的な傾向についての理論的な把

---

36)　ドイツ地政学はとりわけ，1916年スウェーデンにおいてチェーレン（Rudolf Kjellén,
1864-1922）が出版した *Der Staat als Lebensform*（阿部市五郎訳『生活形態としての国家』）
に始まるといわれている。この思想はハウスホーファー（Karl Haushofer, 1869-1946）など
に引き継がれ，日本でももてはやされた。ラッツェルは人類地理学者であり，必ずしも地政
学に関わっている訳ではないが，人類の有機体としての捉え方は大きな影響を与えたことか
ら，広い意味で地政学者として扱われることがある。

握・解明であった。何よりも産業革命により生じた飛躍的な経済発展に注目し，資源の分布，気候，土地の肥沃度のうえに，そこで営まれる生産活動に焦点をあてた立地の純粋理論を構築することにあった。

近代の産業革命以降に対象を限定する場合，資源と人間（労働）に関して，農耕地の適性や石炭，鉄鉱石などの資源の分布は，自然的なものであり，人間の行動に制約・影響を与える与件として捉えられる。また農業生産においても天候など自然的要因は大きな与件とされる。この自然的な与件という意味において，経済地理学とは認識を共有することができる。しかしヴェーバーが強調するのは，技術の革新，交通の発達によりそこから生じる人間の新しい動きであり，移動であり，動態的な運動の解明であった。

すでに述べたように，ヴェーバーにも文明史としての研究が並行して存在していた。ヴェーバーは，*Kulturgeschichte als Kultursoziologie*（文化社会学としての文明史）の序章において，エジプト・メソポタミヤに始まる人類の科学・技術的発展を示す文明化の過程（Zivilisationsprozess）が普遍的な共通の物差しとなり，社会化の過程（Gesellschaftsprozess）が加わり，そのうえにこれに個性を与える思想，芸術，宗教，道徳といった固有の文化運動（Kulturbewegung）が各々独自の歴史を作ると考えた（Weber 1921）。

ヴェーバー全集の編集者の１人デム（Eberhard Demm）は，この３つの過程について以下のように手短にまとめている。

「……，ヴェーバーは，最終的に３つの過程に到達した。社会化の過程，文明化の過程そして文化運動である。社会化の過程は，社会・国家を捉え，すべての歴史体のなかに同じような局面において展開する。文明化の過程は，資本主義におけるのと同様に，学問研究においてはっきりと現れ，論理的―因果的に展開し，非可逆的であり，押し留められない。社会化の過程と文明化の過程は，相互に影響しあい，歴史の過程を動態化し，‘生命の集合状態’（Lebensaggregierung），歴史的―社会的複合状態と呼ばれる。このうえに文化運動が現れる。そこで人間の創造力は，波動運動のなかで創造力の炎のように自然発生的に現れ，思想と芸術作品のなかに明らかになる。そしてまた宗教と道徳の価値観念を生み出し，それらは，魂の自己

能力の発揮の現れとして人間の行動を決定するのである。」(Demm 1997b, pp. 33-34)

ラッツェルがいう政治体は，このなかでヴェーバーのいう社会化の過程に近いものとみられるが，ヴェーバーが経済地理学を批判したのには，上で述べたように資本主義という固有の現象について次の3つの問題点があると考えていたとみられる。

1. 文明の過程を考えるうえで，産業革命以降の工業化という特別な状況を捉えていない。

2. そこでは政治的集団ではなく，経済の動態的な変化が中心に分析される必要がある。

3. その際も人種・民族の集団ではなく，資本と労働という機能的な面が対象とされ，厳密理論としての純粋理論によって扱われるべきである。

ヴェーバーは，資本主義という固有な特別な状況のもとで，労働移動の背後に潜む法則は，自然法則では捉えられず，立地の法則を扱う理論が必要であると考えた。資源分布は，自然の拘束を受けるものの，労働が投下されてはじめて価値を持ち，農業労働のうえに消費地は形成される。消費地の牽引力に基づく工業の動態的な形成には，あとで論じるように労働地，労働費が作用していた。この資本主義に固有な過程を把握するために，工業立地論は企画されたとみることができる。文明史のなかで特異な資本主義の時代に焦点をあて論じるために，新たな視点で基礎概念を打ち立てるべく純粋理論が，そして具体的，個別的なものとして現実的理論が企画されたと考えられるのである。

第3節　ヴェーバー純粋理論に対する批判と現実的理論

1　ゾンバルトのヴェーバー批判

ヴェーバーの『工業立地論』に対して正面から批判を行った代表は，ゾンバルト（Werner Sombart, 1863-1941）である。ゾンバルトは，主著『近代資本主義』の第2巻のなかで立地の問題を取り上げ，ヴェーバー立地論の思想基盤をなす合理性を批判し，実態認識において欠落している非合理性，偶然性，

歴史性という要因の存在を指摘した。ゾンバルトは概ね以下のようにいう。

立地移動の原因を概観すると，鉱山業などそこで産出するもののうち技術的に特定の場所で実行されるものは，土地に拘束されることが分かる。特定地域に限定される産業は，ある場所でしか存在しない労働力のように，例えばそこから出ることのできない大都市の特殊技能を持つ労働者にも該当する。新鮮なパンなどある特定の場所で消費される生産物は，選択の余地なく立地に縛られる。反対に自由な産業は，技術的にどこでも実行可能で，その立地も自由であった。立地の選択は，資本主義の備える合理性のおかげで自由に決定され，合理的であった。この合理的な立地には，質的な優位性を追求するのか，量的な費用節約効果を要求するのかという問題が存在した。質的な決定は，立地がある場所での特定の利点を選ぶ場合，同時にその場所に拘束される。しかしその結果費用優位にはなれない。質的な優位性が主導的な利点であるからである。印刷屋は編集室の隣にいるべきで，これに対し裁縫師は，費用優位を選ぶなら顧客の居住地に住むことになると実例を挙げて論じている（Sombart 1924-II-6. Aufl. p. 901）。

ゾンバルトは，ヴェーバーの『工業立地論』に対比させて，立地の決定には3つの可能性があるとした。

① その産業が飲食の場所にある場合，それは消費決定的である。

② その産業が特定の原料・補助財・駆動力等々の物質的に必要とされる生産要素が存在する場所に立地する場合は，生産手段決定的である。

③ その産業が労働力に依存する場所に立地する場合は，労働力決定的である。

資本主義的な目的合理性の理由から選ばれなかった立地，またはその選択が自由でなかったすべての立地は，非合理的と呼ばれる。そしてゾンバルトは，思慮不足によるものを絶対的非合理と呼んだ。しかし立地は，国家の利益の視点からも決定された。あるいは，法的な規制により自由な意思決定の可能性が欠落し，あるいは，特権から経済外的な利点が立地と結びつけられた。こうしたすべてのケースで立地は，相対的に非合理的であった。その結果，生まれる立地を概観すれば以下のようになるとした。

「A. 拘束的なもの

　B. 自由なもの

　　I. 合理的なもの

　　　1. 質的な決定

　　　2. 費用的な決定

　　　　a）消費指向的なもの

　　　　b）生産手段指向的なもの

　　　　c）労働指向的なもの

　　II. 非合理的なもの

　　　1. 絶対的非合理性

　　　2. 相対的非合理性」　　　　　　　　　（Sombart 1924–II–6.Aufl. p. 902）

　ゾンバルトによれば，土地に拘束された企業の例は，原料（鉱石や石炭）の所在地や，労働者の所在地に結びつく工業，消費地に結びつく工業であった。これに対し立地に自由な工業は，資本主義的な目的合理性に従う「合理的立地」と合理性に従わない「非合理的立地」に分かれた。前者は近接の利益を主とする場合と，費用節約の利益を主とする場合に分かれた。「非合理的立地」は，国家の利益，法制，特許等に基づく個別的な全く偶然的なものであった。ゾンバルトは，『近代資本主義』の第47章において現実的な理由から，早期資本主義の時代に立地形成に関わる発展傾向のなかで，製造費の大部分は，非合理的な特徴を持っていたと説明した。

　このゾンバルトの図式は，概念的であるとともに，ヴェーバーの立地指向を取り込んで全体的に眺めるものであった。ゾンバルトによれば，ヴェーバーが扱った合理性に基づく立地は，その一部にしか過ぎず（分類上カテゴリーBのIの2のみ），むしろ立地の多くが非合理的であったと主張するものであった。

2　ザリーンの批判

　ザリーン（Edgar Salin, 1892–1974）は，論文 'Standortsverschiebungen der deutschen Wirtschaft'（ドイツ経済の立地移動）において，立地論はテューネンの農業立地論を出発点として，アルフレート・ヴェーバーの工業立地論に

至ったことを述べた。そして，農業の立地論に比べ工業の立地論ははるかに難しいのにもかかわらず，ヴェーバーは法則的な定式化を成功させたと評価した。

しかしザリーンは，その一方で彼の『工業立地論』は現実へ適応しようとする際には限界があるとヴェーバーを批判した。工業の立地，特に高度資本主義の時代には，多くの立地がヴェーバーのいう純粋理論とは異なって，古い集積の隣に形成されたことを指摘した。経済が拡大するなかで，鉱業と関連企業の地域的な集中が生まれ，差別化が大きな影響を与えたと主張した（Salin 1928, pp. 77-80）。そしてこうした変化を1907年と1925年の間の人口統計の数字を基に，具体的な数字を挙げ，ヴェーバー理論に対して反証を行った。そのなかで電力網の普及が，それまで集積に強い牽引力を持っていた石炭地への吸引力を失わせたと論じた。またテューネン同心円が拡大する結果，生産過程が中核地に向かって集中するのみならず，それは同時に地代の上昇をもたらし，より地代の低い土地への生産の分散化をも促進したことを指摘した。そして経済は，最終的に前資本主義そして早期資本主義において形成された集落地，すなわち古い工業地において再び豊かに発展し，かつての石炭時代の工業集約化期にあった場所の隣で分散化が進み，高度資本主義の時代から現在に至るまで，伝統的に立地は固定化されており，工業立地には合理性が必ずしも貫徹されないと結論づけた。

こうした姿勢は，ゾンバルトの非合理性に関わる見方を裏付けるものであり，実体面でヴェーバーの純粋理論は成り立たないことをゾンバルトとともに主張するものであった[37]。彼らはより歴史的・経験的な立場をとった。

---

37) ヴェーバーとゾンバルトは，1928年の社会政策学会のなかで正面からぶつかった。それはゾンバルトが学会の冒頭の報告で行った資本主義の将来性についての基調報告を巡るものであった。

ゾンバルトは，自ら提起した晩期資本主義の将来を予想して，アウタルキー的な国民経済をみていた。それは欧州先進諸国における人口増加の停滞・減少，新興資本主義の発展を受けるもので，欧州経済は縮小しドイツの再農業化が必要であると主張した。ゾンバルトは，資本主義の発展のテンポは鈍化し，縮小しており，これを克服するために経済的な自己充足，すなわちアウタルキー化の必要性が強まったと論じた。その一方で，これまで存在する前資本主義的経済体制，非資本主義的経済体制は，持続ないし拡大するとみた。そして資本主義のあとに来る時代は，組合的な，共同的な，混合的な企業が中心になると報告した（Sombart 1929, pp. 23-41）。

ザリーンはこの見方を支持したが，これに対してヴェーバーは，同じ資本主義を研究する学者として，世界経済の今後の発展を予測できない現在の状況において，単に予言すること

3 実践的経済学者としてのヴェーバー

デムと並んでヴェーバー全集の編者であるヌッツィンガー (Hans G. Nutzinger) は，全集第5巻の序論において，ヴェーバーの当初の研究姿勢は，その時々の問題の解決に向けた実践的・実用主義的 (pragmatisch) なものであったと評している (Nutzinger 2000, p. 7)。

> 「[当時のヴェーバーは，] 立地論的な関心を示しながらも，それは理論的ではなく，多くは直接的に実際的で政策的な (praktisch-politisch) 意図を表していた。」(Nutzinger 1998, p. 31, [　] は著者による補記)

ヌッツィンガーが指摘するように，ヴェーバーは，第1次世界大戦前の1902年に 'Deutchland und die Rohstoffländer'（ドイツと資源国）という小論のなかで，ドイツのあるべき関税政策を実践的に論じている。そして同じ年にドイツとオーストリアの共通の利害と両国間の関税引き下げを論じている。さらに1904年には，アウタルキー政策について，欧州の小国においてはやむを得ない措置としながらも，世界貿易の縮小をもたらす大国のアウタルキー政策を批判する 'Deutschland und der wirtschaftliche Imperialismus'（ドイツと経済帝国主義）という論文も発表している。

ヌッツィンガーは，これらの実際的な見方と，工業立地論における純粋理論との2通りの姿勢を，アンビバレントな関係であるとも指摘している (Nutzinger 1998, pp. 16-17)。次の章で論じるが，ヴェーバーの立地論者としての矛盾する二面的な取り組み姿勢を鋭く突くものである。

4 基本的過程分析としての純粋理論

上記のような実際的な見方をしていたヴェーバーは，こうして資本主義の産

は望ましいことではないと反論を加えた。ゾンバルトが主張する資本蓄積が減速するという指摘は，現時点では見通せるものではない。世界を見渡せば，反資本主義の空間が1/4から1/5あり，残りの2/3は前資本主義の空間であり，これに対して資本主義の空間は1/3にすぎない。このなかで反資本主義が，資本主義に対してどのような影響を与えるのか，またインドや中国などの前資本主義が，今後どのように展開するのかは誰も予測できない。また一方アメリカの資本主義は，全盛期にある。振り返れば19世紀のイギリスは，当初欧州大陸の経済発展を脅威に思い不安視したが杞憂に終わり，一層の発展をみたという現実がある。単純な類推は望ましくないが，減退するとゾンバルトが断定するのは早計であるとして，ゾンバルトのアウタルキー化論 (*Schriften des Vereins für Sozialpolitik* 1929, pp. 89-92) を認めなかった。

業革命以降の労働，人口の移動を追求するとしても，現実を離れ，何故純粋理論を提起したのかという疑問が生まれる。わざわざ純粋理論としての『工業立地論』を著す必要性は何かということである。

ヴェーバーが『工業立地論』において追求した純粋理論は，立地図形にみられるように方法論的には，経験に拠らない厳密理論であり，全集第1巻の序章においてデムは，工業立地論が強く限界理論を指向していたことを指摘している（Demm 1997b, p. 31）。デムがいうように，背景に限界分析の視点を持つものであった[38]。

限界分析概念についてはカール・メンガー（Carl Menger, 1840-1921）が思い浮かぶが，メンガーは，歴史学派経済学に対する方法論的批判において，理論経済学を歴史学派にみられる経験的理解と抽象概念による精密的理解の2つに分けて論じた。そして歴史学派の研究は，類似性のなかに法則性を追求しようとするが，それは必ずしも歴史的とはいえず（Menger 1883, pp. 103-110），自然的な有機体と社会現象との単なる類似を弄んでいると批判していた（Menger 1883, p. 127, note 45）[39]。

こうした批判は，アルフレート・ヴェーバーのなかで明示的に表現されることはなかったものの，大きな影響を与えていたと推察される。何故ならこの批判は，そのまま立地論にも当てはまるからである。それはヴェーバーとゾンバルトの違いにも現れている。

ヴェーバーは，普遍的なものと個別的なものとの混同を避けるために，純粋理論による工業立地の原理を構築したうえで，個別的な個性を現実的理論のなかに表現しようと考えた。ヴェーバーの資本主義経済体制を捉える仕方は，彼が文明史においてみせたのと同じように，基本的な過程と個別性・独自性を創出する過程から構成されるものであった。それは，すでに述べたように，工業立地論の第1部において純粋理論を検討し，第2部において個別性・現実性

---

[38]　『工業立地論』には，数学付録としてゲオルク・ピックによる解説が付けられており，集積に関わる費用節約関数が微分法のもとに説明されている。またのちにプレデールによりヴェーバー理論に対して経済学の代替原理の適用の可能性が提示されている（Predöhl 1925及び1928a）。

[39]　この点に関してメンガーの解説書として八木紀一郎『カール・メンガーと歴史学派——方法論争とその後』1998，同じく『C. メンガー——精密的理論と主観主義』2006が参考になる。

を与える現実的理論を構築するという構想であったとみてとれる。ヴェーバーは、『工業立地論』の序章においてまず純粋理論を追求し、しかる後に資本主義の発展をふまえた現実的理論を打ち立てる、とする宣言に繋がるものであった。それは文明史でみせたのと同じように、普遍的な法則性と個別的な独自なものとの区別を求める姿勢であった。

　ヴェーバーは、メンガーにあった抽象的・論理的な姿勢でまず純粋理論を検討したうえで、これをふまえて実際のデータを使い現実の国民経済を分析しようと計画していた。彼の工業立地論は、純粋理論のうえに現実的理論を構築する企画であったとみることができる[40]。

第4節　現実的理論への手掛かり

　ゾンバルト、ザリーンの実証から発する批判に対して、ヴェーバーの純粋理論は、モデル的であり、そのままでは議論はかみ合わない。現実的理論があれば同じ議論の土俵に立てたはずである。それでは現実のデータを使い、論じようとする現実的理論は、どのように考えられるべきものであったのだろうか。これを推測させる手掛かりはない訳ではない。純粋理論と現実的理論とを繋ぐキー・ワードは、3つの立地指向にあるとみられる。純粋理論と現実的理論の関係は、『工業立地論』の第7章においてすでに一部語られており、また5年後に発表された当該書の要約版ともいえる『工業分布論』(*Industrielle Standortslehre*)[41] のなかに手掛かりが示されている。

---

[40]　メンガーは、抽象概念から出発して厳密理論を構築したが、ヴェーバーの場合、立地という実在するものに対し所与とする前提をおいて工業立地の純粋理論を展開した。メンガーと異なるのは、現実に対する前提、すなわち、立地を所与のものとして分析を進めたことにあると考えられる。それ故メンガーの厳密な (exakte) 理論に対してヴェーバーは、純粋な (reine) 理論と表現を変えていると推察される。ヴェーバーは、所与の前提のうえに厳密な論理展開を行い、立地の純粋理論を構築した。厳密性・抽象性は、現実の幾つかの前提のうえに幾何学による論理的な方法によるものであった。ヌッツィンガーは、「ヴェーバーの純粋理論は、価値や価格を出発点とするものではなく、重量と距離による体系的な把握理論である」と評している (Nutzinger 1998, p.18)。

[41]　江澤はこの論文に『工業分布論』という邦訳を与えている。原義からすればこれも工業立地論という訳になるが、ここでは混同を避けるために江澤訳に従う。江澤はこの論文をもって第2部である現実的理論を窺わせるものとしている (江澤訳 1938)。

1　歴史のなかの立地指向

　ヴェーバーは，『工業立地論』第7章のなかで，それまで論じていた純粋理論において導き出した3つの立地指向，すなわち，消費指向，原料指向，労働指向をいずれも所与のものとしていたが，これらは現実においては歴史的な結果であり，この前提を時間（歴史）に置きかえることができるとした。

　歴史的には農業が消費基盤を支えるが，その構造は，さまざまな要因によって千差万別である。そして農業層が消費基盤を支えるものの，地域的には分散的であるのに対し，工業生産は，集積を求め都市に集まることを指摘する。一方原料地は，消費地における必要性から決定される。しかし，基盤にある農業生産は，基本的に多くを自然的条件に従う。自然的条件に制約されるという点では，人類地理学や経済地理学と認識を共有している。そこで農業を中心とする社会を論じるのに留まるなら，ラッツェルの地理学でも差し支えないことになる。

　しかしヴェーバーが論じようとするのは，度々これまで述べてきたように，工業化社会における問題であった。何故なら農業でも，消費でも，工業化社会において中心にあるのは，労働力であり人口であるからである。消費地が決まれば，そこに発生する需要に対して供給地が決定される。議論の展開上消費地は，一旦は所与とされるが，長期的にみれば都市への人口流入であり，労働力の移動の結果である。ここにヴェーバーは，資本主義的立地の中心問題をみていた。労働は，無条件に増加する訳ではなく，労働力並びに労働地の解明が必要であった。労働地により消費地も原料地も位置づけが定められ，消費指向立地も原料地指向立地も解明が進むことになるからである。そして立地指向のなかでとりわけ労働指向が最も古く，消費地，原料地に影響を与えるものであると分析した。

　ヴェーバーは，労働地と労働費を所与とするなら，純粋理論により工業立地は，一般的に決定されることになる。しかし労働地の分析は，経済のみの分析では進められない。そこにはゾンバルトの唱える経済体制の問題が存在しており，経験的なデータに基づく現実的理論が必要とされると考えた。そして現実的理論は，歴史的に与えられた経済体制のもとで労働力を扱う理論でなくては

ならず，資本主義のもとで労働力が1つの「商品」として扱われること，そして労働の地域配分に対して持つ意味を解明することが，現実の地域構造の半ばを明らかにすることであると論じた（Weber 1922, p. 213）。

2 1914年の『工業分布論（一般的並びに資本主義的立地理論）』

ヴェーバーは，5年後の1914年に発表した論文において，純粋理論の3つの立地指向を使って過去の歴史の再評価を試みた。立地指向のなかで労働指向が最も古くから存在し，残りの2つの消費指向，原料指向にも影響を与えたとして，労働指向を手掛かりとして歴史を振り返った。

古代・中世においては，輸出工業が注目され，後の都市の手工業になる。それは基幹的な手工業の余剰によるものであったが，しかし立地論上の問題とはならなかった。なぜならそこには，費用競争がある訳でもなく，価値の高い，価格とは無関係な質的競争が存在し，立地も一般的ではなく個別的に独自性を持って立地するものであったからである。

中世において地中海の政治的・経済的な世界のなかで，運送が孤立的な経済を結び付けた。しかしそれは立地の決定や人の移動を伴うものではなく，自己完結的なものであった。そこには労働立地指向もなかったので，立地論からみる理論的な考察の対象とはならないものであった（Weber 1914, p. 312）。

近代資本主義の時代になって，人口の増加と運送費の低下によってはじめて労働の基盤は自立し，固有の移動法則が支配することとなる。この法則の解明には，これまでにない特別な理論が必要とされた。労働の基盤はつくられたが，そこでの労働の捉え方には2つの時期があったという。16-18世紀には労働は，社会的に固定化され，土地に拘束され，社会のなかに埋め込まれた。しかしこの時期の労働は，物品に似た性格を有しており，早期資本主義の労働力は各所で利用され，労働の場所は発展した。

資本主義の第2期では，労働は完全な商品になり，売買され，移動した。そこに近代工業において現実的な立地理論の本質的な部分があると主張した。ヴェーバーは，ここに労働指向工業の立地を分析することが，全体の構成のなかでの消費と原料指向の生産部分，集積と工業分布を明らかにするものであり，

同時に近代の人口集中を明らかにすることが可能になると論じた（*Ibid.* pp.313-315）。それが 1861 年以降のデータに基づく現実的理論となるはずであった。江澤譲爾は，当該翻訳書の解題において，ヴェーバーの資本主義理論（現実的理論）の概要を示すものと位置付けているが，江澤もこの書を現実的理論そのものとはみていなかった（江澤訳 1938, p. 4）。アウトラインは暗示されながら，結局未完のままに終わってしまった。

第5節　純粋理論と現実的理論

　ヴェーバーの本来的な歴史的な視野範囲は，有史以来の非常に広範囲に及ぶものである。ラッツェルの人類地理学に対応して，ヴェーバーも文明史という巨視的な捉え方を持っていた。しかしヴェーバーが注目し，『工業立地論』を著した背景には，文明史における近代の特殊な状況，すなわち産業革命により引き起こされた資本主義の目覚ましい発展と人間の新しい移動，集積の理解には，固有の分析方法が必要であるという考えが存在した。

　資本主義の発展は，それまでの文明の発達のなかで特異なもので，単に自然科学的な法則では把握できないものであると捉えていた。この点当時の経済地理学は，自然科学的な要因を中心に考えるものであり，経済も工業ではなく農業を主に扱うものであったことから，ヴェーバーの批判を受けることとなった。

　ヴェーバーが文明史の研究でみせた普遍的な共通過程を示すものと，個別性・独自性を形成するものとに分けて捉える見方は，工業立地論の検討において採られる純粋理論と現実的理論という 2 分法と根底において相通じるものであった。基本的なフレームワークと個別化・独自化の過程である。『工業立地論』において労働地・労働費を所与として論理的に導かれるものが純粋理論であり，この前提を取り除いて経験的・実体的に経済学の理論を超える解明を計画したのが現実的理論であった。

　一方，資本主義の発展を論じる際に，ヴェーバーのなかに実践的政策的な視点と，メンガー的な論理的厳密性を求める視点との 2 つが並列的に存在していた。それは，『工業立地論』が書かれる前の時期と後の時期を中心とするも

ので，ドイツという国家を前提にして論じる姿勢と，工業立地論に従い立地の合理性のうえに貿易政策を論じようとする姿勢の違いとなって表現されている。

経済地理学批判の背景には，ヴェーバーがそれまであった実践的な姿勢とは別に，『工業立地論』において抽象的・厳密理論的なアプローチを試み，純粋理論を打ち立てたうえに，これを超えるものとして，現実的理論を構築しようとする構想であった。すなわち，ヴェーバー『工業立地論』は，資本主義という歴史のなかの一特殊な時代に焦点をあて，第1部として純粋理論に基づき解明を試みるものであり，所与の資源の分布という土地からの拘束性と，農業に対する自然的制約をラッツェルとともにみながら，農業に留まるのではなく，工業化の時代を純粋理論のもとに分析するものであった。

『工業立地論』に対してゾンバルトやザリーンから現実にある立地の非合理性を無視していると批判されたものの，現実との対比は，恐らく第2部で予定された現実的理論における問題であったはずである。ヴェーバーは，分析手段として抽象的論理的な純粋理論を必要と考え追求し，3つの立地指向と集積に注目した。このうえにデータに基づく実証的な分析を加え，『工業立地論』第2部に現実的理論を意図して，近代資本主義の発展を独自に見直そうとする計画であった。

経済地理学への批判を行い，純粋理論を構築したにもかかわらず，現実的理論の構築を断念した理由は，現実の社会変動がそれ程激しくヴェーバーの実践的な姿勢がその暇を与えなかったのか，現実的理論にその価値を見出せなかったのかは不明である。残念ながらヴェーバー工業立地論は，この意味では半分しか完成されなかった。批判も多くあったが，しかしヴェーバーの『工業立地論』における純粋理論の提示は，基礎概念として，その後の議論の出発点として大きな影響を与えるものであった。

第4章
プレデールのヴェーバー批判とレッシュの見方
——補完理論としての立地論と国境の扱い

第1節　古典的工業立地論としてのヴェーバー

　本章では，アルフレート・ヴェーバー（Alfred Weber）の工業立地論に対する補完理論としての評価とそこで曖昧なままに残された国境の扱いをめぐる問題が存在することを明らかにしたい。国境の問題は，ヴェーバーのなかで未成熟であったが，プレデール（Andreas Predöhl）[42]，レッシュ（August Lösch）のなかに明確な差となって現れた[43]。

　ヴェーバーの学説史上の位置づけに関して，戦後の経済地理学会初代会長の青木外志夫 は，1967 年の『経済地理学会誌』第 1 巻の巻頭でそれまでの経済地理学を振り返り，テューネン（Johann Heinrich von Thünen）やヴェーバーを古典的立地論と呼び，プレデール以降を近代経済地理学と呼んでいる。そして青木によれば，ヴェーバーの工業立地論が立地の合理性について幾何学を利用して純粋理論的に追求する姿勢に対して，これを批判するなかから近代の経済地理学への新たな展開が生まれ，ヴェーバーは近代化への転換点に位置

---

42)　ヴェーバーとプレデールは，ともに社会政策学会の会員であったが，直接の接触は確認できていない。しかしプレデールの師であるハルムスは，ヴェーバーとともに社会政策学会の中心的な幹部として働いていたので，両者は全く面識がないとは考えられない。またプレデールとレッシュの関係は，キール世界経済研究所の所長と研究グループ長の関係にあった。

43)　本章並びに次章第 5 章は，拙稿「工業立地論と経済学——アルフレート・ヴェーバー，プレデール，レッシュの論争をめぐって」早稲田大学大学院経済学研究科経済学研究会『早稲田経済学研究』No.72, 2015, pp. 13-34 をもとに加筆修正を行ったものである。

するとされた（青木 1967, pp. 5-6）。

　またトルド・パランダー（Tord Palander, 1902-1972）は，1935 年の著書
『立地論研究』（*Beiträge zur Standortstheorie*）第 8 章において，ヴェーバーの
立地論について，ヴェーバーの議論を出発点としてさまざまな理論が発展して
いったことを指摘している。このことは，後に論じるレッシュ[44] の立地の一般
均衡論をはじめ，クリスタラー（Walter Christaller, 1893-1969）などによる数
学的な空間把握，計量的な把握等々その後の空間経済学としての新たな理論的
な展開を物語るものであった[45]。そしてまた他方で，プレデールの欧州統合論
への展開にも繋がるものでもあった。まさに青木やパランダーがいうように，
この分野の多くの研究者は，ヴェーバーの純粋理論の基盤のうえに各自の理論
を発展させていった。

　前章で論じたようにヴェーバーの著作のなかでとりわけ『工業立地論』[46] は，
立地論，空間経済学，経済地理学の分野ではよく知られており，ヴェーバーを
めぐる議論はこの書に集中する。しかしまたヴェーバーは，ほぼ同じ時期に貿
易政策についても論文を発表している[47]。のちにこの論文は，プレデールや
レッシュの目を引くところとなった。彼らは，ヴェーバーの主張する理論を，
立地の純粋理論としてではなく，データ的，実証的な分析に基づく経済学に対
する補完理論として評価を与えた。

　レッシュは，距離の要素を加えた立地の一般均衡理論の構築を追求し，経済

---

44)　レッシュは，1906 年西南ドイツで生まれ，終戦直後の 1945 年 5 月 30 日に猩紅熱により
　　死んだといわれる。フライブルク，キール，ボン大学で学び，1940 年に代表作『レッシュ
　　経済立地論』を著した。1940 年から 6 年間キール世界経済研究所でプレデールのもとで，
　　研究グループ長として働いた。徹底してナチスにおもねらなかった人物であり，しばしばプ
　　レデールとぶつかったといわれる。
45)　Christaller, W. *Die Zentralen Orte in Süddeutchland*, Jena: Fischer, 1933. Isard, W. *Location
　　and Space-Economy*, Massachusetts: M. I. T. Press, 1956（木内信蔵監訳『立地と空間経済』
　　朝倉出版，1964）。さらには Krugman, P. *Geography and Trade*, Massachusetts: M. I. T. Press.
　　1991（北村行伸・高橋亘・妹尾美起訳『脱「国境」の経済学』東洋経済新報社，1994）など
　　がある。
46)　Weber, A. *Über den Standort der Industrien*, Tübingen: J. C. B. Mohr（Paul Siebeck）1909,
　　1922-2.Aufl.（日本産業研究所訳『工業立地論』大明堂，1966）。本章では，1909 年初版の写
　　真印刷版といわれる 1922 年改訂第 2 版を使用し，邦訳においても篠原泰三『工業立地論』
　　大明堂，1986 に拠っている。
47)　Weber, A. 'Die Standortslehre und die Handelspolitik', *Archiv für Sozialwissenschaft und
　　Sozialpolitik*, 32, 1911, pp. 667-688.

のみの空間を設定し，国境を捨象した空間経済学への足場を築いた。一方国境の問題についてプレデールの提起した国家空間との接点を強調する捉え方[48]は，第2次世界大戦後に欧州統合論，経済統合論となって展開されたが，終戦後の反ナチ化政策，東西冷戦という政治情勢のなかで次第に影を薄くしていった。

　『工業立地論』を前提として2年後に書かれた関税政策を中心とするヴェーバーの貿易政策論では，彼の立地論から導出された3つの立地指向（消費指向，原料指向，労働指向）の工業に対して関税政策が与える影響を検討した。貿易政策並びに工業立地に与える効果を分析して，そのうえでドイツの採るべき政策を示した。そしてこれを欧州全体に範囲を拡げる提案を行った。ヴェーバーはリストの世界連邦を参考に欧州大陸全体へ彼の立地分析を拡大することを考え，国家の領土を超えて議論を展開した。これらの諸点について，以下詳しくみていきたい。

第2節　ヴェーバーの貿易政策論

　農業生産は中心部に近いほど集約的になる。そして孤立国の農業の基盤のうえに工業は形成され，農業生産と工業生産は重なったものとなる。工業製品は，生産過程において周辺にある農業地から1次，2次の工業層をへて消費地である中心地に向かう流れとなる。この基盤のうえで工業は，これまでの分析に従い，消費指向，原料指向，労働指向の3つの工業に分かれて展開する。

　ヴェーバーは，この分析のうえに国際的な工業立地の配置を論じた。『工業立地論』の2年後の1911年に書かれた論文 'Die Standortslehre und die Handelspolitik'（立地論と貿易政策）において，経済発展に伴う資源，特に石炭と労働力の問題を中心に，関税のあり方について検討を行った。そのためにまず，3つの立地指向に分かれる工業に対する関税の影響と工業の国際移動との関係を，立地論の基本概念に従い分析を行った。ヴェーバーは，3つの立地

---

48)　プレデールは，経済は本来自律的な発展傾向を有しており，国境を越えて拡張するが，それは，国家の領域を越えるもので，国境において国家と経済の間に緊張が発生すると考えた。詳しくは第6章で論じる。

指向について次のように述べている。

A）　消費指向工業は，どのような手段を採っても，他国の経済発展に伴い他国の消費も増大するので，それに応じて自然的な傾向として他国の消費地に引き付けられていく。これは致し方ないことである。

B）　労働指向工業は，より費用の安い国際的な労働地に引き付けられる。

C）　消費地と原料地の間に運送費の最小値によって一時的に決められた原料指向工業においても，より安い労働地によって影響を受け移動する。

これらの立地指向は，国際的な工業立地にも該当する。したがって対外貿易政策は，自国の経済に他国の工業を引き寄せることを意図しており，地理的な状況に応じて，工業立地に影響を与え，自国に移動させることを可能にする。ヴェーバーは，テューネンが『孤立国』で述べた国際的な経済力の移動に関わる基本的な一般的な見方が現在でも生きており，そこに立地に関わる関税政策の重要性があると論じた（Weber 1911, p. 268）。そしてこうした立地指向に影響する要因は，以下の3つの費用上の点にあることを分析結果として示した。

1. 資源とエネルギーを生産地へ運送すること並びに製品を消費地へ搬送することにより発生する運送費

2. 地域的な労働市場により影響を受ける狭義の労働費

この2つの要素が地理上の変化により，ある定まった場所に生産を引き付ける傾向がある。これに加えて，

3. 工業の位置を決定する集積・分散の費用上の節約作用

が存在する。この3つの要因が工業の立地移動に作用する。工業は，より安価な費用を追求して立地を指向するが，これに地域的，国際的に異なる労働費が偏りを生み出す。運送費の負担は，遍在原料を使う工業を消費地に向かわせる。

運送費により制約を受ける工業は，生産における労働費の占める大きさに従って，それだけ多く労働市場に引き寄せられる。例えば，木綿工業のマンチェスターへの集中などが実例である。そして第3の要因として挙げられた集積傾向が費用の節約として作用する。

ヴェーバーは，1895年のドイツの労働者の数字を挙げ，大企業労働者510万人のうち消費指向工業に従事する人が140万人，残りの370万人が原料並

びに労働指向工業であると計算した。しかし前者の消費指向工業の従業者には，この他に大企業労働者に属さない手工業者290万人が加わり，合計430万人になる。したがって消費指向と原料・労働指向の人口比率は54：46になるという分析結果を示した（*Ibid*. pp. 278–279）。

労働市場を選ぶにあたって，機械化されて石炭を使用する工業は，石炭埋蔵地の場所の影響を受ける。つまり大きな石炭埋蔵地にある労働市場は，原料指向と労働指向の2つが重なりあうので，組み合わせのうえで最強の吸引力を持つものとなる。当時としては石炭が決定的なエネルギー源であり，世界で5つの地域が，すなわち中国，アメリカ東海岸，ニーダーライン・ベルギー・北フランス，オーバーシュレジア・ポーランド，イギリスが中心である。しかしイギリスの石炭は間もなく枯渇するし，中国はまだ開拓されていない。残る3つの地域のうち2つは，ドイツ国境の近くにあり，国際的に労働市場をも指向しているので強い集積力を持っている。したがって他国の貿易政策は，この自然的立地条件の良い場所から工業を引きはがすことはできない。自然的な発展傾向は，大きな世界経済の工業中心地を目指しているので，こうした状況はドイツにとって大変に有利な状況であると説明した（*Ibid*. p. 281）。

一方それ以外の労働指向工業は，費用の観点から国際労働市場を指向する。それ故，有効な関税政策は，工業立地を他国の国境を越えて人為的に動かし，自国に引き付けることを可能にする。したがって，国の関税政策は，すべての労働指向工業に対して偏奇（移動）を生み出すことができる。そしてまた関税は，国内の労働指向工業の生産を保護する作用を持つ。もし関税がなければ，国際的には労働費圧縮を求めてすべての土地から特定の場所へ労働指向工業を移動させることになる（*Ibid*. p. 283）。

しかしヴェーバーは，歴史的にみて育成関税によりこうした産業移動に成功したのはアメリカのみであり，それ以外は，例えばロシアをはじめとしてみな失敗に終わり，実りのない高関税による自傷行為であったという。そこでもし仮に，欧州において各国が関税を引き下げるなら，自然的な状態に従って各々の工業は，関連する労働指向工業を引き付けることになる。欧州全体の関税引き下げにより，労働指向工業は欧州のいずれかの場所に留まることが可能にな

る。ヴェーバーはここに貿易政策の新たな可能性を導き出した（*Ibid.* pp. 284-285）。

第3節　リストの世界連邦とヴェーバーの欧州生産力の連邦

上記の考えは，1926年の論文 'Europa als Weltindustriezentrum und die Idee der Zollunion'（世界工業の中心としての欧州と関税同盟の構想）において一層進められた。域内において，『工業立地論』における先に述べた立地図形や，そのうえを移動する重量の相対的な大きさを線分で表す重量図形は，運送費と労働費により場所を移動することを示す。それは国内外にかかわらず適用可能なものである。ヴェーバーは，この論文で国家の枠組みを超えて，その範囲を大きく欧州大陸全体に広げる。各々の工業は，国境に関わりなく合理性を追求する経済原則により，原料・燃料供給地を指向し，労働地，集積地を指向する。そうすれば最適な状態が達成されると分析した。

この論文のなかでヴェーバーは，リスト（Friedrich List）の育成関税論について再三にわたり引用している。夢物語（Phantasie）としながらも，「リストの世界連邦」になぞらえて，欧州の複雑な国境の絡み合いのなかで，原料・燃料を含む「生産力の連邦」（Konföderation der Produktionskräfte）を欧州大陸に創出することを提唱している。ヴェーバーの生産力には，前述のように，原料・燃料，特に石炭が意識されていた。各産業は，欧州大陸内でヴェーバーの立地理論に従って最適配分され，欧州大陸の外側，特に発展著しいアメリカに対して関税同盟をつくるべきであると主張した[49]。

この２つの論文にみられるのは，資源・エネルギーは所与のものとして特定の地域に与えられたものとされ，そのうえで生産の最適配分と関税政策を論じるものであった。同盟の域外に対しては，軽工業を移動させないように関税をかけ対抗し，一方域内では，自然的な賦与を軸に集積を高め，遍在原料工業

---

[49]　ヴェーバーは，Gaedicke,H. /Eynern, G. v. *Die produktionswirtschaftliche Integration Europas*, Berlin: Junker und Dünnhaupt, 1933 の巻頭の言で，著者の統計的な分析による独，仏，英の３カ国の中核集中地とその他の欧州の農業を中心とする外縁ヨーロッパそしてそれ以外の世界という分け方に共感を示している。

の立地効率を高め，欧州全体のなかで工業立地の最適化をはかるというものであった。

ヴェーバーは，同じ年の1926年に「汎ヨーロッパ」と題する論文を著し，クーデンホフ・カレルギー（Richard Nikolaus Coudenhove Kalergi）の思想を取り上げている。このなかでヴェーバーは，欧州の安定には独・仏の相互理解と協同して働くことが必要であり，その前提にはフランスのドイツに対する安全保障が不可欠であり，フランスの安全保障があれば，ドイツは他の紛争に対し中立の立場をとることが可能になると主張した。経済の再構築のうえに精神的な統一にまで発展到達できれば，すべての欧州諸国は，新しい枠組みのなかに入ることができると政治的な視点を加えて主張した。

またこの独仏間の関係については，すでに1919年の新聞論説で石炭埋蔵地の管理について，土地の所有権ではなく経営権を社会化することを提案していた。この夢物語は，まさに第2次世界大戦後の現実において，製鉄・鉄鋼業に関して欧州石炭鉄鋼共同体（ECSC）として，そして政治的にはこの共同体における労働組合の経営参加として具体化された。このようにヴェーバーの捉え方は，欧州統合に関して先駆的な視点を多く含むものであった。

しかしヴェーバーの経済学は，現実に対する提言として具体性を持っていたとしても，このままでは「トン・キロメートル」をはじめ「立地重量」「立地単位」「原料指数」「労働指数」などというヴェーバー固有の分析単位が立地論の基盤を構成し，同じ現象を扱いながら経済学とは接点を持たないままにあり，立地論は孤立してしまう。ヴェーバーのこの思想を批判するとともに経済学に取り入れようとする努力がプレデールにより行われた。

第4節　プレデールとレッシュの評価

1　プレデールのヴェーバー批判と解決策

プレデールは，ヴェーバーの工業立地論および貿易政策論に対して，1925年に 'Das Standortsproblem in der Wirtschaftstheorien'（経済理論における立地問題）[50] を著し，ヴェーバーの純粋理論を取り上げ高く評価するとともに，

またその限界をも指摘した。そして立地論と経済学との連結の必要性と可能性を論じた。彼の主張は以下を主な内容とした。

　経済学において立地の問題は，地代としてのみ論じられ，一方立地論は，経済理論から離れ特殊な存在になっている。それがテューネンの農業立地論とヴェーバーの工業立地論である。しかし立地の問題は，立地論のみならず経済学の体系の一部でもある。経済学においては，量的な変数の関係として捉えられている。そして立地論と経済学は，貿易政策に具体的に共通の場を持っている。何故なら貿易政策は，世界経済における立地の最適化を追求するからであると論じた（Predöhl 1925, p. 312）。

　ヴェーバーは，立地要因は生産と販売の過程にある費用要因を追求するもので，生産立地の状態によって差別化を発生させるという。しかしそうした立地行動は，生産段階の前段階としての原生産（供給）と後段階としての消費の状態（需要）の組み合わせ問題となるが，それは取りも直さず生産要素に対する特定の生産手段の組み合わせによるものであると論じた。土地の集約的な利用に従って，中心地では地代が高くなる。また他方において地域的に異なる費用部分を構成する労働費も大きな影響を与える。プレデールは，ヴェーバーの純粋理論を経済学に統合する原理がすなわち経済学でいう代替原理であり[51]，運送費と資本・労働支出の間の代替関係と労働費の節約による立地の移動を説明することができると主張した（Predöhl 1925, p. 313）。

　ヴェーバーの立地分析は，立地の基本法則から3つの指向工業という類型化の方法を純粋理論として説明した。これは有意義なものではあったが，しかしプレデールは，ヴェーバー理論の重要な点は別にあると論じた。すなわち，立地の純粋な基本原理から立地要因をみつけるというヴェーバーの純粋理論は，経済学とは基盤が異なるので，そのままでは経済学として扱うことはできない。

50）　Predöhl, A. 'Das Standortsproblem in der Wirtschaftstheorien', *Weltwirtschaftliches Archiv*, 21, 1925, pp. 294-319. この論文については，さらに 'The theory of location in its Relation to General Economics', *Journal of political Economy*, 36, 1928a, pp. 371-390 で英文化されている。

51）　プレデールは，カッセルのいう狭隘の原理（Prinzip der Knappheit）を手掛かりにしたと1971年の *Außenwirtschaft* 改訂版の序に自ら書いている。Cassel, G. *Theoretische Sozialökonomie*, Leipzig: A. Deichertsche, 1927-4.Aufl.（大野信三訳『カッセル　社会経済学原理』岩波書店，1926）。プレデール代替論については，第6章において論じる。

そうした特殊な概念から立地を考えるのではなく、思い切ってヴェーバーの純粋ではあるが形式的な立地図形等の概念を捨て去ることによって、はじめて実証的なデータに基づく補完理論として経済外的な要因の説明が可能になる。経済学を前提として、そのうえに構築される補完理論において、内容である自然的―技術的分析のみならず、労働地や集積地といった文化的―歴史的な経済外的要因を含めて立地を決定できるということが重要である。経済理論に対して補完理論としてヴェーバー理論を吸収できるはずであると分析した。しかし残念なことに、ヴェーバー理論においては、経済学の価格理論の代わりに、技術的相関性の理論が入ってしまう。これが障害になると論じた（*Ibid*. p. 314）。

　大局的にみれば立地問題は、そもそも歴史的―社会的な現象に現れているというのが、ヴェーバーの資本主義的立地に対する指摘であった。ヴェーバーは、資本主義の労働地と労働費の問題を、その時代の経済体制によって左右されるものと捉えていた。ヴェーバーは、『工業立地論』の序説に書いているように、理論は歴史的な前提のもとに構築されるとみていた。プレデールがいうには、ヴェーバーの立地の純粋理論から生まれる分析は、資本主義の特別な機能として歴史的―社会学的領域に立地問題が近づきやすいことを表しているが、しかしその一方で、量的そして質的な理論は、経験的・実証的な研究土台のうえで応用理論として扱われる必要があると主張した。プレデールは、ヴェーバーの純粋理論は、大事な経済外的な実体を捉えているのにもかかわらず、独自の厳密な理論の体系化に余りにもこだわる結果、展開の方向を見失っていると批判した（*Ibid*. pp. 319-321）。

　最終的にプレデールの批判を含めた評価は、主として次の２つの点にあった。第１に立地図形等の幾何学的解法は、独自ではあるが孤立した体系になってしまう。わざわざこうした方法を採らなくても、それは生産技術による資本と労働と土地の組み合わせにおける選択問題と考えることができる。つまり、経済学にある生産技術の組み合わせによる代替理論の問題として扱うことが可能であるとした点である。この問題提起は、プレデールの代替理論の提案として立地論のなかで１つの立場を獲得した[52]。

　第２の点としては、上記とも関係するが、翻ってヴェーバー理論の強みは、

3つの立地指向類型にみられる実体的なデータの分析にあり，ここに大きな価値がある。この経済外的な要因による実証的，経験的な視点が，経済発展を考える場合に重要であると評価した。プレデール自身もこの認識を持って，後に独自の立地論的世界経済論を展開した。プレデールは，ヴェーバー理論は立地図形による純粋理論に問題ありとしても，姿勢として否定されるべきではなく，むしろ立地論の持つ実証的―経験的な質的な把握方法が重要であり，経済理論の量的な把握と並んで発展理論の構築にともに欠かせないものであると位置づけた。

2　レッシュによる評価

一方，レッシュは，プレデールの代替理論の考えのうえに立ち，純粋に経済理論のなかで検討を進めた。彼は，経済学，代数学を活用し，主著『経済立地論』(*Die räumliche Ordnung der Wirtschaft*) を著した[53]。そのなかで，ヴェーバーの立地論について具体的に以下のような点で批判を行った。

ヴェーバー理論は，費用にのみ基づいて立地指向を扱うものであり，そもそも経済にとって重要な利潤の働きを無視している。費用も重要だが売り上げも重要であり，個別企業にとって正しい立地は，利潤が最大となる地点にあるはずである。すなわち，立地の決定要因に利潤の観点が欠落していると指摘した。当然ながらヴェーバーの理論には需要を非弾力的な一定のものとする前提が存在していた (Lösch 1943-2.Aufl. p. 18)。

---

52)　プレデールの提起した代替理論の適用問題は，Engländer や Palander，Lösch などから誤り，限界，不十分さなどが指摘され議論を呼んだ。しかし議論はあったもののアイザードは，主著 *Location and Space-Economy* のなかで，代替の使用法は，修正，拡張されることにより最良の道具となると評価した。　そして同書の貿易論との関係を論じる箇所で，「トリフィンの相互依存分析は，多くの場所で代替分析の用語を使用しており，プレデールの代替というニュアンスと酷似している（もちろん，トリフィンは，空間関係あるいは立地関係についてはほとんど考慮していないが）。」と類似性を指摘している (Isard, W. *Location and Space-Economy*, 1956, p. 50／同訳 pp. 53-54)。

53)　Lösch, A. *Die räumliche Ordnung der Wirtschaft. Eine Untersuchung über Standort, Wirtschaftsgebiete und internationalem Handel*, Jena: Fischer, 1940, 1943-2.Aufl. 邦訳は，篠原泰三訳『レッシュ経済立地論』，農政調査委員会，1968，並びに大明堂，1991。レッシュは，経済発展における空間的な秩序がどういうものなのかを追求した。当時キール世界経済研究所でともに働いていたカール・シラーは，この著書をこの時期のドイツ経済学の最高傑作の一つであると高く評価している (Janssen 2009-3.Aufl. p. 166)。なお本書の訳には後者の1991年版を使用している。

販売に際しても，「立地はすべての価格変化により移動する。需要の変化を考慮するやいなや，供給についてのヴェーバーのすべては崩壊する。」として，価格の変化による移動にも配慮がないと批判した（*Ibid*. p. 19／同訳 p. 33）。立地論において変数は，販売額と価格も取り上げるべきであると主張した。

　しかもヴェーバーのモデルは，全体のなかで個別企業のレベルでしか取り上げていない部分均衡を扱うものであり，さらに一般均衡理論へと拡張されるべきであると論じた。シュトルパー（Wolfgang Friedrich Stolper, 1912-2002）は，レッシュの当該『経済立地論』の英語版序文のなかで，レッシュは個別企業の立地最適化ではなく，全体としての均衡，すなわち一般均衡の解明を目指していたと指摘している[54]。

　そしてレッシュのヴェーバーに対する批判は，技術論としても，

　　「幾何学的解法は，2つの空間的変数に対して価格と販売量を加えると直ちに不可能になる。何故ならこの解法は，変数がせいぜい3つの場合しか適用できないからである。……いうまでもなく，この手続きは最早理論的な方法ではなく，むしろ全くの［経験的な］トライアルである。」（*Ibid*. p.19／同訳 p. 33, ［　］は著者による補記)

として，プレデールと同様にヴェーバーの理論は，実際は理論よりも経験的な分析として価値があるとの見方を示した。

　また経済発展に伴う組織面からの矛盾も指摘した。すなわち，経済発展に伴い農業の基盤のうえに構築されるヴェーバーの理論における5層の組織構造は，工業部門が成長するに従い，やがて農業部門を上回り，彼の階層構造モデルは，構造的な行き詰まりを示すと指摘している（*Ibid*. p. 62／同訳 p. 116, 注 1）。

　しかしこうした欠点はあるものの，最終的には，「一連の代表的な立地要因のなかで，最も重要な立地要因の個々の作用の仕方そして協働の作用の仕方を

54）　Stolper, W. F. 'August Lösch in Memorian', *The Economics of Location*, New Haven: Yale University Press, ix, 1954. しかし，1926年のヴェーバー論文でいう欧州生産力の連邦を考えるなら，ヴェーバーも単なる部分均衡に留まらない視点を概念的には持っていたと考えられる。
　ところがヴェーバーにとって『工業立地論』による道具立てだけでは，欧州全体を扱うことはできなかった。したがって個別企業が最適化行動を大陸全体で行えば，欧州全体の企業の最適化に繋がると夢物語として提案するに留まったものと解釈される。

扱えるし，現実的な立地問題の取り扱いに際して直接的もしくは少なくとも手本として役に立つはずである。」（*Ibid.* p. 20 ／同訳 p. 34）として前向きな評価を与えている。そして注目に値するのは，『工業立地論』に対する厳しい批判とは異なって，ヴェーバーの 1911 年の貿易論の論文について次のように述べ，成功していると評価していることである。

> 「言うまでもなく私には多くの点で（そしてまた限られた表現のなかに），アルフレート・ヴェーバーの余り知られていないテーマ［立地，経済地域，国際貿易の相互作用］についての 1911 年の論文は，成功していると思われる。」（*Ibid.* p. 71，注 1.［　］は著者による補記）[55]

レッシュもプレデールと同じように実証的，データ的な分析の点でヴェーバーの価値を認めていた。そしてヴェーバー理論を，一貫して形式的―理論的ではなく，経験的な経済外的な要因に基づく実証的な分析にあると捉え，それが立地論から出発して貿易政策論にまで展開したことを評価していた。

3　欧州生産力の連邦における国境の問題

ヴェーバーは，すでに述べたように貿易理論を拡張し欧州大陸全体にわたる工業の最適配分による合理的な配置を夢物語としながらも提示した。これに対してプレデールは，工業が合理性を追求して欧州大陸に拡大していく際に生まれる国境の問題を指摘し，国境問題はヴェーバーが取り上げた関税のみに留まるものではなく，国家の領域に関わる全体の問題となると批判している。つまり欧州大陸全体における工業の最適配置を論じる場合，議論は，欧州のそれぞれの国がとる経済政策全般に関係するものであり，またそれぞれの国民の選ぶ価値体系にまで及ぶものであると考えた。言い換えれば，国境には単に関税問題が存在するばかりでなく，貿易政策の背後にある国民経済の基盤，例えば社会保障制度などにも関わるものがある。関税という技術論では済まされるものではないと論じた。景気変動においても各国とも貿易は，好況期には自由貿易的で多国間的であったが，不況期には輸出を促進して，輸入を制限するために

---

55)　ヴェーバーのこれらの論文は，いみじくもレッシュが述べているように，その後の経済学では殆ど取り上げられていない。

制限的になり，特定国との結びつきが強くなると主張した。

　プレデールは，こうした国境の問題をどう乗り越えるかを正面から捉え考える必要があると論じた。この対処には，1つには，歴史上の大帝国のように領土を拡大して欧州を統一してしまう方法があり，かたやリストのように発展段階の最上段に到達することにより，対等な関係のなかで連盟的な世界連邦を創る方法が考えられた。経済発展に伴い，国民国家としての政治空間を，国境を越えて拡大してしまう経済とどう折り合いをつけるかに焦点をあてるものであった。

　一方レッシュは，経済の領域と政治の領域に関して以下のように書いている。

　「ここで例外的な事例として，国家の創出した（単に影響を受けるだけではない）経済領域が国家領域によりカバーされないケースにふれておく必要がある。通貨同盟，関税同盟および政治同盟は，その範囲が相互に一致する必要はない。関税の境界，通貨の境界，法制の境界は，国家の一部のみの場合もあれば，多くの国家を含む場合もある。……経済の領域形成に対する政治の重要性は過小評価されていると主張することは，かつては誤りとされたが，その反対に今日では，政治の重要性は他の力と並んでかえって力の一つであるということを忘れてはならない。」（Lösch 1940, pp. 135-136／同訳 p. 222）

　しかしレッシュは，プレデールと異なって，欧州大陸全体の動きに関する議論の前提として，そもそも国家の空間を所与のものとしてみており，一歩踏み込んで国家の枠組みを超えて，大陸内の国家の統合という視点は持っていなかった[56]。恐らくナチス政権下の当時の情勢を勘案し，立地の一般均衡論的分析を優先させたものと思われる。個別企業の立地行動から導出される全体の均衡を重要な問題として考え，国家の存在とは関わりなく成立する法則を追求した。レッシュは，距離に基づく空間の一般経済原理としての立地論の構築に注力した。

56）　しかしレッシュは，経済の領域と政治の領域の関係を全く論じないわけではなく，1940年版『経済立地論』の134ページにおいて2つの領域の大小と輸出入の関係を取り上げ，均衡の問題を論じてはいる。

そもそもヴェーバーのなかでは，国家の空間と経済の世界は接点を持たず，別々に独立した空間として区別されて論じられており，2つの空間の接する点を論じる視点はなかった。経済を論じる際に政治が絡むとしても，あくまで経済活動の一環であると見做す経済政策として関税問題を論じるのに留まるものであった。例えば，1902年の 'Die gemeinsamen wirtschaftlichen Interessen Deutschland und Österreich'（ドイツとオーストリアの共通の経済的利害について）においては，オーストリアとドイツとの間で，お互いに持つ敵対感情を捨てて，関税同盟を結ぶことが両国共通の利益になると主張した。

ヴェーバーは，前述の1926年の論文 'Europa als Weltindustriezentrum und die Idee der Zollunion' において，国家を超えた生産力の連邦を提唱したものの，経済についての議論は関税の問題のみを取り上げ，議論は政治的にはあくまでドイツの国家を前提にするものであった。それは貿易政策論でもドイツの有利な状況を指摘していることにも現れている。ヴェーバーにとって経済は，ドイツという国家の位置する場所を前提とするものであり，あくまでドイツ国家という現実に存在する立地上の視点に留まる面を有していた。この点で世界経済全体を視野に入れるプレデールの認識とは一線を画していた。

しかしながらヴェーバーのこの姿勢は，国家空間で検討した理想を経済空間に持ち込む場合，言い換えれば経済政策として実行に移す場合に，当然ながら2つの空間の範囲の違いからプレデールのいう緊張問題が顕在化されることを意味している。例えば，先に述べた欧州石炭鉄鋼共同体（ECSC）における労働組合の経営参加（共同決定）にみられるように，経済空間に国家空間から非経済的要因が政策として持ち込まれることは，すなわちプレデールの主張する2つの空間の間に緊張が生まれることを表しているからである。

ヴェーバーは，関税問題を除いて国家空間に直接触れなかったにもかかわらず，生産力の連邦の論文を発表した10年の後には，ヴェーバーの生産力の連邦の思想とは全く異なる視点から，しかし外見上類似してみえるナチスの広域経済圏構想，いわゆる生存圏構想が出現することとなった[57]。

57）　この点に関しては第6章で扱う。

第5章
国際分業をめぐるハーバラー，レオンティエフとの違い

　国境をめぐる立地論と国際経済学の違いは，第2次世界大戦のあと1950年代に（新）社会政策学会において議論となったが，簡単に歩み寄れるものではなかった。しかし冷戦の終結以降，クルーグマン（Paul R. Krugman）をはじめとする new economic geography の流れのなかで，立地論と国際経済学の間の溝は狭まりつつある面もみせている。

　大きな流れとしてのグローバリズムの進展は，経済の効率化を求めて世界中に展開するが，一方で2008年のリーマン・ショック以降の不況のなかで，経済と国家との関係が一段とクローズアップされている。例えば，それは関税問題のみならず，国内税体系や保険制度，安全基準などの各国の違い，すなわち非関税障壁の問題は依然として議論が続いている。グローバリズムの急激な拡大のなかで，経済と国民国家の関係はある面で調和を失いつつあり，再び議論の対象となりつつある[58]。

　立地論と経済学との違いは，国境の捉え方をめぐって具体的な議論となった。とりわけ，立地論と国際経済学との間には，世界経済について理解の仕方に大きな違いが存在していた。この違いは，戦後の（新）社会政策学会において，

58）　例えば直近では，2014年6月19日朝日新聞「オピニオン」で元アメリカ歴史学会会長入江昭「力の論理を超えて進むグローバル化　国家単位で考える「現実主義」に限界」や，水野和夫『資本主義の終焉と歴史の危機』集英社新書，2014などが，経済のグローバリズムの進行により国民国家は限界に近付いていることを指摘している。またスーザン・ストレンジ（Susan Strange）は，すでに冷戦下にあっても，先物取引など金融のグローバル化が国家，特にアメリカの国力の低下を招いていることを論じている（Strange, *Casino Capitalism*, Oxford: Blackwell, 1986, 小林襄治訳『カジノ資本主義』岩波書店，2007）。

プレデール（Andreas Predöhl）とハーバラー（Gottfried von Haberler, 1900-1995）[59]，レオンティエフ（Wassily Leontief, 1906-1999）[60] との間の議論となって浮かび上がった。世界経済に対する認識は，基本的に異なっており，直ちには相互に理解を得るのは難しいという現状が一層明らかにされた。

ヴェーバーの批判にもあるように，立地論と国際経済学は国境に対する認識において本質的に異なるものであった。それにもかかわらず，立地論の貿易論と経済学の国際分業論とは大きな論争もなく，互いに触れることもなく接点のないまま第2次世界大戦後まで持ち越されたといわれている。それは1つには，戦前の社会政策学会において歴史学派経済学が中心であり，普遍的，厳密理論的経済学は，ヴェーバーの『工業立地論』をも含めて，あまり議論にならなかったこととも関連しているとみられる。

第1節　プレデールとハーバラーの議論

戦後まもなく戦前からあったドイツ社会政策学会は復活し，1947年には（新）社会政策学会第1回として開催された。そして1954年には「ドイツと世界経済」をテーマにして開かれた。この学会の席上で，国際分業をめぐってプレデールとハーバラーとの間で議論が戦わされた。こうした議論は，戦前の社会政策学会ではなかったことである。プレデールの第1報告に続いて，第2報告者ハーバラーは立地論と国際経済学との融合可能性について前向きに論じた。

「国際貿易理論は，一般均衡の理論である。高度な抽象化の段階に立ち，一般的な問いに，つまり国際貿易にメリットがあるかどうか，そしてどのような状況において有利であるかに答えるものである。すなわち，どのような場合に自由貿易が最適な政策，もしくはそれに近いものを示すのかである。立地論は，より現実的である。つまり，ある工業部門の具体的な地

---

59) ハーバラーは当時ハーバード大学の教授であったが，オーストリア生まれでありウィーン大学の出身なので，報告も討論もすべてドイツ語で行った。

60) レオンティエフは，ドイツ，ミュンヘン生まれでロシア育ちであるが，アメリカに渡る直前の1927-1930年までハルムスのキール世界経済研究所に勤務した経験を持ち，この会の講演，討論ともにドイツ語で行った。

域化の問題に答えることをしばしば可能にする。両論はお互いに補い合う。したがって，相互に反するものではない。十分に細目に立ち入る一般均衡理論は，その結果立地論のなかで扱われる要素（距離と運送費）を最終的には導入することになる。」(Haberler, 1954. *Schriften des Vereins für Socialpolitik*, Neue Folge 10, p. 60)

ハーバラーは，国際経済理論と立地論の関係は必ずしも無関係ではなく，補完し合う部分があるはずだとして接点を求めた。しかし現状では，国際分業のモデルが２国・２財・２要素という極めてプリミティブな状態にあることが問題であり，多数国・多数財・多要素にまで拡張することが必要であり，それができれば立地論との対話が可能になるのではないかと提言した。

これに対してプレデールは，そもそもｎカ国，ｎ財という前提の認識から抵抗を示す。ｎ財といっても特定の指向工業に限定される財である。ヴェーバーのいう３つの立地指向により，各々の意味は異なってくる。国際経済学にはそうした区別はなく，抽象化され国家には面としての広がりを認めないからである。地続きの隣国と地球の反対側の国も国際経済学では同じに扱われてしまう。そこに欠けているのは，補完理論としてのヴェーバーの見方であり，また現実にある地理的な位置である。

この違いは，具体的には，国際貿易理論では，国内において資本と労働は自由に移動することが前提とされるのに，国境を越えると固定されてしまう点を個別的にプレデールは指摘した。プレデールは，次のように発言している。

「空間均衡理論は，理論的なツールであり，世界経済的な考察の下に置かれなくてはならない。そのあとで国境を紛糾が生じる場 (Komplikationen) として再導入して，貿易と為替の問題を解決することができる。そうした問題は，相互依存的な空間的システムの内側においてお互いに異なった国家空間から生まれるのである。その際に国際貿易理論を，かつての比較生産費の理論の意味において，実質費用の理論として使うことができるかもしれない。［国際貿易理論に］反対しないだけでなく，国際貿易理論と空間的均衡理論の間に違いはないとみている。それは相互に解消されるはずである。」(*Ibid.* p. 88,［　］は著者による補記)

プレデールは，経済ののちに国境を考えるのか国境をはじめに考えるのかという違いはあっても，政策を論じる場合には基本的に国際貿易理論と空間均衡理論の間には違いはないが，比較生産費の理論を根底に置くことに問題があるとした[61]。これに対してハーバラーは，次のように述べ同意を示している。

「プレデールは，比較生産費の理論の解消に言及したが，全くその通りである。比較生産費の表現を当然はずすことができる。……現代理論において国内交易理論と齟齬を来すような外国貿易論は存在しないし，この意味で比較生産費の理論は崩壊しており，このことは一般均衡の理論の一部になっているといえよう。」(*Ibid.* p. 112)

ハーバラーも比較生産費を議論から外すのは当然であると答え，プレデールからも，「両方の理論が空間均衡の理論のなかに融合できるはずであると考えている。しかし今は時期尚早である。」(*Ibid.* pp. 114-115) と応じ，将来的には融合する可能性に同意を示した[62]。

しかし両者の基本的な違いは，そもそもの出発点にある。確かに立地論では，国際経済学のように最初からある国と他の国というように国家を抽象的な点のように考えることは難しい。ところが最終的に政策を議論する段階になって，つまり経済政策，貿易政策，為替政策を考える場合になって，これらはすべて中央政府の手によるものとなり，国家対国家，中央政府対中央政府として，面のない点とならざるを得ない性格を有している。

一方で生産過程に目を転じると，面を持つ空間と点でしかない国家を考える場合の違いは歴然としている。交換の対象となる生産物は，大国においては，国内で生産される多くのものが自給され，そうならないもののみが貿易品となる。しかし小国にとって極端な場合，すべてが国際貿易の対象になる。面とし

---

61) レッシュは，『経済立地論』のなかで，比較生産費を個人について論じることは可能だが，個人のように国家に当てはめるのは誤りであるとした。仮にこれを受け入れるとしても，財の数を3つ以上に増やすことにより，また国の数を増やすことにより決定不能範囲がどんどん増加すると1節を割いて批判している（Lösch 1940, pp. 148-150）。

62) この会議に日本代表として参加した赤松要は，プレデールとハーバラーの議論を直接聞いており，ハーバラーが「立地論と国際経済学は別個の理論であり無批判にこれを接合すべきでない」と発言したと生の声を記している。上記にある学会から公式的に刊行されたものとは違った印象を与えている（赤松要「ドイツ社会政策学会に出席して」『経済評論』4(3)，日本評論新社，1955, pp. 101-102）。

ての生産活動の違いに対する考慮がなく，国家として等しく点として議論が進められるのには問題があると立地論では考えられた。両者の間には，政策決定に至る以前の分析過程の違いがあるとみることができる[63]。

また後にプレデールは，アメリカに移入された立地論，すなわち空間経済学に関して，特にアイサード（Walter Isard）の経済学について，国内の地域に限定される国境の影響のないリージョナル・サイエンスであり，自分の考えとは異なるものであると断言する（Predöhl 1971, p. 24）が，この点も5年後の学会で再び議論となった。

第2節　レオンティエフとの視点の違い

1959年のテューネン生誕175周年をテーマに開かれた第14回（新）社会政策学会での報告において，レオンティエフは，投入産出分析の説明のなかで，地域分析への応用を提案した（Leontief 1959）。これに続く質疑のなかでレオンティエフの提案に対し，プレデールは彼の分析手法を価値ありとしながらも，

「国際貿易の新しい理論は，外国貿易を一方的に［個々の］国民経済の側からみている。つまり解放経済と表現されている。……まず世界経済の構造を知らねばならない。オランダはルール地帯を考えてはじめて理解できる。デンマークはイギリスからみる場合のみ理解可能である。カナダは東部アメリカ工業地帯を考えてはじめて理解できる。そこからはじめて一般均衡理論へ還元できる。この満足できない状況を考えると，もう一度テューネンに戻らねばならない。何故ならテューネンが基本概念を発展させた唯一の人であるからである，つまり集中する秩序という考えを発展さ

---

63)　とはいえ，ハーバラーは距離への関心が全くなかった訳ではなく，運送費として最終価格に反映されると見做し，国際貿易により運送費を含めた価格によって国際均衡が求められるとした（Haberler 1933, p. 30）。立地論との違いは，距離の問題を価格としてのみ捉えることでよしとするかどうかである。
　　ハーバラーは，国際価格について，その半ばは粗雑としながらも，カッセルの購買力平価の働きにより，また残りは経験的に形成されると論じている。すべての個別的な価格が完全に均衡することはないが，運送費が加われば，均衡価格が国際貿易により完全ではないが形成されるとした（*Ibid.* pp. 69-71）。立地論においても部分的には異存のないものと考えられるが，それ等の価格は，現実の立地の位置を前提にして具体的に決められるとするものであり，完全な世界的な均衡価格を論じることは意味がないと立地論では考えられている。

せたからである。」(Predöhl 1959, *Schriften des Vereins für Socialpolitik*, Neue Folge 14, p. 62, [　] は著者による補記)

と発言している。地域の投入産出分析を行っているアイサード[64] を含めて，そうした分析には，基盤となる立地構造を理解することが先決であり，全体を捉える空間秩序の理論は，レッシュが唯一であるともいっている (*Ibid.* p. 62) [65]。

　プレデールがレオンティエフに対して経済構造を理解することが先決であると主張するのは，生産活動を考えるに際して，面としての認識，特に具体的に存在している場所と周囲との関係が必要であるとする点である。所与となる資源，労働地，人口などが現実に置かれた場所として存在しており，地続きで連続的に行われる取引に対して，場としての位置が無視されてしまう点に違いがあるとするものである。具体的な立地の状況を重視する立地論と無機的に数量処理しようとする両者の違いは，リージョナルな場においてデリケートであり，一般論として論じるには分かり難さがある。この点に関しては，数理化を重視するレッシュとレオンティエフとの間の方が議論の場を設定しやすいようにみえる。

　こうした捉え方をするプレデールは，立地論の一般均衡理論化に専念するレッシュに対して，進む方向，力点を置く場所は違えども，経済自身の展開に関しては，同じ捉え方に立っており，レッシュを立地論経済学者として評価していたことを窺わせる[66]。

---

64)　プレデールは，アイサードのいう regional science と location theory は全く別物であると *Außenwirtschaft* のなかでも強調している (p. 24) が，アイサードはプレデールの 70 歳記念論文集に寄稿して，この点に触れず，プレデールを space economics の開拓者として賛辞を贈っている (Isard 1963)。

65)　プレデールは，主著 *Außenwirtschaft*（世界経済論）のなかで，レッシュについて本文と注を含めて 7 箇所で引き合いに出している。レッシュは，空間問題に数学的手法を導入し進化させたという評価を別にしても，基本的にプレデールの主張と同じ見方をしていた。すなわち国内取引と国際取引の差は，国境に拠るものであり，経済行為には，本質的に変わりがないものとして扱っていた。連続性のうえに経済法則が働くと考えた。互いに同じ認識に立ち，プレデールもレッシュもこの点で立地論者として一致していた。こうした捉え方は，立地論に固有なものであり，プレデールとレッシュの違いは，力点の置き方の違いにあったということができる。

66)　レッシュは，残念ながらドイツ敗戦の同じ 1945 年 5 月に猩紅熱で死亡したといわれる。プレデールは，キール世界経済研究所の有力な部下を失っていた。

第5章 国際分業をめぐるハーバラー，レオンティエフとの違い | 095

したがって，この（新）社会政策学会での議論においてプレデールは，レオンティエフに対してレッシュに近い位置に立っていた。プレデールは，当時の冷戦構造のなかにある政治状況を考慮し，持論である2つの空間の間の緊張を強調するのではなく，国家空間を直接論じることを避け，国際貿易論が，経済を国家の点として表現することに批判を集中したと推察される。プレデールとレッシュの立地論は，議論の出発点として国家を前提とせず，経済空間が自律的な行動のうえに成り立つとみている点で同じであり，国際経済学に対して基本的な違いが存在した。それはレオンティエフに対して発言した上述の「世界経済の構造を知る必要がある」という言葉のなかに込められていた[67]。

第3節　2つの流れに分かれる立地論

ヴェーバーが純粋理論として提示した工業立地論は，プレデールとレッシュの批判にみられたように，経済学に対して実証的な補完理論としての価値を持つものであった。ヴェーバーの捉え方は，第2次世界大戦後の欧州統合へ向かう現実の流れを先取りする見方であったし，後で述べるプレデールの欧州統合思想に大きな影響を与えたものであった。一方レッシュの姿勢は，経済理論のなかに距離（運送費）の問題を1つの要素として取り入れ，ヴェーバー理論に関して経済理論との統合化，精密化を一層進めるものであった[68]。

ヴェーバーの欧州生産力の連邦論をとおしてみると，立地論は2つの方向に分かれることになる。経済の一般理論化を目指すレッシュの見方に立つ立地論の流れは，第2次世界大戦のあと，国境の制約の少ないアメリカを中心にリージョナル・サイエンスとして展開する。それは，国境の存在を基本的に問題とせず，運送費を取り込み体系化するもので，アイサードをはじめとする経

---

[67] プレデールは，国際経済学のなかでもオリーンが域際貿易（interregional trade）の概念を使い国内・国外の区別を離れて一般立地論として論じたことに注目したが，国際貿易を論じる段になると一転して国家の立場から議論が行われる点に抵抗を持ち，必ずしも満足してはいなかった（Predöhl 1971, pp. 22-23）。

[68] しかしレッシュは，どんなに数理化を進めても個別の立地は経験的にしか求められないとして，実体の解明には理論だけでは不十分であるとの認識を示していたことは注目に値する（Lösch 1940, p. 31）。

096

済空間のなかでの均衡を考える流れを生み出した[69]。このことは図らずも，プレデールとレオンティエフの認識の差に基づく議論に象徴される。国家が1つの大陸を覆うほど大きければ，多くは国内取引として吸収され，限界的なもののみが貿易の対象となり，国境は議論の中心にはならないからである。国境の捉え方にプレデールとレッシュには近いものが存在していたが，立地の一般均衡理論を追求するレッシュの考え方は，アメリカを中心に発展していく空間経済学にそれ程違和感のないものであった。

そして一方で，ヴェーバーの主張した貿易政策・欧州生産力の連邦というテーマは，むしろプレデールにおいて，国家空間と経済空間という2つの空間の均衡・統合論に吸収されるものであり，最終的に国民国家の存続の基盤を問う見方を生み出すに至るのである[70]。この問題認識は，現在ではギリシャ問題，スコットランドのEU直接加盟，イギリスのEU離脱をはじめ，欧州が直面している問題でもある。翻っていえば，中小国家群である欧州大陸においてプレデールの見方は，欧州統合論として展開し，一方一般均衡理論として経済空間に専念して取り組むレッシュの見方は，国境の制約の少ない大きな大陸国家アメリカで，アイサードをはじめ空間経済学として展開していったと解釈することができる。まさに2つの大陸の立地状況の違いを反映しているといえよう。

しかしその違いは，簡単に乗り越えられるものではなかったが，この歩み寄りの手掛かりの1つは，バックハウス（Roger E. Backhouse）が空間経済学の歴史を論じる際に，new economic geography と呼んだもののなかにあるとみられる[71]。レッシュやクリスタラー（Walter Christaller）から出発し，クルー

---

69) クルーグマンも国家と地域の関係を論じているが，あくまで経済の量として捉えている。国境は1つの外的な要素であり，プレデールのように政治空間として捉えられているものではない。Krugman, P. *Geography and Trade*, Massachusetts: M.I.T. Press., 1991（北村行伸・高橋亘・妹尾美起訳『脱「国境」の経済学』東洋経済新報社，1994）.

70) Predöhl, A. *Außenwirtschaft: Weltwirtschaft, Handelspolitik und Währungspolitik*, Göttingen: Vandenhoeck & Ruprecht, 1949, 1971-2. Aufl. しかし薬師寺洋之は，プレデールの当該書を国際貿易論として限定的に捉えている（薬師寺洋之『世界経済の立地＝貿易理論』晃洋書房，2008）。また森本憲夫は，戦前のプレデールの研究を高く評価しているが，戦後の欧州統合論については全く言及していない。森本憲夫『世界経済学の研究——方法論の立場より』関書院，1956。

71) Backhouse, R. *Space in Economics: a Historical Perspective*, Internet, Faculdade da Economia do Porto-Universidade do Porto, Programa de Doutoramento em Economia, Joao Oliveia Correica da Silva. なおこの論文はネット上に公開されているが，公開年月は記載されて

グマンの『脱「国境」の経済学』にみられるように，不完全競争を前提に立地形成を論じる流れである。

そしてまた，ソビエト連邦の崩壊まで殆ど顧みられなかった経済と国境の問題は，グローバリズムの進行のなかで，国家の垣根の引き下げと景気対策等の国際協調を優先させる de-nation-state の問題としてクローズアップされるようになってきている[72]。そしてまた一方，この問題への反発は，現実において欧米を中心に世界に拡大しつつある。

国際分業論を批判したヴェーバーに続き，プレデールとレッシュは，立地論に拠って立ち，経済学への橋渡しを行い，レッシュは距離の要素を加えて，立地の一般均衡理論の構築を進め，プレデールは国境に象徴される国家空間と経済空間との緊張の理論の深化に努めた。

立地論と国際経済学，空間経済学との関係は，上で述べた new economic geography の発展により，一面において，国際経済学と同じ土俵に立つ可能性を含んでいるとみられる。少なくともレッシュ立地論と国際経済学には歩み寄る可能性が生まれている。

しかし，プレデールが提起した欧州統合や EU にみられる経済と国境の問題は，手つかずに残されたままである。この問題は，経済のグローバル化の問題と国民国家の存在基盤に直接的に触れるものであり，喫緊の課題としてさらなる議論が必要とされるものである。こうした観点からみると，ヴェーバー，プレデール，レッシュの立地論は，現代の問題に繋がる経済発展に関わる原点の１つといえるものであり，むしろ今日的な価値を有しているとみることができる。

おらず，不明である。参考文献の最新が 2003 年であるのでこれ以降のものであろう。また new economic geography の関連では，以下でも論じられている。Ascani, A., Crescenzi, R., Iammarino, S. *New Economic Geography and Economic Integration: A Review*, European Commission, SEARCH, 2012. そして松原宏『経済地理学——立地・地域・都市の理論』東京大学出版会，2006 が参考になる。

72)　これもバックハウスが同書のなかで core-periphery theories と呼んでいる。この点に関して，カッペルもプレデールを１つの出発点でのモデルとして取り上げている。Kappel, R. *On the Economics of Regional Powers: Comparing China, India, Brazil, and South Africa*, German Institute of Global and Area Studies（GIGA）working papers: No. 145, EU: ECONSTOR, 2010. また de-nation-state の問題は，次の論文で取り上げられている。Buntrock, O. *Institution-Induced Problem Solving: Problem-Oriented Micro-Institutionalization and the Case of the European Steel Crises in the European Coal and Steel Community（ECSC）*, Bremen: Universität Bremen, 2006.

第6章
プレデールの経済空間と政治空間の統合理論

第1節　戦前と戦後の連続性

　これまで欧州統合とナチス広域経済圏の構想は，経済，政治，社会，文化等の視点から両者を別々のものとして論じられることが多かった[73]。しかし両者に共通性や連続性をみる見方は少ないが，存在する。例えば，小林昇はリスト (Friedrich List) に欧州統合論の思想的な萌芽があると指摘している[74]。またリストはナチスの経済学に影響を与えたといわれるが[75]，欧州統合についてもその影響について板垣與一をはじめ何人かの学者が語っている（板垣 1964，赤松 1965 など）。一方キース・トライブ (Keith Tribe) は，『経済秩序のストラテジー』(*Strategies of Economic Order*) 第9章「新しい経済秩序と欧州統合」のなかで，経済秩序を求める行動はナチスの広域経済圏の思想を経て欧州連合 (EU) の統合に繋がるものであり，ナチスの思想と欧州統合論には秩序を求める同質的なものがあると指摘している (Tribe 1995, p.260 ／小林純・手塚真・桝田大知彦訳 p.330)[76]。

---

73)　本章は拙稿「プレデールの経済空間と政治空間の統合思想——ナチス広域経済論と欧州統合論をめぐって」経済学史学会『経済学史研究』55-2, 2014, pp. 37-53 をもとに加筆修正を行ったものである。

74)　小林昇は，訳書『リスト　経済学の国民的体系』訳者解説の最後に，「国民国家の理念は，一方では EEC の理念に拡大する……」と記している（岩波書店，1970, p. 563）。

75)　同じく小林昇は，「ドイツの超国家主義の思想的温床のひとつともなったものであった」とも書いている（小林昇 1990, p. 44）。

76)　日本では工藤章がナチス広域経済圏と戦後の EU への連続性をみている（工藤章『20 世

しかし両者に連続性をみる捉え方は，経済史，政治史，文化史，思想史など歴史的な見方にも存在するとはいえ，経済学，とりわけ経済理論的に理解しようとする姿勢には少なかった。だが戦前・戦後を通して活躍したドイツの経済学者プレデールにとってナチスによる欧州の新秩序・大空間経済構想（いわゆる広域経済圏構想）と第2次世界大戦後，欧州経済共同体（EEC）として発足し，のちにEUに発展する欧州連合は，切り離されたものではなかった。

アンドレアス・プレデール（Andreas Predöhl, 1893-1974）の経済理論は，ナチス大空間経済構想に関係するものであったが，彼の理論は戦後の欧州統合論に発展し，EECからEUへの発展を理論的に展望するものでもあった。彼の目からみると，ナチス大空間経済構想は，軍事力に頼った空間構築の思想であり，第2次世界大戦後の欧州統合論は，リストが理想とした連邦的な共同体をさらに進めたものといえよう。政治的に異なる2つの体制のもとにある経済を理論的に結びつける鍵は，経済の合理的な行動により成立するテューネン同心円のうえに形成されている経済空間と，全く別の論理により成り立っている政治空間との2つの空間に分けて捉える考え方にある。

この捉え方は，師であるベルンハルト・ハルムス（Bernhard Harms, 1876-1939）の世界経済論が一元的なユニバーサルな経済空間のみを扱うのに対して，プレデールの経済空間は地域ごとに統合され，経済空間相互間に世界貿易が展開すると同時に，政治空間からの影響を受けると捉える点に大きな違いを持っている（Predöhl 1960）[77]。

本章では，大きく異なる政治体制にもかかわらず，戦前・戦後の2つの体制に適応したプレデールの立地論的世界経済論の思想を取り上げ，論じる。彼の理論は，経済性原理に従って発展，拡張する経済空間に対して，国境という政治空間（領邦国家，国民国家の空間）との間に生まれる緊張を問題にするものである。その見方は，我々が見落としがちな経済と政治の関係を理論的に捉えるものであり，現在の世界の置かれている状況に対する理解の手掛かりを与えるものと考えられる。

紀ドイツ資本主義——国際定位と大企業体制』東京大学出版会，1999）。

77）　ハルムスの世界経済論については第9章で取り上げる。

第6章　プレデールの経済空間と政治空間の統合理論 101

　残念ながらこれまでプレデールは，立地論における代替論提唱者，また経済統合論者，交通論者として，そしてナチス期には政権に近い学者としてのみ個別的，断片的に取り上げられ，一貫して連続性を保った彼の理論は顧みられることがなかった。

第2節　プレデール理論に影響を与えた思想

　プレデールの名は，彼が戦前の研究初期に取り上げたプレデールの代替理論として有名であり，今日でも論じられることが多々ある。のちに述べるが，ドイツ経済学説史においてもスターベンハーゲン（Gerhard Stavenhagen）などが取り上げている。日本でも戦前には山田雄三や江澤譲爾がプレデールの名前を出しているが，戦後においても春日茂男が『立地の理論』のなかで論じるなどしている[78]。

　しかしナチス政権下では，政府に近い立場であったせいか，国際分業否定論を受け入れない学者として一部ナチス経済学者から批判を受ける[79]以外は，名前は出されるがその学問が論じられることはなかった。彼の立地論への批判として唯一目につくのは，オイレンブルク（Franz Eulenburg, 1867-1943）の批判である（Eulenburg 1932）[80]。

　戦後においてもナチス系の学者としてみられていたこと，また一時期を除いて積極的には学会に近付かなかったこともあり，先の代替理論以外に，彼の立地論的世界経済論が正面から取り上げられ論じられることはなかった。また，交通論などで彼の名前は引用されることは多々あり，他方，近現代史においてナチスとの関係を論じるなかで彼の名前はたびたび取り上げられている。しか

---

78)　山田雄三『チューネン分配論の研究』森山書店，1934, p. 6 そして p. 37。江澤譲爾「故アルフレート・ヴェーバー教授とその業績」日本産業構造研究所『工業立地論』大明堂, 1966, p. 289 において，プレデールはヴェーバーの批判者として取り上げられている。また，春日茂男『立地の理論』大明堂，1982, pp. 267-279 などをはじめ，経済地理学の著書ではプレデールの名前は多く引用されている。

79)　Uhrmacher, H. 1938. *Grossraumwirtschaft*, N.A.（世界経済調査会全訳「広域経済」『ナチス広域経済論』1943, pp. 34-35）のなかで，プレデールは国際分業否定論を認めない学者としてナチスの側に立つ学者から批判されている。

80)　オイレンブルクは，プレデールは生産の経営的な面しかみておらず，消費者の側面にまで及んでいないと批判している（Eulenburg 1932, pp. 61-62／建林正喜訳 pp. 35-36）。

し，思想として体系的に論じたものはいまだない。

プレデールの後継者としては，ハラルド・ユルゲンセン（Harald Jürgensen, 1924-2008）[81] が，立地論を基盤に交通経済学者として活躍し，最後の直弟子とみられるアルフォンス・レンパー（Alfons Lemper, 1934-2013）は，限られた範囲ではあるが最近までブレーメン大学でプレデールの立地論の見方を保っていた[82]。またプレデールが初代所長として最後に務めたハンブルクにあるドイツ海外研究所（das Deutsche Übersee-Institut）は，のちに GIGA（German Institute of Global and Area Studies）として名を改め，現在ハンブルク大学教授カッペル（Robert Kappel）に引き継がれている。

戦後の日本においても彼の名前は，プレデール代替論として経済地理学において折りにふれ取り上げられるものの，それ以外の点で彼の学説が論じられることは稀である。愛媛大学教授であった森本憲夫が唯一正面から取り上げているのみである[83]。そのほか，あとで述べるように，日本では戦時中に国際分業否定論者として反対に扱われ論じられたことを除けば，限られている。最近では薬師寺洋之が国際貿易論として限定的に取り上げているだけである[84]。

プレデールが日本で余り知られていない理由は，1 つには立地論から出発したため，本人の意に反して経済学者というよりも経済地理学者として理解され，一般の経済学者にはあまり知られていなかったこと，2 つには戦時中のナチス協力学者としてみられ批判を受け（Petersen 2009, Janssen 2009-3.Aufl. など），アメリカに亡命したユダヤ系経済学者をはじめ多くの学者から敵視，無視，警戒されたことの影響かと思われる。

しかしドイツではある程度の年代の学者であれば良い意味でも，悪い意味で

---

81)　Jürgensen, H. はプレデールの 70 歳誕生を記念して論文集を取りまとめている（*Gestaltungsprobleme der Weltwirtschaft*, Göttingen: Vandenhoeck & Ruprecht, 1964）。

82)　Lemper は，プレデールの第 4 の極である日本経済を取り上げ研究し，後にブレーメン大学の Institut-Weltwirtschaft und Interenationales Management を中心に活躍した。主な著書に *Handel in einer dynamischen Weltwirtschaft*, München: Weltforum, 1974a. そして *Japan in der Weltwirtschaft*, München: Weltforum, 1974b. などがある。

83)　森本憲夫『世界経済学の研究』関書院，1956, pp. 210-248。同じく『キール学派世界経済学の展開』近畿大学世界経済問題研究叢書，第 2 号，1960。

84)　薬師寺洋之『世界経済の立地＝貿易理論』晃洋書房，2008。薬師寺は，プレデールの理論をアルフレート・ヴェーバーの立地論とハルムスの世界経済論を結びつけるものとしてみており，示唆に富んだ見解を示している。

も知られている。彼の論文自体は，現在直接論じられることは殆どないが，今日でも彼の名は多くの論文のなかで引用されている。

　序章で述べたようにプレデールは，戦時中はキール世界経済研究所長（1934-1945），キール大学総長を務め（1942-1945），戦後もミュンスター大学総長（1959-1960）など要職を歴任している。戦時中はナチス政権に近い立場にありながら，戦後においても欧州の統合論者として活躍し，戦前に劣らぬ働きをした[85]。

　プレデール理論は，何人かの人たちの思想を取り入れている。すなわち，第1章で取り上げた経済空間を同心円の農業モデルとして提示したテューネン（Johann Heinrich von Thünen），そしてテューネン同心円のモデルに工業を持ちこみ，国境を越えて拡大していく経済空間の合理性を大陸に広げた第3章のアルフレート・ヴェーバー（Alfred Weber）である。また多くのドイツ語圏の学者がそうであるように，第2章の世界連邦を唱えたリストの影響も陰に陽にみられる。そして以下論じるがシュンペーター（Joseph Alois Schumpeter）から経済発展の概念を受け継いでいる。またプレデール自身は，立地論を経済学と結び付けるためにカッセル（Gustav Cassel）の代替原理を手掛かりに，プレデールの代替理論を提示している。

1　シュンペーターと経済発展の概念

　プレデールの思想の中心となるのは，経済空間と政治空間の間の緊張問題であるとともに，歴史的な経済発展と経済空間の拡大の問題でもある。発展それ自体の理論的な考え方は，シュンペーターの『経済発展の理論』をベースに置いている（Schumpeter 1926-2.Aufl.）。すなわち，シュンペーターの経済の見方は，静態的な経済循環のなかからイノベーションによる不連続な発展のメカニズムが生まれてくるということであり，この考えを全面的に受け入れている（Lemper 1998）。

85）　日本からも世界経済論者で慶應大学教授の山本登（1912-1991）は1952年からキール世界経済研究所に留学し，欧州統合の動きのさなかにプレデールに師事していた。帰国後1960年に自身の『世界経済論　改訂4版』において東南アジアを中心とする地域統合の視点を書き加えたといわれる。

プレデールは，ワルラスの一般均衡概念の静態的な循環がシュンペーターの発展理論の基盤にあるように，同じように議論の出発点であると考えた。そしてシュンペーターが主張するように，イノベーションにより不連続的な発展が導かれるという捉え方を評価する。しかしプレデールは，このイノベーションが，時間的のみならず空間的にも影響を与えると考えた。すなわち，技術進歩による生産手段の新たな代替点が空間に生みだされることを強調する。

　この捉え方は，シュンペーターのいう歴史的な時間のみならず，地理的，空間的にも作用する。そして交通手段の発達がこれを促進する大きな要因になると考えた。鉄鋼業にみられるように，ヴェーバーのいう経済の集積概念を中心に，テューネン同心円が経済発展とともに次第に拡大して，近隣の他のテューネン同心円と融合して大きなテューネン同心円が形成されていくと捉えた。この平面上での拡大は，時間とともに進む。取引の密度は上昇し，経済活動は国境を越えて他国の空間とも密接に絡み合っていく。プレデールはシュンペーターについて，

> 「直接的に静態的な静止状態から進化論的ダイナミズムのなかに飛び込むにもかかわらず，数理理論の意味で厳密な定理から注意深く距離をおいている。……それは数学的なものに関係なく，むしろ歴史的な時間に関係しており，またそれ故抽象化の別の次元へ動いていく。」(Predöhl 1971, p. 62)

と述べているが，これはプレデール自身の見方でもある。この認識は，あとで述べる *Außenwirtschaft* のなかで「世界経済の集中の極」の思想に強く打ち出されている。すなわち，シュンペーターは，『景気循環論』のなかで『経済発展の理論』におけるイノベーションを中心とするダイナミックな経済発展を歴史のなかに捉えようと試みたが，このシュンペーターの時間的な把握を，プレデールは空間的，つまり地理的な広がりのなかに捉えようと試みたのである。

　加えていえば，プレデールは時間的概念把握をゾンバルト（Wernar Sombart）の『近代資本主義』にも多くを負っている。いずれにせよ理論を歴史のなかに投げ込み，理論と経験との融合を図るという試みは，シュンペーターのみならずプレデールにもみられ，第3章でふれたようにアルフレート・

ヴェーバーが企画しながら果たせなかったもの，すなわち純粋理論から現実的理論に繋がるものであった。

2　カッセル狭隘の原理とプレデール立地の代替理論

　すでに論じたように，テューネン，ヴェーバーを中心とする立地論の見方は経済学にはない立地概念に基づくものであり，独自の途を進んでいた。しかしプレデールは，立地論と経済学の関係について，経済学の静態的な価格の理論という視点と立地論が持つ集積の概念にみられる動態的な社会進化・発展の理論という2つの理論的に異なる視点が経済発展を考える場合必要であるとした（Predöhl 1928a, p.390）。そして立地論が扱う場所は，価格理論でも扱うことが可能であるので，両者は共通の場を扱うことになる。そこに経済学が扱う経済性原理と立地論とを結びつける場が存在し，立地論は発展の理論に寄与することができると論じた（Predöhl 1925, 1928a）。つまり立地の問題は，経済学でいう生産手段群間の結合問題と考えられると主張した。

　生産を技術手段の組み合わせによる選択の問題と捉えるなら，テューネン同心円では，地代と運送費（資本と労働）の組み合わせという代替関係の問題となり，ヴェーバーの場合は，重量と運送費の組み合わせのうえに労働地の費用が加わる2段階の代替問題と読みかえることができる。こうして立地の問題は，一般経済学のなかに入りこむことができ，経済学の1つの特殊部門になるとした。これが立地論や経済地理学で受入れられているいわゆるプレデールの代替理論である[86]。

　この基本的な考えは，プレデールが自ら書いているように，グスタフ・カッセル（Gustav Cassel）の提言する狭隘の原理を応用するものであった（Predöhl 1971, p. 29, Cassel 1927–4.Aufl.）。カッセルは，主著 *Theoretische Sozialökonomie*（大野信三訳『カッセル　社会経済学原論』）の第1章第1節お

---

86)　プレデールの代替理論は，立地論と経済学を結びつける新しい捉え方であり，何人かの学者に取り上げられ，議論を呼ぶものであった。例えば Palander, T. *Beiträge zur Standortstheorie*, 1935, 第10章．そして Engländer, O. 'Kritisches und Positives zu einer allgemeinen reinen Lehre vom Sombart', *Zeitschrift für Volkswirtschaft und Sozialpolitik*, Neue Folge V 1–3, Wien und Leipzig: Franz Deuticke, 1925, pp. 435–505. また Isard, W. *Location and Space-Economy*, Cambridge: Massachusetts, M. I. T. Press. 1956, 第2章など。

よび第3章第12節において，次のように主張する。欲望の充足の手段には限界があり，欲望に比して一般的に狭隘化しているので，経済全体は充足手段が狭隘化しているという条件のもとに実行される。すなわち狭隘の原理（Prinzip der Knappheit）の支配下にある。そこで，できるだけ有利な方法で欲望とその充足手段との間に一致を求めることになる。

できるだけ最小の手段を使って一定の目的を達成しようと努力する。カッセルはこれをまた最小手段の原理（Prinzip des kleinsten Mittels）と呼んだ。与えられた条件のもとでできるだけ最良の欲望充足をはかろうとする，つまり生産手段を最も効率的に欲望を充足する方向に使用することである。

生産の成果を変更することなく他の生産手段に代替することができる場合に，与えられた生産手段の価格のうち最も低廉なものを選択することが一般の経済原則であると考えた。つまり生産手段を最も高い欲望を充足するために使用する。この条件をカッセルは代用の原理（Substitutionprinzip）と呼んだ。

　「代用の原理は，一つの生産手段をば生産結果に変更を生ぜずに他の生産方法に代用することが出来る場合には，その与えられた生産手段の価格状態に際して最も低廉な生産方法を選択しなければならないと命ずるものである。」（Cassel 1927-4. Aufl. p. 92／大野信三訳 p. 145）

この点に関してスターベンハーゲンは，*Geschichte der Wirtschaftstheorien*（経済理論の歴史）の第15章 Die Raumwirtschaftslehre（空間経済理論）において1節をプレデールにさき，カッセルの代用の原理を立地論に適用し，立地論と経済学の価格理論との接合をはかった点を高く評価している（Stavenhagen 1969-4. Aufl. pp. 371-390）。そしてこの代替原理の導入は，ヴェーバーの立地論が経済学と共有する場を持つことを理論的に可能とさせるものであった。

第3節　経済空間と国家空間

1　プレデールの経済空間

プレデールは，立地論の立場から1934年の論文においてチューネンの農業を主体とする同心円には，ヴェーバーが工業立地論でいう5つの社会層の構

造にあるように，農業基盤のうえに，特に周辺部で農村工業が，中心地の近郊で工業が立地されることを論じた。そしてこの空間は，工業が発展するにつれて，利益性の低い農業は次第に周辺部に，石炭・鉄鉱石などの主要鉱物を除き，資源は周辺部の外側の限界地（Randgebiete）に展開すると考えた。資源を必要とする経済空間は資源地を経済空間の内側に取り込む必要があった。プレデールは，これを概念的に中核地—周辺地—限界地の同心円が形成されると表現した。

　立地論では，抽象的，普遍的概念である「経済」に対して面としての地理的要因を導入し「経済空間」と表現し，経済に場所という概念を付加する。各々の場所で消費地に向かって完成品・半完成品が生産され，流通・販売される。この過程を支えるのが交通網の基盤である。そしてプレデールは，自律的に発展する経済空間を国家に象徴される政治空間と対立するものとして捉えた（Predöhl 1971, pp. 72-73）。

　テューネン同心円のように，プレデールの経済空間は，中核地，周辺地，限界地を形成するが，周辺地，限界地にも周辺核，限界核という地域的に小さな経済の集中する核が存在した。そしてどこでも周辺地，限界地から大消費地である中核地へ向かう生産の流れが存在し，中心となる中核地，すなわち大消費地へ向かう求心力が働いた。それは前生産段階から原材料を受け取り（供給を受け），次の生産段階の需要に対し送り出す行為の積み重ねである。遍在工業のみならず，各々の集積からも中心の消費地に向かって製品が作り出される大きな流れとなった。

　この経済空間は，経済発展とともに拡張し，近隣の経済空間とまじり合い融合し，次第に大きな経済空間に発展する。都市の経済空間から領邦国家の経済空間へ，さらに国家の経済空間へと拡大し，生産の流れの集合体である経済空間は，利潤原理に従って国境を越えて広がり拡張していった。

　プレデールによれば，100年前のドイツを振り返ると，1834年のドイツ関税同盟の成立によりドイツの経済空間は経済統合としての基盤を獲得した。遅れて政治空間は1871年のドイツ帝国の成立により国家としての政治統合を果たし，国家空間を成立させ，国内にある経済の発展を促進することとなった[87]。

図6-1 世界経済における経済空間と集中の極の形成

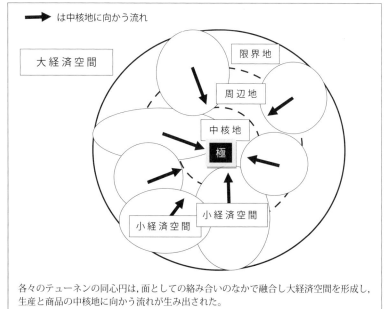

各々のテューネンの同心円は，面としての絡み合いのなかで融合し大経済空間を形成し，生産と商品の中核地に向かう流れが生み出された。

　世界経済は，大きな工業集積を軸に展開し，局地原料指向である重工業は，石炭・鉄鉱石の生産に有利な場所で物理的・費用的な効果を活かして販売半径の短い集積を形成した。集積の中心となったのは，例えばベルギー，北フランス，西部ドイツのルール地方，イギリス中央部やアメリカのピッツバーグ，シカゴなどである[88]。

　農業は，工業の中心部の周辺に集まった。イングランドやドイツ西部，オランダ，デンマークでは，工業の集積や集約的な農業が中核地の環を形成し，そして周辺地の農業地と一部重なって多くの海外の資源国が限界地として存在した。経済空間は，国家空間を超え，テューネン同心円のように欧州全体に拡大

---

[87] 関税同盟からドイツ帝国の成立に至る過程での鉄道網の果たした役割を小笠原茂は詳しく論じている（小笠原茂「関税同盟からドイツ帝国へ」諸田實他『ドイツ経済の歴史的空間——関税同盟・ライヒ・ブント』昭和堂，1994, pp. 74-118）。

[88] アメリカの製鉄・鉄鋼業による集積に関しては，Predöhl, A. 'Die örtliche Verteilung der amerikanischen Eisen- und Stahlindustrie', *Weltwirtschaftlihes Archiv*, 27, 1928b, pp. 239-292 がある。

して展開していった（Predöhl 1934, pp. 3-4）。

しかし一方において，欧州の経済空間は多かれ少なかれ国境により各々の国家空間（政治空間）に貫かれ，分断されていた。例えばドイツ，フランス，ベルギー間にまたがるアルザス，ロレーヌ，ザールの製鉄・鉄鋼業を中心とする工業地帯にみられるように，工業の集積が複数の国にまたがっている状況はよく目にするものである。

2 「世界経済の集中の極」の成立

プレデールの描く経済空間は，産業革命を契機として個々ばらばらに独立していた経済活動を，より大きな絡み合いのなかに統合するものであった。中小の集積は大きな集積へ，大きな集積は他の大きな集積と重なり，面としての経済空間を形成した。

経済空間の拡張は，やがて国民経済の範囲を超え，他国の空間とも融合し，大経済空間を構築する。テューネン同心円のように，より拡大した中核地，周辺地，限界地が形成される[89]。テューネン同心円は，静態的な経済空間を表現し，中央にある市場に向かって生産活動は営まれたが，プレデールは，次節で述べる「世界経済の集中の極」という動態的な空間を提示した[90]。「世界経済の集中の極」は，経済空間の中心にある消費地であり，消費地に向かう生産活動が経済空間を形成する。

極に向かう生産活動と反対に拡散してゆく商品の流れは範囲を広げ，やがて欧州を中心に世界経済を成立させた。限界地，周辺地から中核地へ向かう生産の流れは，「世界経済の集中の極」を形作った[91]。「世界経済の集中の極」は，生産が各々の生産過程を通じて大消費地である極の中核地（中心）に向かう流

89）　ウォーラーステイン（Immanuel Wallerstein）も core-periphery の関係を論じているが，core の部分では独占が，周辺の部分では競争が働くとしている。プレデールは求心力・遠心力を考えるが，この動きを中核地に向かう分業による生産過程の流れとして捉えている点，ウォーラーステインの商品連鎖にも通じるものがある（Wallerstein 2004, pp. 28-29）。

90）　フランソワ・ペルー（François Perroux, 1903-1987）も求心力の働く場として空間を取り上げ「発展の極」と呼び，プレデールと似たような捉え方を空間に持ち込んでいる（Perroux 1950, pp. 89-104, そして堀川 1969, p. 74）。

91）　ただし極が複数存在する場合，プレデールの限界地の扱いは明瞭ではなく，限界地からは1つの極に向かう流れだけではなく複数の極に向かう流れも想定されていると考えられる。植民地や資源原産国等の限界地の多くは他の極との世界貿易の対象ともなっている。

れ，すなわち，原材料から製品が作られ，完成品となって世界に向かって販売されるまでの生産活動の流れと表現することができる。

物理学の磁力が磁場を形成し，N極，S極を指向するように，プレデールは，こうした生産活動を引き付ける力の働く場を重力の場（Gravitationsfeld）と呼んだ。あとで論じるフランソワ・ペルー（François Perroux）のいう空間と同じように，この力の働く場が経済空間である。こうした経済空間を世界経済の視点から眺め，生産活動が最終的に中核地へ向かう流れ全体を世界経済における「集中の極」と呼んだ。磁場におけるN極とS極が表しているように，高度資本主義の時代において，欧州とアメリカとの間に経済生産が集中し，世界貿易が展開したことを発想の原点として容易に想像させる。

プレデールの場合，大消費地である中核地へ向かう生産の流れを生み出す面全体を地理的に表現するのが経済空間であり，動きの向かう方向として捉えられるのが極である。世界経済の空間は，当初は欧州を中心に1つであったが，のちにプレデールは，そのもとで細胞分裂するごとく，限界地における限界核の幾つかは成長し拡大して，やがて世界経済の内側で集中する極を持った経済空間が歴史的に次々に増えていくさまを「多極化する」と表現した。

3　経済空間と国家空間との不一致による緊張の発生

欧州各国の経済空間は拡張し，近隣諸国の空間と融合し，欧州全体に拡大するが，拡大は各国の国家空間を侵食するものでもあった。欧州の経済が拡大基調にある時には目立たなかったが，景気の好不況の波により，特に不況期には各国は，自国の経済を保護するため，経済空間を自然のままの発展に放置することを認めず，景気政策，為替管理など国家空間の内側に強く引き留める必要があった。こうした政策が対応する必要性は現代にも通じるものである。

とりわけ欧州においては，アメリカなど大国が支配する空間とは異なるものが存在した。中小国家群で構成されている欧州の極において，経済空間は，国境という国家空間との間にその範囲の違いを顕在化させた。プレデールは，ここに政治空間と経済空間との間の緊張問題が生まれると捉えた。すなわち，産業革命以降，資本主義の世界経済が形成され，「世界経済の集中の極」が生み

図6-2 経済空間と国家空間の範囲の違い

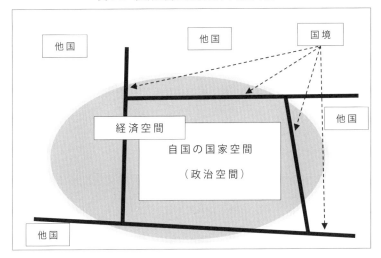

出される一方で，欧州の経済空間は，国境という国家の政治空間と接するところで緊張の問題を発生させているとプレデールは考えた。「世界経済の集中の極」という大きな経済空間のなかに存在する国家という政治空間と，発展・拡張していく経済空間との間に範囲の違いから生まれる緊張を指摘した。

　この緊張の解消行動は，対外経済政策を中心に具体化される。すなわち自然的に発展する経済空間に対して，国家空間からの対外経済政策となって現れる。経済発展の自律性を根底に据えるプレデールの考えは，経済空間だけをみれば近年の新自由主義の経済観にも一見通じるようにみえるが，同時に経済政策が政治の意思・価値観を具体化するものとして国家空間から生まれると考えており，自由放任を理想と考えていた訳でなく，経済空間に対する国家のあり方を同時に問いかけるものでもあった。経済空間は，普遍的な発展傾向を持つ存在として人々の意思を超えて利潤原理に従って自然的に発展していくが，これに対して国家の意思が経済政策として働きかける。あくまで国家の存在とのバランスのなかにしか経済空間と国家空間の間の緊張を解く途はないと考えた (Predöhl 1934, p. 6)。

　緊張は常に存在したが，あとで触れるように世界経済が拡大する基調にある

限りには目立たず，不況の時期にとりわけ顕在化した。この認識は 1930 年前後の当時の状況を反映していた。

テューネン同心円のうえに展開するプレデールの経済空間は，大きく拡大・発展すればするほど，同じ範囲で国家空間と一致する可能性はそれだけ少なくなり，各国の政治空間は，欧州全体からみるとある特定のテューネン同心円における部分として限定されていることを意味していた。

第4節　プレデール理論体系の集大成
Außenwirtschaft（『世界経済論』）

第2次世界大戦の終わる直前，キール世界経済研究所の移転を機に所長を辞任したプレデールは，ナチスとの関係について取り調べは受けたようだが，責任を問われることなくキール大学教授の地位に留まり，敗戦の数年ののちに彼の理論を主著 *Außenwirtschaft*（『世界経済論』）[92] においてまとめ，体系化した。

戦後の混乱と東西冷戦のなかで，プレデール理論の集大成である *Außenwirtschaft* は 1949 年に出版され，このなかで「世界経済の集中の極」の思想は体系化された。著書は，400 ページ弱のものであるが，第1部が「世界経済の空間的秩序」として統合理論を検討し，第2部が「国家空間と経済空間」と題して貿易政策のあり方を，第3部が「国際貿易（通貨政策）」として通貨政策のあり方を論じる3部構成になっている。著書の理論的な中心は，第1部の世界経済における空間的秩序にあり，その具体的適用が第2部と第3部の貿易政策と通貨政策として述べられている。

この著書のなかで戦前からあった経済空間と国家空間を捉える見方は，発展論的な，そして歴史的な視点から組み直された。経済空間と政治空間は，概念

---

92)　厳密に語義からいえば Außenwirtschaft は，対外経済と表現すべきだが，著者であるプレデールは世界経済論を展開しており，趣旨を生かすべく世界経済論と訳した。なおドイツ語の「ß」の表記に関しては，初版では「ß」であり，1971 年の第2版は，背表紙でも「ß」となっているが，表表紙と内表紙は「ss」と書かれている。また第2版では副題も削除されている。本書では ß を使い，また副題は原則省略している。

的に孤立国にあるような小さな経済空間，政治空間から出発し，これが進化論的に大きく成長し，融合・統合されて拡大し，国民経済の空間と国民国家の空間になったと理解した。しかしさらに経済空間は，国家の領域に留まることなく国境を越え，より大きな範囲で融合・統合を求めて欧州全体に広がったと捉えた。

戦前の彼の思想は，ヴェーバーのように同時間的な平面上での資源配置と効率性の観点を主としており，ドイツと欧州の関係を論じるに留まったが，全世界的な発展までは展望できておらず，歴史と対比させる見方もなかった。戦後の見方は，体系的なものに進化しており，その延長上に将来の欧州の統合を見据えるものであった。

加えてこの世界経済の発展は，交通手段の進化，革新が大きく寄与し，海運から鉄道に，鉄道から車による陸運に，そして航空機，さらにはコミュニケーション手段の発達に伴われていることを明らかにした。この点に関しては，1958 年に *Verkehrspolitik*（交通政策論）としてまとめられている。地理的・平面的な考察に対して時間的・発展理論的な視点を導入することにより，現実に対して立体的な像を描くことを可能にさせた。そこで *Außenwirtschaft* におけるプレデール「世界経済の集中の極」理論を考察する。

1　歴史的にみた 1 極に集中する世界経済

プレデールの経済空間は，ばらばらに独立していた経済活動が，利潤原理に従い絡み合いのなかに消費地を中心にまとまりを示し，やがて国民経済の範囲を超え，国境を越えて欧州に大経済空間を構築する。

新機軸は，歴史的にはとりわけ産業革命期に集中する。紡績機械，蒸気機関などによる新機軸は，まずイギリスに現れた。プレデールによれば，産業革命はイギリスを豊かにし，工場の大量生産による日用品は，国内のみに留まらず，蒸気船により世界各地に運ばれ世界貿易に発展し，世界は緊密に結びついていった。欧州大陸も発展のなかに取り込まれ，イギリスの貿易も大英帝国の植民地との貿易のみならず，欧州大陸との間の貿易が急速に増加した。ここに本格的な世界経済が始動したとされた。

イギリスと欧州大陸の経済空間は，本格的な世界経済を形成する。産業革命
当初の繊維業をはじめとする軽工業は，遍在原料工業であり目立った集積を示す
ことはなかったが，続いて発展の中心となった製鉄・鉄鋼業は，周辺に機械工業
等を引きつけ，次第に密集度を高め，産業の集積を生みだした（Predöhl 1928b）。

「欧州経済は，強烈な産業複合体の周りに，空間のどの部分もその他の部
分がないと存在できないという，いやそれ以上に各々の部分がすべてそれ
以外の部分に結びついているという意味で，統一的な経済空間に集中した。
この産業複合体の貿易との結びつきは，殆ど全世界を包括するので，経済
空間のもとで空間的に区分された領域はないと考えられた。……それは
テューネンの空間システムを歴史的・地理的な現実に投影し，その現実を
再現する。この経済空間のなかにはっきりと境界を設定した国家空間が描
かれる。すると国家空間は，テューネンシステムにおける位置により経済
的に決定される。」（Predöhl 1949, pp. 51-52）

イギリスから欧州大陸に拡張した経済空間は，英・独・仏を中心に中核地を
形成し，生産活動はこの中核地に向かって行われ，完成製品は欧州から世界中
に輸出され，世界経済を成立させた。この時代を19世紀後半に至る「世界経
済の統合期」とプレデールは呼んだ。

2　2極集中のもとで活発化する世界経済

拡張は新大陸のフロンティアの開拓のうえで一段と活発に進展し，アメリカ
において第2の「世界経済の集中の極」が形成される。北米大陸は，欧州に
匹敵する広さがあり，石炭，石油，水力などエネルギー資源に恵まれ，鉄鉱石，
銅鉱石，鉛，金，銀，燐鉱石など鉱物資源も豊富で，欧州をはじめとする大量
の移民により労働力も獲得して急速に発展していった。世界経済の限界地から
ここに自立した大きなテューネン同心円が形成され，第2の「世界経済の集
中の極」が創出された[93]。

---

93)　Predöhl 1971, pp. 114-117. ただしプレデールは，経済空間は生産関係が密接に結びつい
た集合体であり，同じ取引でも大国では多くが内部取引となるが，中小国では国際貿易にな
り，したがって国際貿易取引だけでは経済空間は考えられないとした。アメリカの地理的な
政治的な空間は，欧州とは異なるものであった。

２つの極の中心へ農産物，資源，原料を引き付ける力である各々の求心力が働き[94]，反対の流れで工業製品が各々の中核地から世界中に輸出された。世界貿易はこの２つの「世界経済の集中の極」を中心に活発に行われ，世界経済は一層力強く大きく発展した。この時代は，「世界経済の拡張期」と名付けられた。この発展は，第１次世界大戦終了の後まで続いたとされる。こうした発展の背景には，交通・通信手段の発達があった。産業革命の技術普及，海運・鉄道の発達からも集中は促進された。

　　「交通手段の大きな変化がなければ，大洋を越えてこうした多くの人々を運んでいくことはできなかったであろう。……しかしこの拡張は，交通が自ら新大陸を開拓しなかったならば，またその製品の流れを世界交通のなかに導かなかったならば，これほど大きな範囲で可能ではなかったはずである。」(Predöhl 1949, p. 69)

　こうして蒸気船，鉄道という交通手段の革新に支えられて，世界経済は拡張の時代を力強く進んでいった。２つの「世界経済の集中の極」を中心に世界貿易は活発に行われた。

3　集約化と３極集中の世界経済，そしてアウタルキー

　しかしここで発展の流れは行き詰まる。一方的に拡大する市場は，未開地が開拓されつくして，必要な労働力が満たされると，拡張は保たれなくなっていった。そしてそれまで目立たなかった景気循環の影響も，次第に顕在化して国境を越えて拡大するようになった。不況は，世界経済の発展とともにその規模を大きくし，多くの国を巻き込んだものとなって同時性を持つようになっていった (Predöhl 1949, p. 93, そして pp. 101–103)。自由な競争の時代は去り，経済には独占と寡占のなかに利潤を確保しようとする行動が目立つようになっていった[95]。

---

94)　経済空間の求心力については，第９章で論じるペルーが似たような見方をしている (Perroux 1950)。この点についてプレデール自身もペルーを自分と近い考えであると認めている (Predöhl 1951a)。

95)　柳澤治は，この時期を資本主義の構造転化からアウタルキー化論・広域経済圏論として取り上げている (柳澤 2006)。この時期がプレデールのいう３極集中の世界経済の時代と対応しているとみられる。拡張による収穫逓増の時代は終わり，国家空間のなかで内向きな集

世界経済は，それまでの自由貿易の結果，次第にそれだけ多く景気循環の波にさらされるようになっていた。20世紀の初頭からの景気の低迷期には，新大陸への移民が大きな支えになっていたが，この調節弁が働かなくなると，停滞と抑制が生み出された。原子論的な競争は消え，工業と交通の分野で独占と寡占が目立つようになった。経済は秩序を失い，倒産と大量の失業が発生することとなった。変動する物価水準による安定した為替レートの代わりに，固定的な物価水準での為替管理が進んだ。各国は自国の失業問題に悩み，経済政策は自国内の完全雇用を目指したものにならざるを得なかった（Predöhl 1971, pp. 121–122）。

世界貿易は制限されたものになっていった。世界経済の発展のエネルギーは，行き場を失い減速し，「世界経済の集中の極」のもとに存在する各国の経済は，各々の国境の内側で，拡大ではなく深化を求めて集約化に方向転換し，経済の立て直しの糸口を求めた。国家の保護主義的な貿易政策が目立って支配した。自国の経済の自立を維持するために，国境の内側では国民経済を防御する政策が採られた。

世界貿易は自由貿易から方向を転換し，通商政策は次第に重要性を高め，最恵国待遇や2国間の貿易協定が比重を増していった。自国通貨の為替管理も，管理・統制色を強めた。言い換えれば，自国経済の保護のために対外的には制限的になり閉鎖的になり，経済は国家空間の内側に留められ，その範囲内でのみ最適化が追求された。次の章で論じるが，プレデールはこれをアウタルキー化と表現している。

「……経済は一度たりとも何処においても最大化に合わせることはなかった。経済は様々に異なる目標を考慮している。社会政策的な，人口政策的な，軍事政策的な目標は，国家の経済政策を決定し，またそれと同時に最大化の目標とまさに同様に，国家空間と経済空間の関係である貿易政策のあり方を決定する。こうして国際分業の最大化の目標と同じように，それはアウタルキーに向かって国際分業からの乖離を求めた。」(Predöhl 1949,

約化の時代に入っていった。

p. 164)

そこではまた，自由貿易を支えてきた金本位制も限界に達する。各国は，自国の経済の保護を図ることを目標にし，世界経済は縮小していった。こうした措置は各国の国民経済にとってやむを得ない措置であったとプレデールは判断した。この時代を「世界経済の集約化期」と呼んだ。そして，各種景気循環指標の悪化が一致してみられた 1929 年の世界経済恐慌により，世界経済は崩壊する[96]。それは，世界経済が発展する力の限界に達したこと，そしてそれと同時に欧州における第 1 の「世界経済の集中の極」における縮小・弱体化をも意味していた。

この状況のなかでも自然資源に恵まれたソビエト連邦は，困難はあったものの管理・統制の徹底した計画経済により，豊富な資源を惜しみなく使い，第 3 の「世界経済の集中の極」を形成した[97]。

「ソビエト連邦の工業化とともに，ロシアの経済空間は欧州に対して自立していき，周辺の工業を備えた東欧の限界地から固有の産業の中心点へと，求心的な力を持った新しいユーラシアの経済空間システムになった。……この工業化により経済空間は，欧州とアメリカと並んで第 3 の重力分野を創出した。欧州が世界経済の統合の成果であり，アメリカが世界経済の拡張の成果であるように，ロシアは，世界経済の集約化の成果であった。」
(*Ibid.* p. 115)

この時代のキー・ワードは集約化であった。プレデールは，第 3 の極の最終的な完成には第 2 次世界大戦を終えてからも時間がかかり，1949 年のコメコンの結成により，ようやく明確に完成したとみていた。

「ソビエト連邦と東欧の国々との密接な関係は，第 2 次世界大戦がもたらした重要な変化である。これらの国は，戦争の終わりまで明らかに欧州の力の場の限界地であり――戦争の間だけではなく――ドイツの中核地と結びついていた。東欧諸国は政治的な手段により，経済に逆らって，反対に

---

96)　プレデールは，シュンペーターと同様にこの時期はコンドラティエフ循環，ジュグラー循環，キッチン循環の底がすべて一致したという見方をした (Predöhl 1962, pp. 21-22)。

97)　ソビエト連邦（ロシア）の計画経済については，Predöhl, A. 'Die Industrialisierung Russlands', *Weltwirtschaftliches Archiv*, 36, 1932, pp. 456-475 という論文がある。

社会主義の力の場の限界地に向けられた。」(Predöhl 1971, p. 134)[98]

　こうして軍事的・政治的力によって支えられ第3の極は完成したものの，欧州経済の第1の極は，第2次世界大戦が終わっても，前述のように国境によりバラバラに分断されていた。自国内の不況・失業の対策を優先させる結果であった。

第5節　「世界経済の集中の極」における欧州の国家空間

　戦前・戦後にわたる「集約化期の世界経済」は，プレデール理論の中心の場をなしている。彼は，国家空間と経済空間の範囲の違いから生まれる緊張関係からの出口が，1つには軍事力により強制的に拡大した領土・空間におけるナチスの欧州新秩序・大空間経済（広域経済圏）の構想であり，また1つには第2次世界大戦後の欧州統合論であると捉えた。いずれも経済空間と政治空間の統合行動であると考えた。

　先に述べたトライブもまた，プレデールとは異なる捉え方ではあるが，戦後の欧州統合の流れのなかに共通するものをみていた。

　　「1940年のフンクの欧州新秩序声明に対するギルボー[99]とケインズの二
　　人の反応は，欧州統合の過程についてもっとバランスのとれた展望が可能
　　であることを示している。欧州連合の創出を戦後ヨーロッパの政治的決着
　　の一部とみるのではなく，それを国際経済のもっと大きな諸力への対応と
　　して，それゆえ世界経済秩序という広い視角からみることが可能である。」
　　(Tribe 1995, p. 260 ／同訳 p. 330)

　トライブは経済秩序という切り口で共通性を捉えているが，プレデールの空間の見方もまた，第2次世界大戦後のシューマン・プランに基づいたECSC

98）　このプレデールの見方は，安全保障という視点とは別に，現在のEUを経済空間としての側面からみると，東欧諸国がこぞってEUに加盟する行動に走ったことを先験的に捉えるものであった。

99）　Guillebaud, C. W. は，イギリス・ケンブリッジ学派に属し，マーシャルの『経済学原理』を編集した。方々ナチスの経済建設がケインズ理論の適用であるという見方を持ち，1939年に *The economic recovery of Germany from 1933 to the incorporation of Austrian in March 1938*, London: Macmillan（世界経済調査会訳編『ナチス独逸の経済建設』世界経済調査会，1944）という著書を出版している。

（欧州石炭鉄鋼共同体）の設立，そしてそれに続く EEC，URATOM の成立にも合致するものであった。それは，テューネン同心円に基づいた国境を越えたより広い範囲で生産の最適化を目指すものではあるが，そこにはナチスのような軍事力を背景とした強制という考えはなく，関係各国の合意のもとで行われる範囲においてという政治的な位置づけに根本的な違いが存在している。欧州全体に広がった経済空間と各国の政治空間との統合に繋がる合意形成への第一歩が踏み出された。

　　「ECSC が EEC に刺激を与えたように，EEC はさらに拡大した経済的な
　　解決へ刺激を与えた。……EEC はマーシャル・プラン諸国の統合努力に
　　新しい推進力を与えた。それは恐らく OEEC（欧州経済協力機構）では自
　　ら展開することはできなかったであろう。」(Predöhl 1971, p. 243)

　大きなテューネン同心円のうえにある欧州，すなわち，プレデールのいう大経済空間において，新しい発展秩序を検討するに際して，国境の制約・負担を解消するには，欧州全体をカバーする大きな統合化された経済空間が必要であると考えられた (Predöhl 1951b, pp. 18-20)。プレデールは，景気対策が各国ばらばらでは効果を果たせず，産業政策，為替政策，交通政策も相互に調整されないかぎり，欧州の再興には限界がある。それは各国の国家空間（政治空間）からの制約に負担が大きいことに因るものであると捉えた。

　欧州の発展，ひいては世界経済の発展のために，この国家空間と欧州の拡大した経済空間との統合は必要であり，そのためには，各国の主権の譲歩により統合をはかるべきであるとプレデールは主張した。もし経済発展を望むなら，大経済空間である「欧州の極」の内側では関税のみならず，国家の垣根を低くして経済政策も一本化することを求めた。これは国家の自立を求める力と裏腹の問題でもあった。

　　「経済発展の理論は，政治的な対抗力に対して合理的な経済的な趨勢がど
　　のくらい貫かれているのかを教える。我々はこの理論のおかげで欧州の経
　　済統合に有利な予測を行うことができた。それはまた特に通貨政策の統合
　　にも有効である。それでもやはり政治的な対抗力は弱くはない。それ故，
　　政治的統合を経済統合と混同してはならない。それは実りある経済統合の

前提条件を説明するものではある。主権の維持を迫る政治的な対抗力はそれにより強化される。……我々には，政治の先祖返りを克服して，世界の技術的なそして経済的な進歩とその政治的な組織の立ち遅れとの間に生まれる緊張を切り抜けることのみを期待することが許されよう。」(Predöhl 1971, pp. 311–312)

注意を要するのはプレデールには，経済統合も政治行動の１つであり，政治が折り合いをつける問題として認識されている点である。これは当然に安全保障等を基本に据える政治統合とは異なるものである。統合の行動はいずれも政治空間の問題ではあるが，上述のように明確な区別を与えていた。

経済空間は，経済原理に従って自律的に発展する趨勢を持っている。この趨勢と折り合いをつけるのは，政治空間の側にしかない。経済政策としてこれを受け入れていく方向にしか安定の途はないと考えた。域内通貨の問題も各国ばらばらでは大きな制約となる。しかし，国家の自立を第一に考える政治権力の力は大きく，経済の合理性を何処まで受け入れられるか，特に通貨は国家の主権そのものであり，統一通貨のもとで一気に変動相場制に移行するには無理があり，幅のより拡張されたワイダー・バンドでの通貨の交換範囲が現実的であるとの見方をプレデールは示した (Predöhl 1971, pp. 306-307)。それは彼の死の５年後，1979 年に EMS (European Monetary System) となって実現された[100]。

プレデールは，欧州共同体 (EC) の成立までしか目にしていなかったにもかかわらず，彼の考えはその後の統合の歴史を幾つかの点で先取りしていた。すなわち拡大 EC への発展 (1973)，EU の成立 (1993)，そして通貨においても EMS (1979) の導入から最終段階とされた統一通貨の段階的成立 (1999) と，一気に進んでしまった。こうして衰退しかかっていた「欧州の第１の極」は，再び活気を取り戻し，「世界経済の集中の極」としての実体を取り戻すこととなった。

プレデール自身は，現実に第２次世界大戦後の欧州の統合が始まると，

---

100)　戦後の欧州通貨統合の経緯については，権上 2013 に詳しい。この点については第９章で論じる。

1949 年に出版した *Außenwirtschaft* 初版において，第 3 の「世界経済の集中の極」としてソ連と並んで日本を候補として挙げていたが，1971 年の改訂版では「第 3 の極」としてソ連を，そして「第 4 の極」として日本を取り上げることに変わっている。そして将来の可能性として中国，ブラジル，さらにはインドの空間に「経済の集中の極」が成立する可能性に言及している[101]。

また，1958 年に出版された彼のもう 1 つの柱である『交通政策論』においても，経済発展の背後にある交通の発達のなかに情報のやり取りを取り上げており（Predöhl 1958, pp. 161-169），将来の発展の可能性を見据えていた。彼の思想はその後の世界経済の展開を数多く先取りするものであった。

第 6 節　経済空間の連続性

1　発展のダイナミズムと政治空間

プレデール理論の発展ダイナミズムは，1 つはテューネン同心円にみられるように地理的な面としての広がりであり，この広がりが歴史的な発展とも絡むことを語った。

議論の中心は，当然世界経済の普遍的傾向とされる集約化期にある。プレデールは欧州の中小国家の国境に分断された空間に対して生まれたナチスの大空間経済構想と第 2 次世界大戦後の欧州の経済統合は，同じ欧州のテューネン同心円を巡るものであり，経済空間自体は，基本的に異なるものではないと認識していた。異なっているのは，政治空間のあり方である。プレデールの見方に従えば，戦前・戦後の 2 つの体制の違いは，そこに立地論的に同じ経済空間が引き続き存在する一方で，政治体制，すなわち政治空間のあり方が大きく異なることから生じたものであると解釈することができる。

プレデールの理論は，ナチスの第 3 帝国による大空間経済構想（広域経済圏構想）に利用される時期もあったが，立地論的な視点を軸に経済合理性に従う最適配置の追求という見方によって，戦後欧州の復興過程で EEC の発足に

---

101)　この見方は，1971 年の改訂版では新たに多極化する世界経済として書き加えられている（Predöhl 1971, pp. 134-149）。

よって再び欧州統合への手掛かりを見出した。もちろん戦後の東西冷戦のさなかで出版された *Außenwirtschaft* が当時の世界情勢から，ナチスの大空間構想との共通性に直接言及することはなかった。しかしプレデールの理論が戦後においても 180 度異なる政治状況のもとで適用可能であったのは，政治体制そのもののあり方に直接触れず，2 つの空間の接点に緊張をみ，それが対外的な経済政策に具体化されると捉えることによるものである。

2　ドイツ経済学の伝統と 2 つの空間に分ける理論的な意味

　プレデールの理論は，ドイツの政治経済学・国民経済学にある政治的要素・価値判断を，政治空間として経済空間から切り離すことによって，全く異なる政治状況のなかでも有効性を保ちながら，しかも政治空間と経済空間との間のズレによる 2 つの空間の間の緊張を訴えるものであった。

　経済空間と政治空間（国家空間）に分けて捉える考え方は，学問的に重要な意味を与えるものである。山田雄三が，テューネンの自然賃金を巡る議論のなかで，テューネンが道徳的な価値判断を理論に持ち込んだと批判したように（山田 1934, pp. 211-212），伝統的なドイツの国民経済学は，倫理的な価値判断を経済学のなかに持ち込む場所を有していた。しかしプレデールの捉え方は，こうした国民経済の認識から離れ，経済空間から非経済的要因を政治空間に切り出し，この政治空間を経済空間から分離することにより，経済空間を本来の純粋な経済活動が実現する場として復活させる点に独自性があった。

　そしてその一方で，経済空間の中・長期的な発展傾向について，プレデールの「世界経済の集中の極」理論は，ゾンバルトの『近代資本主義』を意識した歴史的発展を取り入れるものであり，プレデールの歴史的な認識を表し，理論の一翼を形成するものであった。ゾンバルトの早期資本主義・高度資本主義・晩期資本主義は，プレデールの場合，世界経済の 1 極集中・2 極集中・3 極集中の時代として表現された。ここに戦前からプレデールが有していた立地論の見方と歴史的な見方は融合され，リストに象徴されるドイツ経済学の発展段階論的な経済認識は，多極化という地理的空間の変化に吸収された。この視点のもとでプレデールの世界経済論は構築された。

第6章　プレデールの経済空間と政治空間の統合理論 | 123

　それまでのドイツ経済学，特に歴史学派に特徴的に多くみられる経済的要因と政治的要因，文化的・社会的要因の総体化は，リストが『経済学の国民的体系』で展開したように，歴史と理論と政策の一体化を説くものであった。歴史（経験）のなかに理論を求め，理論のうえに政策を作り上げるものであった。第3章で論じたように，こうした姿勢はメンガーの批判を浴びることになり，アルフレート・ヴェーバーの純粋理論と現実的理論への企てに繋がるものであった。

　プレデールの場合，経済合理性に従う普遍的傾向を備える経済空間を扱うのが純粋理論であり，それ以外の非経済的要因からなる国家空間（政治空間）において，経済以外の非経済的要因は，文化的・社会的な要素を含めて経験的歴史的なものとしてすべて政治空間の問題とされた。そして国家空間は，各種の要因を国家の自立という基本原理のもとに集約するものであった。この経済空間と政治空間という2つの空間は，別個の論理で展開されるとともに，無関係に存在するのではなく，政策を論じる場に具体的な接点を持ち，再び結びつくと捉えたのである。そこにはヴェーバーの現実的理論に相通じるものが存在しており，プレデールにとって，経済政策，とりわけ対外経済政策は，2つの空間から生まれる緊張とその解消を求める行動の現れ，現実的理論への手掛かりを与えるものであった。

　この認識は，かつてザリーンが名著『経済学史の基礎理論』においてリストを論じるなかで，「合理的『純粋性』なるものは，いかに意をつくしても，決して真実に，すべての政治的与件を消し去ることはできない。」と評する意見にも答えるものであった（Salin 1967–5. Aufl. p.123 / 高島善哉訳『ザリーン経済学史の基礎理論』p. 243）。つまり，学問において，純粋合理的な経済空間を構築するためには，政治空間と重なる部分が常に意識されている必要があるという認識である。プレデールの場合，経済空間には経済の純粋理論は働くが，現実的理論は，政治空間との統合にあり，世界経済の集中の極に繋がるものであった。こうした捉え方は，ヴェーバーから引き継ぐ方法論的な二元論であるとともに，経済空間と政治空間の繋がりという独自の2つの軸を持った二元論的認識でもあった。

3 国家の主権

プレデールは，経済空間との緊張を解消するために，各国の国家空間は，その主権をすべて否定し，上位機関に引き渡すのではなく，合意が得られる範囲で譲歩し，上位統合機関に委ねることによってのみ欧州は統合され安定し，ひいてはそれが世界経済の安定をもたらすことになると考えた。翻っていえば，現実にみられるように国家権力に大きなこだわりを持つ限り，統合は常に不安定なものになることを意味した。世界経済の安定・発展の途は，「世界経済の集中の極」において，とりわけ欧州において，各国の政治権力の相互信頼によってのみ途は開かれるというのがプレデールの主張である。それは，取りも直さず，現在に至るまで経済空間の発展と国民国家の自立の関係という未だ完全には解決されない問題でもあり，議論が続いているものであり，また現実においても混乱の原因になっている[102]。

プレデールの経済空間と政治空間という2つの空間の範囲の違いから生まれる緊張を捉える理論は，多くをドイツそして欧州を念頭に置いたものであるが，世界経済の本質を捉えたものである。したがって，この捉え方は，必ずしも欧州のみに留まるものではないことは明らかである。時間を超えて場所を変えて適用可能性を持つものである[103]。

---

102) 第9章で詳しく論じるが，プレデールはこの点で師であるハルムスとは明確に異なっている。ハルムスは，世界経済のうちに各国民経済を主体にこれを超える部分のみを国際機関に託すことを考えた（Harms 1912，同じく 1913）。一方プレデールは，国家の権力をぎりぎりまで引き下げ，それぞれの極の内側で上位機関に委ねることを考えた。しかしこうした相互に信頼関係を築く範囲には限界があり，一元的に一挙に世界全体にまで広げるのは無理があるとし，地域的な統合を考えた。

103) 因みにロドリック（Dani Rodrik）は，近時のグローバリゼーションの流れのなかで，民主主義，国家の主権，グローバリゼーションを世界経済の政治的トリレンマと表現し，このなかで民主主義を優先させるべきであると主張している（Rodrik 2011）。

ロドリックのいう民主主義は，自らいうように国家空間の内側に留まるものである。彼の主張する民主主義と国家の関係は，国民国家を前提とするもので，国家としての空間が成立しなければ始まらないし，ラッツェルがいうように国家は基本単位である。世界中が安定した国家により成り立つならば，政治空間の発展段階として民主主義が来るのかもしれない。先進国でさえ，民主主義が不可避的に伴うポピュリズムに対して，ナチスの台頭からいまだに適切にコントロールするシステムを創り出せないでいる。この問題は政治空間自身のあり方の問題であり，トリレンマではなく，政治空間におけるジレンマと経済空間と政治空間の間に存在するジレンマであると考えられるが，後者は，むしろどうバランスをとるかという均衡の問題である。

しかしロドリックのように経済と政治の関係を正面から取り上げる姿勢は評価に値する。彼に触発され多くの経済学者が政治システムとの関係を論じることが期待される。

以上がプレデールの経済理論の骨子である。そこでこの基本的な見方に従って戦前のナチス広域経済空間と戦後の欧州統合における空間を以下2つの章で検討する。

第7章
ナチス広域経済圏構想における
プレデール

第1節 世界経済の行き詰まり

1 集約化期の世界経済

すでに述べたように，集約化期には管理・統制を一段と強化した計画経済の
ソビエト連邦に新たな「世界経済の集中の極」が生み出された。そして欧州の
各国も，自国の経済を保護するため，経済空間を景気政策，為替管理など国家
の内側にある国家の経済空間に限定せざるを得なくなった。この時期，アメリ
カとソビエト連邦という大きな国家が構成する空間とは異なり，中小国家群で
構成されている欧州の経済空間は，国境において国家空間との間の範囲の不一
致を顕在化させた。ここに国家空間と経済空間との間の緊張の問題が象徴的に
出現し，経済空間は国境という国家の政治空間の限界に留まらざるを得ないと
プレデールは指摘した。

彼の思想は，「世界経済の集中の極」に存在する国家という政治空間と欧州
全体に広がる経済空間との間に生まれる緊張を問題として指摘し，その解決の
途を問うものであった。

2 世界経済とアウタルキー政策

第1次世界大戦後の不況期には，欧州各国は「世界経済の集中の極」の内
側に存在する国境のなかで集約化により経済の立て直しの糸口を求めた。国境

の内側では，国家の保護主義的な貿易政策が目立つようになってきた。しかし
それは，かつての世界経済形成期（統合期）における発展・拡大を目指すもの
とは異なる動機によるものであり，自国経済の自立を維持するためのもので
あった。各国は，国境の内側において国民経済を防御する政策を採るように
なった。

　世界貿易は自由貿易から保護主義的に方向転換し，通商政策は次第に重要度
を高め，最恵国待遇や２国間の貿易協定が比重を増していった。自国通貨の
為替管理も管理・統制色を強めた。本来的に効率化，合理化を求める経済のダ
イナミズムは，国境を意識せずに展開する自由貿易から次第に国境の内側に留
まってゆき，管理・統制的な運営に変化していった。経済は，国家空間の内側
に押し留められ，その範囲内でのみの最適化が追求された。プレデールはこう
した行動をアウタルキー化と呼んだ（Predöhl 1949, p.160）。

　変動する物価水準における安定した為替レートの代わりに，固定的な価格水
準における為替管理が進んだ。各国は失業問題に悩み，経済政策は，自国内の
完全雇用を目指したものにならざるをえなかった。世界貿易は次第に制限され
たものになっていった。

　不況のなかで国家の自立を求める行動は，経済空間の国家化（Nationalisie-
rung des Wirtschaftsraumes）への行動となり，そうした行動をアウタルキー
化の問題として捉えられるとプレデールは主張した。アウタルキー化は，経済
を国家空間の内側に限定しようとするものなので，経済の効率化の観点からす
れば，国際分業による最適値からそれだけ離れ，国民の負担となることを意味
した（Predöhl 1934, pp. 9-10）。しかしそれでも国民が耐えられる範囲であれ
ば，国家空間を一時的に自立させる可能性を持つと考えた。ただしその状況が
続き，中長期的にわたれば，経済の大きな非効率化に繋がり，最終的には国家
の崩壊をもたらすものであると論じた。国民の耐えられる限界を最小値とし，
世界貿易による国際分業の最適値を最高として，この間に均衡解が求められる
と表現した。つまりアウタルキー化を求めて国家の自立化を進めても，最終的
には世界貿易を無視しては進めない部分があるという主張である。経済の国家
化の行動は，限定的とはいえ世界貿易を不可避的に前提とするものであるとプ

レデールは結論した（*Ibid*. p. 12）。

　プレデールのこの認識は 1940 年の論文においても基本的に引き継がれているが，すでに前年より戦争状態に入り，また Die Gesellschaft für europäische Wirtschaftsplanung und Großraumwirtschaft e.V.（欧州経済計画並びに大空間経済協会）[104] の幹部としての立場から現実的な対応姿勢がとられたものとみられる。それはあくまで国際分業を望ましいとするものの，現実の政治情勢は，すでにブロック化の流れにあり，またアウタルキー化にも限界のあることから，ドイツを中心とする空間の拡大，大空間における経済運営を次善の策として受け入れるものであった。

　プレデールの考えは，本章第 3 節で取り上げる 1940 年 7 月に発表されたフンク声明にある欧州新秩序の構想にみられるように，アウタルキーを補完する広域経済論に近いものにみえる。例えば周辺地とされる農業は，ナチスのいう東方の農業空間と重なってくる。しかしこの大空間構想自体は，基本的にナチスの思想に基づいた民族の再配置を大々的に行うなど，国家による強制的な資源再配分であり，政治・軍事力による政治空間と経済空間の一致を強制的に目指すものであった。プレデールが拠って立つ考え方の基盤は，これまで述べてきたように立地の合理性，自律性に基づく理論であり，巷にある生存圏構想とは異なるものであった。すなわち，人種の序列に従う，力による強制的な再配置を考えるナチス政権の進める工業再配置計画，欧州新秩序政策とは，根本において全く異なるものであった。

　だがこうしたナチス政権との近さが，近現代史の視点から近年になってプレデールが再び批判されるところとなっている[105]。しかしプレデールは，1934 年の論文のなかでも冒頭でこそナチスの政策を受け入れる可能性をみせて書かれているが，経済学者として軍事上・国防上の観点を排除する一貫した姿勢を貫いており，学問として必ずしも政権に迎合している訳ではなかった。ナチス

---

104)　あとで論じるが，プレデールは，ナチス 4 カ年計画全権者ヘルマン・ゲーリング（Hermann Göhring）の指導のもとに 1939 年に組織化された欧州経済計画並びに大空間経済協会の学識経験者団の審議会副会長として参加している（Predöhl 1941, pp. 158-166）。

105)　以下の書が参考になる。Janssen, H. 2009, Dieckmann, C. 1992, pp. 146-198, そして Petersen, H.C. 2009, pp. 57-79.

の Großraumwirtschaft という大空間における経済とプレデールのいう Groß-wirtschaftsraum という大きな経済空間という表現の違いである。そして彼の一貫した考え方は，第 2 次世界大戦後の欧州の統合にも適応できるものであった。なぜなら経済空間と政治空間との間に緊張関係をみるというプレデールの捉え方は，たとえ第 3 帝国が崩壊しても，たとえ国家空間における政治体制の転換という大きな変化があったとしても，緊張のあり方の変化に留まるものであり，経済政策の変化であって，経済空間と政治空間との間の緊張関係に対して本質的な見方を変える必要がなかったからである。

中小国家からなる欧州における「世界経済の集中の極」は，アウタルキー化の流れのなかで各国の国境によりバラバラに分断されており，経済空間と政治空間のズレによる緊張関係は増大，顕在化した。プレデールがいうには，経済空間と政治空間とが接するところでは，単に関税問題が発生するだけでなく，失業対策，双務的な閉鎖的な貿易政策，そして管理通貨政策・為替政策を含む広い範囲での問題が存在する。例えば陸運，海運に関しても国境で断絶してしまう賃料政策の問題がある。それらは，国家の政治空間が，国民にとりより大切であると考えられるものを，経済の合理性を超えて優先させる結果であり，自国内の不況・失業対策を優先させる結果であった。これは現在でもあてはまる捉え方である。

第2節　ナチス大空間経済構想

1　ナチス大空間経済構想におけるダイツとプレデール

プレデールの空間の捉え方は，一見すると表面上ナチスの生存空間（生存圏）の考えに近いものを感じさせるが，本質的に異なるものである。ナチスの第 1 次 4 カ年計画（1933-1936）に続いて，1937 年からの第 2 次の 4 カ年計画は，軍事生産力の向上とアウタルキー体制の確立を目標にしたものといわれる。そのために 1939 年 9 月に 4 カ年計画の全権者であるヘルマン・ゲーリング（Hermann Göring, 1893-1946）のもとで Die Gesellschaft für europäische Wirtschaftsplanung und Großraumwirtschaft e.V.（欧州経済計画並びに大空

間経済協会）が組織されたが，それはナチス体制において拡大した領土のもと
で，欧州諸国に‘欧州の新秩序’と，ドイツ主導による欧州における‘大空間
経済（広域経済圏）’の構築を企画するものであった。

　この協会でプレデールは，学識経験者団の副会長を務めた。審議会には，弟
子でありまた後にキージンガー政権（1966-1969），ブラント政権（1969-1974）
の経済・大蔵大臣を務めたハンブルク大学教授カール・シラー（Karl Schiller,
1911-1994）なども参加していた。

　この協会の理事長であったヴェルナー・ダイツ（Werner Daitz, 1884-1945）
は，実質的な中心人物であった。そして1941年，1942年にまとめられた協
会の論文集におけるダイツの発言は，広域経済圏[106]に繋がるナチスの生存空
間（Lebensraum）の見方を象徴的に現していた[107]。

　ダイツは，1941年の論文において概ね次のように書いている。生物学的な
繋がりを持つ生存空間において世界の地域的な分割は，生物学的視点から新し
い政治的な，経済的な，文化的な，法的な地域主義を条件とする。そこでの経
済は，3重の結合を生み出す。すなわち国民経済における民族により，大空間
経済のもとにおける諸民族により，そして新しい特徴である世界経済としての
大空間経済による経済の結合であるという。地理的な普遍主義の代わりに，生
物学的な地域主義が求められる。経済は生存空間の経済であるとして，自由貿
易，国際分業，需給の自由な活動のような普遍的な理論からではなく，民族と
諸民族の生存法から，国民経済と大空間の経済秩序が生まれると主張した
（Daitz 1941, pp. 19-21）。

　大空間経済では，第1に自己の空間から自力で生存することを試みなくて
はならない。そして欧州の諸民族のなかで隣人として自己の生産を超える需要
を満たそうと努める必要がある。欧州の需要はまず欧州で満たされねばならな

---

106)　ナチス広域経済圏については，工藤章『20世紀ドイツ資本主義——国際定位と大企業
　　体制』東京大学出版会，1999に詳しい。
107)　生存圏については，第3章で取り上げたラッツェル（Friedrich Ratzel）の生物の有機体
　　的な集団が思い浮かぶ。集団的・人類学的な存在を中心にその発展形として国家を捉える地
　　政学と，その機能的な合理的経済空間を中心に考える立地論によって見方は大きく異なる。
　　ラッツェルの場合，人種の優劣について問題とすることはなかったが，後に，特にナチス期
　　に人種・民族の序列という見方がしばしば強調されるようになった。

い。それは新しい欧州の経済道徳を告げるものである。そしてダイツは，白人による永遠の中核的生存空間は，自力で世界における経済的政治的立場を新たに固めることができるという。新しい欧州，それは経済計画による大空間経済と総括されるが，欧州の市場秩序と交通秩序により整備され，強力な欧州が自覚され，その他の世界の形成を指導すると論じた（*Ibid.* pp. 21-25）。

　ダイツは，欧州大空間の経済は，経済技術の運用ではなく，道徳的な基本原則において決定されなければならないと主張する。公益は私益に優先されなくてはならない。欧州の公益は，国家的利益・ショービズム[108]に優先する（Daitz 1942, p.13）。それは，欧州大空間の道徳基盤であり，その構造を決定する。欧州の大空間経済のなかで，第1に東部と東南部は食糧と農業資源を供給させる。西部と南部と北部は，通商・交通政策を転換し輸出品の構造を変化させる。中欧・西欧は，自然的な空間政策の基盤そして資源的政策の基盤を変更する。欧州の標準化と規格化は交通に及ぶだけでなく，全欧州のアウトバーン計画と体系的な自動車化を進める。ボルシェビズムとアメリカ的自由主義は労働を組織化したが，しかし少なくとも欧州の協同作業は，欧州諸民族のうちに真の僚友関係の基盤のうえでのみ繁栄することができる（*Ibid.* pp. 16-17）。

　ダイツのこうした発言は，ナチスの党綱領にうたわれている多くのものを現している。彼の描く空間は，特に人種の序列を中心に構成される空間であり，民族の必要性から発生する生存空間である。また，そのために私益に優先させる公益をとなえるものであった。そして何よりもまず民族の存在する場所としての大空間が存在し，そのなかでの経済生産活動をどのように振り分けるかにあった。

　しかしこれに対して前述のようにプレデールの思想には人種，民族という切り口は存在せず，経済の基本原理として私益を原動力とする経済空間の発展を扱うものであった。経済空間は所与のものとして存在するものではなく，経済発展により形成されるものであり，テューネン（Johann Heinrich von Thünen）から続く経済の合理性のうえに成り立つ思想であった。したがって根本におい

108）　排他的愛国心，排外主義を意味する。

て相対立するものであった。

プレデールは，もちろん協会内の議論において立地論的・経済学的な視点からの発言をしていた。例えば，多くの経済学者が欧州の東部と南部の農業が極めて非生産的であり，1,700万人の過剰人口が農業のなかに存在するとして，1939年頃からこの過剰人口の国外追放と絶滅化行動が激しくなったといわれる（Bruckschwaiger 1999, p. 209）。当然この措置に反対する経済学者がおり，別の意見を表明する者があった。

> 「例えばプレデールである。彼は質の高くない労働集約的な生産，'とりわけ繊維工業の原始的な分野'への移動を提案した。何故ならそれは世界中どこでも農業の過剰人口の分野に存在するからである。」（Bruckschwaiger 1999, p. 209）

このプレデールの見解は，彼の1928年に書かれた論文に裏付けられたものであるとみられ（Predöhl 1928c），それはアメリカの木綿工業における低賃金に甘んじる劣等白人について取り上げ論じるものであった。

1939年からのキール世界経済研究所の研究テーマは，上記の大空間経済構想に関わるもので，イデオロギー的なものではなかったといわれるが，ナチスの政策上利害関係のある各国のインフラ，資源，一般経済情勢の調査が多くなった。研究所は海外調査において指導的な中心となり，戦時経済研究の独占的な立場にあったといわれる（Petersen 2009, p. 72）。

上記協会の学識経験者グループにおいてプレデールは，対外経済政策の責任者であった[109]。先に述べた認識の違いは顕在化することはなかったようであるが，国防経済学をめぐる考えではプレデールは明確に一線を画していた。

2 アウタルキー化の限界と国防経済学

プレデールは，経済空間を政治空間（国家空間）の範囲内に限定しようとすることから生じる緊張が，最終的にはアウタルキー化の問題に到達し，その可

---

109) 雨宮昭彦『競争秩序のポリティクス』東京大学出版会，2005によれば，プレデールはドイツ法律アカデミーの「第4部門国民経済の研究」において対外経済担当委員長であった。はからずもこの部会の部会長は，キール世界経済研究所所長の地位を追われた，プレデールの前任者，イェッセン（Jens Jessen）であった。

能性を論じた。経済の効率化からすればアウタルキー化は，他国との貿易を排除するので効率が落ちるため，その分当然に国民の負担になるが，短期的には国民が耐えられる範囲であれば，そこに国家としての空間の自立の可能性が存在する（Predöhl 1949, p. 160）。

しかしそれが自立を求める行動であるとしても，ある線を越えて軍事・国防の比重を高めること，そして中長期に及ぶことは，以下にみられるように国民の負担を一段と重くすることになり，アウタルキー化を一層難しくするとプレデールは反対した。

「……制海権の思想はアウタルキーの思想と対立するということは明白である。ここに経済空間を国家のものとしようとすることに政治的な限界が明らかに増大するのが分かる。

そしてこの関連で最後の点に言及しなくてはならない。それは国防の観点である。人は安易にこの観点をアウタルキーのために導入する傾向にあり，そしてこの見方が国際分業の原理に反するということはもちろん正しい。イギリス古典派の経済学でさえ，軍事的に重要な産業のために例外を要求した。しかし他の政治的な観点と同様に，国防の観点は，ある点から経済空間にたいし対立する。国防はある生活水準において国民経済の通常の需要を上回る特定の産業分野の維持を強制する。」（Predöhl 1934, pp. 10-11）

たとえアウタルキー化により国家が自立を手に入れるとしても，軍事上・国防上の観点から求められる範囲は，ある点から国民の耐えられる限度を上回るものになる。軍事的観点は，経済の合理性に対する配慮・計算とは全く異なる視点から出されるものであり，国民の負担を考えないものであるからである。国防は軍事に関わる特定の産業分野の維持を必要とし，そのレベルは通常の生活水準の必要性を超えるものとなる。プレデールは，国防の観点を持ちこむことに対し懸念を表明し，国防経済論・戦争経済学とは一線を画していた。

こうした考えは，当然に批判を受けたようである。例えばナチスの広域経済論者ヒルデガルト・ウアマッハー（Hildegard Uhrmacher）は，反対に広域経済を永久に正しい解決であるとして，以下のプレデールの1937年の論文を引

用して，プレデールの意見に賛成することは断じてできないと批判している（Uhrmacher 1938）。プレデールの発言によれば，

> 「なるほど大空間は，参加国にとってアウタルキーの活動範囲を広げる。それは広い範囲において強制的なアウタルキー化に対する回避手段であり，したがってそのようなものとして危機に起因する自立意識の典型的な表現である。しかし長期的には国際経済問題の解決策ではない。何故ならそれは自立政策の基本思想に反するからである。」（Predöhl 1937, p. 79）

　経済空間が創り出すテューネン同心円の内側で空間を分断するアウタルキー政策は，プレデールにとって景気対策上一時的な短期的な手段として認められるものであるが，そもそも中長期的には国際分業を歪めるものであり，最終的には国家の自立さえも危うくするものである。あくまで限定的な範囲でしか容認できなかった。たとえドイツが比較的大きなテューネン同心円のなかにあったとしても，農産物，石油等資源，原材料にみられるように，対外貿易なしには持続できないのは明らかであった。これは同じ時期にキール世界経済研究所が行っていた海外資源調査からも裏付けられていたはずである。

第3節　フンク声明とアウタルキー政策を補完する貿易・決済制度

1　フンク声明

　前述の協会の大空間経済についての研究活動は，1940年7月に発表された帝国銀行総裁兼経済大臣ヴァルター・フンク（Walther Funk, 1890–1960）のいわゆる「フンク声明」に象徴される。当時の欧州の政治情勢のなかで欧州経済の再建を目指すもので，次のような内容である（国際経済調査所 1940, pp. 259–263）[110]。

・ライヒス・マルクは使用通貨で支配的地位を占めるが，乱雑に変化する外国為替および多くのさまざまに評価される外国通貨の拘束から解放される必要

110）　「フンク声明」が発表されると，日本でも直ちに，例えば大阪朝日新聞は「世界を四分する経済圏成立せん」と報じた。この時期のプレデールについては次の書で言及されている。Bruckschwaiger, K. 1999, pp. 201‐217, そして Volkman, H-E. 2003, p. 31.

がある。そのためにこれまでの2国間の支払い協定からさらに進んで各国の支払い差額清算の体制にまで発展させる必要がある（通貨問題）。

・大空間経済のなかでアウタルキー政策に基づく経済の自立政策をとるといっても，それは完全な自給自足の経済に移行するものではなく，他方において世界経済と結びつくものであり，欧州経済圏における経済的自由が保証されるものである（自給自足と世界貿易）。

・貿易決済についていえば，通貨は金準備に依存するのではなく，国家によって統制された経済秩序により与えられた価値に依存するものを計画する。しかしだからといって金を全く無視するのではなく，最終的な支払いの清算には金が使われる（貿易決済と金）。

以上の3点が取り上げられ，この考えのうえに政策上4つの原則が述べられた。

1) 欧州諸国は長期的な経済協定を結び，その生産計画に従う。

2) ライヒス・マルクを軸に安定した為替関係をつくり，2国間で通商条約を結びその範囲を拡大し，円滑な清算制度を確立する。

3) 欧州の空間では生産の特性に合った再配置を行い，生産の効率を向上させ，欧州における合理的な経済的分業を生みだす。

4) 欧州諸国間の経済的共同体の思想の強化は，経済政策のあらゆる領域における協働作業によって生まれ，この団結によって欧州は他の経済諸集団に対して自立を達成する。

このフンク声明は，欧州大空間経済圏の自立性を保つために必要な物資は，極力自給に努めアウタルキー化を進めるが，農産物や工業製品と原材料の貿易は，広域経済圏の市場並びに世界市場でも行うとするものである。上記の政策では，3）に表現されているように再配置を計画的に実行し，そのために農産物，原材料などを中心に，1）にある2国間で経済協定を結び，各国に生産を割り当てることが必要であり，具体的には2国間貿易が中心に行われる。

その際重要になるのが決済通貨問題であり，2）にあるようにライヒス・マルクを軸に域内で多角的決済を行い，各国の貸借尻の相殺にまで発展させる。この措置によりそれまで取引ごとの貿易決済の基盤であった「金」の必要性が排除されるが，最終的な国際貿易決済手段としての「金」を否定するまでには

発展させないとしている。

　ここで重要なのは，ライヒス・マルクとこの制度への参加国の通貨が一定の交換比率で固定され，取引ごとの金の決済を必要としなくなることである。当時ドイツをはじめ各国は，金の流出に悩んでいたといわれ，金を使わない決済スキームは望まれるものであった[111]。この決済制度のうえに2国間貿易を主軸にして広域経済圏が構築される。

2　2国間貿易と決済制度

　いずれにせよ，アウタルキーの範囲を広げて広域経済圏を創るために，これを支える貿易体制が必要とされた。それは先に述べたプレデールがいう中核地—周辺地—限界地の関係からいって，必要な農産物をはじめ多くが周辺地や限界地に存在していることに関係している。限界地からの資源は石油，天然ゴム，マンガンなどの鉱石等があり，代替化の努力も存在したが，多くは自給不可能なものであり，またコスト的にも経済の合理性に逆らうものであった。

　そこで，輸出入をどのように行うかが重要になってくる。アウタルキー化の実施により，貿易による資源，食料品の輸入とその代金決済の仕方が問題として浮かび上がってくる。プレデールはこの点を取り上げ，アウタルキー政策を行う場合に，限定されてしまう貿易をいかにして行うかを問題とした(Predöhl 1940)[112]。そこでは，金本位制に基づくかつての自由貿易・多国間貿

---

111)　この画期的なスキームを含むフンク声明には，ケインズ（John Maynard Keynes）も必ずしも否定的ではなく，次のように評したという。「ドイツの放送文の幾節かから引用した約4分の3は，もしその中のドイツとか枢軸とかいう言葉をイギリスという言葉に置き換えるならば，全く素晴らしい文章になると考えています。もしフンクの案をその額面どおりに受け取れば，それは優れた案であり，むしろわれわれ自身がその実現に努力すべきでしょう」(Keynes to H. Nicolson 1940, p. 2 ／同訳 p. 3)。

　イギリスの経済学史家トライブは，「彼［ケインズ］の論考「ドイツの『新秩序』に反対する提案」は1940年12月1日に出されたが，彼の関心の焦点は，ドイツの提案に含まれていた安定的通貨制度の展望におかれた」と指摘している(Tribe 1995, p. 243 ／同訳 p. 311,『ケインズ全集』25巻 1980, pp. 10-16)。

　プレデールも1943年の論文でその類似性を認めて，「ケインズの通貨政策に関する措置はしばしば唖然とさせられるほどナチスの経済政策と似ているが，その精神は全く別物である」(Predöhl 1943, p. 25) と書いている。両者の技術的な考え方には近いものがあるが，ケインズは戦後の平和時を想定しており，一方フンクは国際情勢の緊張下での　貿易決済確保を目的とするもので，向いている方向は大きく異なるものであった。

112)　これにはプレデール論文の唯一つの邦訳がある。国際経済調査所訳「所謂通商障碍と世界経済の新建設」『国際経済研究』第2巻12号，1941, pp. 55-82。

易に対して，世界経済が自国の不況を克服するためのアウタルキー化政策に
よって，国際分業の最適点から離れてしまっていること，制度としても金本位
制が崩壊してしまっていること，そして世界経済全体が拡張期を終えてしまっ
ていること[113]を指摘し，そこからどのように新しい世界経済の秩序を創るか
ということを問題とした。その出口が，ナチスの大空間経済構想と貿易を支え
る資金決済制度であり，この点に解決が求められた。これには，商品の国内価
格，海外価格，交換レートの安定化が必要になる。すなわち，新しい通貨秩序
を実現する体制の構築が求められることを意味していた。プレデールは以下の
ようにいう。

> 「確かに戦争経済は，すべての国において現存する設備と労働力の活用を
> 促進した。しかしどの程度，この転換が最終的な性質を備えているのかは
> 目にみえない。すでに述べたように，恒常的な経済発展は，晩期資本主義
> の介入的な手段では到達できない。また，どのような範囲で戦争経済が，
> 国民経済秩序の政治的な前提条件を変更するのかがまず示されなくてはな
> らない。欧州の広域空間のなかで，ドイツの経済政策の安定した影響だけ
> がこの方向に作用する。確かなのは，戦争が世界経済の新しい形成への発
> 展を何処においても妨げない (nirgends gegen die Entwicklung...wirksam
> ist) ということである。」(Predöhl 1940, p. 218)

ここではこれまでの戦争に慎重な姿勢とは微妙な違いが言い回しのなかに表
現されている。戦争経済を肯定しているようにもみえるが，発展に対して有効
な効果がないともとれる。しかし，いずれにせよこの論文をはじめ彼の考えは，
ナチス政権の進める政策に表面上近いものを含むものであり，政権に寄与する
ところありとして使われた。そして戦時中の日本においても度々取り上げられ
引用された[114]。このナチス政権との近さが，東西冷戦構造の崩壊後に，再びプ
レデールが批判されるところともなっている。

---

113) このプレデールの認識は，ゾンバルトの唱える晩期資本主義という捉え方に通じるもの
がある。何らかの人為的な手段により支えられないと資本主義は維持できないとみていたこ
とを表している。

114) ナチス経済体制の日本への影響については，柳澤治『戦前・戦時日本の経済思想とナチ
ズム』岩波書店，2008 に詳しい。この点に関係して，日本におけるプレデールの受け止め
られ方について次の章において論じる。

プレデール自身がナチス大空間経済構想に積極的に参加したのか消極的であったのかは不明であるが，いずれにせよ参画したことは事実である。確かに立地論者，交通政策論者，貿易政策論者として，技術面で学者として助言するところは少なからずあったと考えられる。プレデールの固有の認識は，戦時下の1940年の時点でも基本的に変わっていなかったと思われるが，上記のように微妙な言い回しの発言も存在した。従来からプレデールは，戦争の拡大は経済にとって望ましくないと述べてきているのにもかかわらず，こうした微妙な発言があったのは，プレデールのナチス政権での立場の難しさが現れている。ただそこには，彼が経済学者として必ずしも政権に手放しで迎合している訳ではなく，許されるぎりぎりの線で発言していることを表していたようにみえる[115]。

3　国際決済銀行（BIS）との繋がり

しかし広域経済圏の参加国の間に交易範囲を拡大しても，完全なアウタルキー化には限界があり，世界市場での貿易決済には，依然として「金」が用いられる可能性を示していた。フンク構想は，各界に大きな影響を与えるものではあったが，広域経済圏の域内貿易に限られるものであり，欧州大陸でのライヒス・マルクを中心とする決済制度にとって，国際貿易にはまだ不足するものがあった。それはこの体制に加わらない国々との貿易とその決済である。域内においてはライヒスバンクが決済の中心として働くことができるが，非参加国，つまり中立国，敵対国との貿易決済についてはさらに工夫が必要であった。

先に述べたナチス大空間経済構想は，拡大したアウタルキーによる自立をうたいながら，完全な自立は不可能であり，非同盟国との貿易を完全に遮断することはできず，その資金決済のために多角的な清算機構を必要としていたことを物語っている。それは参加国との間のライヒスバンクでの集中決済に加えて，世界経済，すなわち非同盟国との貿易決済の取り扱いが必要であった。これにはライヒスバンクが直接中心となって行う訳にはいかなかった。そこでこれを

115）　Bruckschwaiger, K. 1999, p. 210. ここではプレデールが学術顧問団のなかでも無条件で同意するようなイエスマンではなかったと表現されている。

繋ぐ中立的な国際決済機関が必要とされた。フンク声明の陰でこの役割を果たしたのが国際決済銀行（BIS）であった。

　この点に関してジャン・トレップ（Gian Trepp）は，1993年に『BIS国際決済銀行の戦争責任』（*Bankgeschäfte mit dem Feind*）と題して，戦時期を中心にBISの活動を取り上げ論じている[116]。BISは，第1次世界大戦に伴うドイツの賠償金の支払いのための銀行として，1929年にスイス・バーゼルにおいてドイツ，イギリス，フランス，ベルギー，イタリア，日本，アメリカの出資により設立された。しかし大恐慌に伴い賠償金問題は宙に浮き，賠償金銀行の機能としては表向き終焉していたが，両陣営からの秘密の中央銀行総裁同士の話し合いの場としてBISの機能は残されたという。ライヒスバンク総裁は，対独融和策の流れのなかで力を振るったヒャルマール・シャハト（Hjalmar Schacht, 1877-1970）から1939年ヴァルター・フンクに交替し，一方BISは，ドイツの戦時体制への構築を進める過程でまだ中立国であったアメリカ国籍の人間を総裁に据え，中立化の外見をつくろい存続が図られた。

　トレップによれば，1939年の11月にパリで開かれた国際商業会議所（ICC）[117]の会議において，IBM社長のトーマス・J. ワトソン（Thomas John Watson, 1874-1956）を委員長とする「経済平和のための委員会」が設立され，これにはロックフェラー財閥のチェース銀行頭取などに加えて，BISからも代表を出していた。BISは，ドイツ第3帝国に軸足を置いた形で連合国側との仲介機能を果たしたといわれる。この委員会において，

　　「キール世界経済研究所のアンドレアス・プレデール教授はドイツ側を代表していた[118]。……この委員会の設立によりポーランド確保をねらう第3帝国に対する経済的な融和政策の支持者は攻勢に転じた。彼らはチェコ・スロバキアとポーランド併合のあと東部におけるヒトラーの領土的欲望が収まることを期待した。」（Trepp 1993, pp. 75-76）

116）　この書でもプレデールが引用されている（Trepp, G. 1993, p.102／同訳 p. 123）。この他にも西牟田祐二 1998-99，矢後和彦 2009。またBISの成立から戦後の活動までを詳細に論じた矢後和彦 2010 が参考になる。

117）　ICCは1920年にパリで設立され，2014年現在で世界127カ国7,400社の会員を擁しており，日本支部もある。

118）　プレデール自身もこの討議に参加したことを，Predöhl 1949, p. 298 の注4で述べている。

この関連でスイスが中立を保つ限り，域外に対して BIS が決済機構として
ドルとの関係で有益な金回転台として役立つことを意味していた(Trepp 1993,
pp. 57-58)。ここでいう金回転台とは，同盟国間での貿易の差額決済をライヒ
スバンクが行い，ライヒスバンクは，BIS に口座を持つことにより，この口座
に同盟国間の清算決済尻を振りかえ，口座の残高で BIS を舞台にして非同盟
国との貿易決済を行うものであった。賠償銀行としての役割を終えた BIS は，
解散するのではなく，ドイツ帝国のライヒスバンクを中心とする組織を前提に，
国際決済機構としての再編を試み，存続をはかろうとしていた。

> 「なぜなら経済的な大空間における欧州の新しい秩序と，それによって急
> 速に進展する決済のやり取りは，国際的な決済における諸中央銀行のます
> ます増大する協力関係を否応なしに要求するからである。」(Trepp 1993,
> p.106)

フンクの新しい決済制度は，BIS と連携することによりアウタルキー政策を
完成させるはずであった。しかしこうした議論があったにもかかわらず，現実
の戦況は次第にドイツに不利となり，1944 年 7 月のブレトン・ウッズ会議で
の過程で，BIS はナチス協力を根拠に IMF と世界銀行の稼働後に解散される
ことが一旦決められた [119]。

プレデールは，対外経済の責任者であったので，この資金決済制度について
関係していたはずであるが，詳細は定かではない。しかしブレトン・ウッズに
おいてたたかわされたケインズとホワイトの戦後の金融体制についての議論は，
すでに 1943 年のプレデールの論文で取り上げられており，フンク声明にある
資金決済制度とケインズのクリアリング構想が極めてよく似ており，ホワイト
案よりもケインズ案を優れたものとみていたことが記されている (Predöhl
1943)。

拡大したアウタルキー化は，いわゆるブロック経済に繋がるものであったが，
プレデールは，第 3 の「世界経済の集中の極」であるロシアとの交易により
これを乗り切ることを期待していたとみられる (Predöhl 1934, p.7)。しかし

---

119)　しかし，その後の政治情勢の変化から，一転して戦後の欧州復興のために引き続き存続
することとなった。

1941 年の独ソ戦開始に伴い不可能になった。しかもドイツ軍がレニングラードで敗れて以降，すなわち 1943 年以降，産業界は混乱し，大空間構想は急速に崩壊に向かったといわれる。

第4節 共鳴する思想と中立性

こうしたプレデールの行動は，キール世界経済研究所にプラスの遺産を残す一方で，マイナスの面では，現在でも彼がナチスに対する積極的な加担者であったのかどうか，それが当時の常識的な範囲のものであったのか，また学問の自由という意味でナチスに対して中立的であったのかを問う声が残っている[120]。研究所は，空襲を避けるためにキール近郊のラーベンスブルクへ避難することになり，これを期に彼は 1945 年 4 月にはキール世界経済研究所の所長の地位を後任に譲った（Mish 2009, p. 52）。しかしキール大学の教授の職にはそのまま留まった。

同年 11 月，イギリス進駐軍のもとでプレデールは，推察するところ直前に研究所長を交替していること，キール地区が処分に厳しいアメリカ軍でなく比較的寛大であったイギリス軍に占領されたこと，などの理由によりナチスへの協力を問われることなく，キール大学教授の職を続けることができた。

戦後ナチスと関わった時期への批判は多い。それは研究所創設者ベルンハルト・ハルムス（Bernhard Harms）を研究所から追い出した者の後任をプレデールが引き受け，これと同時にナチスとの関係改善に努めたことにもあるとみられる。それは，大学の外においても 1942 年には NS Dozentenverband（ナチス教員組合）のキール地区の代表を務めたことにも現れている。こうした親ナチス的な姿勢はその限りにおいて研究所を守ったが，この難しい状況について前述のカール・シラーは，1987 年にあるインタビューに答えて以下のようにいっている。

---

120)　例えば Blesgen 2000, p. 171 において，Rieter と Schmolz が当時の学者を幾つかのグループに分け，プレデールをゴットルと同じカテゴリーのナチスのシンパに挙げているとしている。その他，Gutberger 2004, Mish 2009 など本件に関して多数ある。

第 7 章　ナチス広域経済圏構想におけるプレデール　143

「キールにおける政治的圧力は，ハイデルベルクとは比べようもなく軽
かった。プレデールは，研究所を守ろうとして非常な努力を重ねた。我々
は何度も経験したようにチーズの穴に隠れるようにして息をひそめて暮ら
し研究を続けた。しかし時代の暴力は，研究所の仕事にも影響を与えた。」
(Janssen 2009, p. 166) [121]

　このようにナチスとの関係には微妙なものがあった。本来プレデールの研究
は，立地論の見方を経済学に導入し，テューネン同心円のうえに産業の集積に
より経済空間が形成されることを主張するものであった。そして経済発展によ
りこの経済空間は，国境において国家空間との間に緊張を生みだすことを指摘
するものであった。景気循環の顕在化，拡大化によりとりわけ不況期には，国
内の景気・失業対策のために経済は，国家空間の内側に留められ，アウタル
キー化を必要とした。しかし完全なアウタルキー化は，現実には不可能であり，
次善の策として２国間貿易は，不可欠なものであった。

　こうした見方は，ナチスの政策にも通じるものであった。だが本来的に彼の
思想の根底にあるは，師のハルムスと同じように経済の自由な活動を前提とす
るもので，計画的で強制的な再配置を強いることは本意ではなかったことは明
らかである。ナチスの基本原理といわれる公益優先の思想や各団体の長による
指導者原理から生まれる経済に対する政治優位の考えや経済を強制的に操作し
ようとすることは，他の多くの経済学者と同様に，プレデールにとっても無条
件に受け入れられるものではなかった。

　プレデールの経済空間とナチスの大空間経済構想の間には，近似してみえる

---

121)　Janssen 2009, p. 166. この時期におけるレッシュ（August Lösch, 1906-1945）は，研究所
で余りに強く自由貿易を主張してプレデールの不信を買い，ドイツにおける研究のキャリア
は閉ざされ，自分の名前で出版ができなかったと書かれている。しかしレッシュは亡命せず
に，ワルター・オイケン（Walter Eucken, 1891-1950）の金銭的な支援を受け，1940 年に主
著 *Die räumliche Ordnung der Wirtschaft* を出版したといわれる。シラーはこの書をこの時
期のドイツの経済理論分野の最高傑作であると評している。
　キールでの抑圧された研究環境で保護者プレデール像は，レッシュの場合微妙で複雑なも
のであった。しかしまた一方で上述の書の序においてレッシュは，キール世界経済研究所に
入れたことに感謝も述べており，Janssen の解釈とは若干異なるようにみえる。
　ナチスが政権に就くや，平均で大学研究者の 6 人に 1 人が，特に経済学関係は厳しく 25％が，
とりわけフランクフルト大学では 40％，ハイデルベルク大学では 36％が大学から追放され
た。1938 年までに社会科学系の研究者の 48％が職を追われたという（Janssen 2009, pp. 159-
160）。

ところもあるが，彼の考え方は具体的な政治のあり方に直接的に縛られるものではなく，少なくとも政治空間に対して経済空間は中立的であり，政治空間それ自体を論じるものではなく，あくまで経済空間と政治空間の間の緊張問題として位置付けられていた。

　したがってプレデールの思想は，たとえ第3帝国が崩壊しても不変であった。次第に実現性を失っていった大空間経済構想に代わって，1943年のドイツ帝国の国家連合の構想（Staatenbund の構想）は，対等な国家間の連盟を主とするもので，域外に対しては1つの統一体として働く体制へと移行しようとする構想であり（Bruckschwaiger 1999, p. 216），またオピッツ（Reinhard Opitz 1977）がいうように，領土的野心のない，ボルシェビズムに対抗する欧州の安全のみを考えた連盟的なものであったといわれる。苦し紛れに打ち出された提案ではあったといわれるが，それは大空間経済構想の代わりに再びプレデールの空間に受け入れが可能なものであったと考えられる。

　経済空間と政治空間の間の緊張関係を認識する思想は，プレデールの強みであるが，翻っていえば，経済空間は政治からの影響を常に受け続けることを意味している。経済は，政治と離れて存在することはなく，不断に政治空間に対して受け身に立たされる，特に不況の時期には目立ったものとなるというプレデールの認識は，重要な捉え方である。すでに述べたように，プレデールの考え方がナチス政権に対して現実的に柔軟に対処したことは，長所短所両面の評価が可能になるが，思想的にいえば，その背後には政治空間がどのような体制であろうとも，経済空間は経済性原理に従って独自に展開するという立地論的に一貫した見方が存在していることを物語っている。

　なお，キース・トライブ（Keith Tribe, 1949- ）は，その著書 *Strategies of Economic Order*（Tribe 1995, pp. 260-261）のなかで，経済秩序を求める行動が，ナチスの広域経済圏の思想を経て EU の統合に繋がるものであり，そこに秩序を求める同質的なものがあると指摘している。トライブは，経済秩序を重視する伝統として「理論的レベルでは，フォン・チューネンに始まりアルフレート・ヴェーバーを経てオイケンにいたる一つの伝統をここに挙げてもよかろう」（Tribe 1995, p. 246 ／同訳 p.315）と書いている。しかしテューネンも

ヴェーバーも立地論における経済の合理的な秩序を追求しており，繋がりからいえばむしろオイケンよりもプレデールがより適していると考える方が妥当とみられる。ナチスとの関係を考慮して取り上げなかったのかも知れない。トライブの主張する秩序は，立地論の経済合理性の秩序からオイケンの市場の秩序へと変化，変質しているといわざるを得ない。

　立地論を含め経済学からいえば，ナチス政権の政治優位という考えは，経済に非効率性を強いるもので，中長期的には維持できるものではなかった。何故なら経済空間に備えられている合理性に逆らうからである。武力・軍事力を背景に構築しようとした大空間経済構想は，軍事的な支えを失うと同時に崩壊せざるを得ないものであった。これまで論じてきたように，プレデールの思想は一見ナチスに近いものに表面的にはみえるが，経済の合理性を根底に置くものであり，ナチス政権下においても彼の考え方は一貫しており，空間認識の独自性は堅持されていた。それ故，再びこの同じ思想が，戦後間もない時期から緊張の解消を追求する新たな解決策を戦後の欧州統合の動きのなかに見出すことを可能とさせたのであった。

第8章
プレデール立地論と地政学
——戦時下の日本における誤解

第 *1* 節　立地論とアウタルキー

1　立地論と地政学

　立地論と地政学との関係について，第3章ではその出発点においてアルフレート・ヴェーバー（Alfred Weber, 1868-1958）の工業立地論とフリードリッヒ・ラッツェル（Friedrich Ratzel, 1844-1904）の政治地理学とを比較検討した。ラッツェルの場合，生物の集団と同じように人間の集団を家族から村へ，村から大きな集団へ，最終的に国家へと発展したと考えた。こうした捉え方は，必ずしも学問的に誤ったものではない。しかしそれは，ヴェーバーにとって産業革命以降の工業発展の特徴を捉えたものではなかった。ラッツェルの場合人間集団の展開と経済発展とは別々のものと考えられていたからである。

　一方ヴェーバーは，農業を中心とするハインリッヒ・フォン・テューネン（Johann Heinrich von Thünen, 1783-1850）の孤立国にある同心円のうえに展開する工業の立地について考察を進め，農業の同心円のうえに薄く広く展開する消費需要と，中心部に厚く集中する消費需要との間で工業の生産立地は，中心部の需要を目指して原料地，燃料地，そして労働地との間で費用上最適な場所が理論的に選択された。工業生産の費用最小化が求められ，立地が決定された。そこでは人間は純粋に労働地としてのみ考えられた。

　ただしヴェーバーは，彼がいう立地図形に留まった訳ではなく，そこから労

働地の変遷が歴史を反映するもので，最終的に資本主義社会にたどりついたという認識を持っていた。立地の純粋理論を持って歴史を遡り，労働地の変遷をたどることにより，理論と歴史を統合し，現実的理論を構築しようと構想していたが未完に終わった。そこではラッツェルにあった人間集団としての国家の概念は検討されないまま残された。

ハルムス（Bernhard Harms, 1876-1939）から受け継いだ世界経済論のなかに立地論を導入したプレデールは，ヴェーバーの後を受け，第6章で論じたように，国際貿易を必要とする世界経済か，貿易をできるだけ制限的に抑えるアウタルキー化かの2つのカテゴリーに分けて論じた。経済は，短期的には政治の枠組みからの制約を受けるものの，長期的には経済発展を指向するものなので，経済空間の成長にあわせて経済統合を進めることが不可欠であると主張した。そしてそのために国境という制約を引き下げざるを得ず，その前提として国民間の相互信頼が欠かせないと論じた。なぜならアウタルキー化は，欧州全体を包み込む経済空間が創り出すテューネン同心円の内側で空間を分断することになるからである。

アウタルキー政策は，プレデールにとって景気対策上一時的な短期的手段として認められるものの，長期的には国際分業を歪めるものであり，最終的には国家の自立さえも危うくするものであるとの認識は，戦時においても揺るがなかった。あくまで限定的な範囲でしか容認できないものであった。たとえドイツが比較的大きなテューネンの環のなかにあったとしても，ドイツ経済は石油，各種鉱物資源・原料等にみるように対外貿易なしには維持・持続できないのは明らかであった。したがってプレデールにとってアウタルキー化は，基本的に国際貿易を完全に排除することはできず，限界的なものであるという明確な認識を持っていた。

2　アウタルキーと国際分業

アルフレート・ヴェーバーは，経済学において国際分業について距離の問題は無視されてきたことを批判した。またゾンバルト（Werner Sombart 1863-1941）は，発生的にも分業は合理性とは異なって恣意的であり偶然性にも作

用され，歴史的・地域的な制約を受けるとした。

　世界貿易を考える場合に国際分業は複雑になってくる。すなわち，ヴェーバー立地論が取り上げ，そしてゾンバルトのとなえた分業は，土地からの拘束を大きく受けるものである。したがって全く自由に何処にでも成立するものではなく，場所的距離的に大きく離れては成立しないものであった。国際分業が生まれるのは，ヴェーバーにいわせれば，労働指向の遍在工業であり，これに運送費という制約が加わり，テューネン同心円を無視して距離の離れた場所に移動することはできない。こうした移動は，地域的な空間のなかに成立するものであるはずである。したがって当然ながら，立地論的な見方では，分業に関して地理的な制約を認めるものであり，この点は普遍性を追求する経済学とは大きく異なるものである。

　もし距離の拘束を受ける分業の展開に対して，経済空間がそれに応じて拡大し，そして同時に政治空間が拡大されるとするなら，その限りで分業は地域的に重なる2つの空間のなかに包摂されるものとなる。アウタルキーの世界が構築される。

　プレデールのアウタルキーについての解釈は，非常に範囲の大きなものである。完全な自由貿易で満たされる状況を拘束のない状態と捉え，これを外れる場合，つまり国家の介入を受ける場合を程度の差はあれ，すべてアウタルキーと呼んでいる。したがって関税を課す場合，貿易の輸出入に規制を課す場合，そしてまた為替管理を行う場合などに，アウタルキーのレベルの問題として扱われる。アウタルキーは，経済の合理性からの乖離を引き起こすので，当然国民の負担となるものである。

　しかしプレデールのいうアウタルキーの概念は，実体的というより理念的・抽象的なものであった。彼の主張するアウタルキーは，自由貿易に対立する概念であり，経済の最適化に逆らう厳しいものであった。関税政策を展開すること自体すでに，低いレベルではあるが，アウタルキー化を意味していた。つまり，政治空間は国家の自立のために何らかの機能上の制約を経済空間にもたらすものであり，国家の自立に対して経済発展はトレードオフの関係にある。国家の自立を100％達成することは，他国に左右されない100％アウタルキー

化された政治空間の達成を意味している。

　しかし現実において完全なアウタルキー化は不可能である。その場合，国際分業否定論は，どのようにしてアウタルキーを主張できるのであろうか。言い換えれば分業に距離の制約があるとすれば，その範囲を広げていけば，つまりアウタルキーの範囲を拡張していけば，多くのものがその範囲に含まれることになる。領土を拡張する，同盟国を増やすなどすることにより，この範囲の大きな拡大を前提とすれば，国際分業は必ずしもアウタルキーを否定しないことになるという理屈になる。ただし，その場合でも入手不可能な必要資源や製品は存在するのだが。

　つまりこの問題，国際分業とアウタルキーの問題は，貿易とアウタルキーの問題と呼ぶことができる。また，アウタルキーの不十分さを補うのが貿易であるということができる。そうでなければ，軍事的，経済的に必要な物資の存在する地域すべてを軍事力によって抑える途しか存在しなくなる。戦前の日本の場合は，国際貿易の必要性がどの程度認識されていたかは不明であるが，少なくとも政治空間において正しく理解されていなかったとみるべきであろう。むしろ軍事力を持って大陸，南方へ展開し支配することを直接求める流れが，日本国内において進んでおり，こうした世論の流れのなかで国際分業否定論が呼び出され，結びついたのではないかと推察される。

第2節　戦時下の日本における誤解

1　国際分業否定論

　プレデール理論は，日本においては本人の考えとは裏腹に，アウタルキーから展開する国際分業否定論へと変化していた。

　先に述べた経済空間と政治空間に関係する論文をはじめ幾つかの論文は，第2次世界大戦に至る過程で日本でも取り上げられまた論じられていた[122]。その

---

122)　高橋次郎『広域圏の経済理論』文川堂書房，1943, pp. 184-185, 世界経済調査会訳編『ナチス広域経済論』世界経済調査会，1943, pp. 34-35, 平尾弥五郎『広域経済の理論的研究』有斐閣，1943, pp. 244-254 など。

なかでも当時の日本の経済誌エコノミストの編集長であった平尾弥五郎は，『広域経済の理論的研究』[123] のなかでプレデールの見方を国際分業否定論として紹介している。

> 「国際分業は，国際分業制による最大可能の物資の供給が，国民生活の他の重要利害関係を犠牲としてのみ，すなわち多くの文化的社会的目的を犠牲としての国防性および安定性を犠牲としてのみ，はじめて達成され得るという事実を看過する。」（平尾 1943, p. 246）

として国際分業の重要性についてその負担，犠牲を強調し，さらに続けて次のように発言する。

> 「……国際分業は，広義の解釈と狭義の解釈に区別して考えるを便とする。プレデールが復帰不可能となす分業は広義解釈のそれであって，これは自由主義学派の唱えた全地球上にわたる国際分業である。」（同書 p. 254）

これは先に紹介したプレデールの 1934 年の論文で主張したアウタルキー化によって国際分業によりもたらされる最適点から乖離することに対して，必ずしも反するものではない解釈ではある。しかしプレデール自身は，国防の観点を持ちこむことには経済の合理性の面から限界があるとしている見方とは異なっている。大宗として平尾の解釈は，当時の世論を反映してか，国防を前提として論じている平尾自身の解釈であり，プレデールは国際分業を根本から全面的に否定している訳ではなかった。プレデールは，持論である経済発展のなかで集積に伴う分業が，不本意ながら国境により歪められるという意味で使っているはずである。

一方，戦後も活躍した当時の神戸商科大学教授の生島廣治郎は，「皇道世界経済学の提唱」と題してプレデールについて，

> 「世界経済新秩序が民族主義的目標によって建設すべきことはキール学派の世界経済学者のプレドール，ベンテ等によって力説された．……プレドールは国際分業離脱論を唱え，……国際分業離脱により広域経済建設による世界経済新秩序を力説している。」（生島 1943, pp. 50-51）[124]

---

123)　平尾弥五郎『広域経済の理論的研究』有斐閣，1943。
124)　生島廣治郎「皇道世界経済学の提唱」東洋経済新報社編『新経済理論の確立』東洋経済

と書いている。しかしプレデールは，民族主義的目標は一度も掲げてはいない
し，発言してもいない。生島はこの点に関して論拠を示してはいないが，恐ら
くプレデールがゲーリング（Hermann Göring）のもとで，欧州経済計画並び
に大空間経済協会 [125] に学識経験者の中心人物の１人として参加していること
から連想したものではないかと推察される。

　民族主義は，プレデールの論文のなかで一度も登場したことはないが，国際
分業離脱という表現は，一時的なアウタルキーの容認という意味に解釈すれば，
必ずしも誤りとはいえない。しかしそれは短期的な問題であり，長期的に制度
的に認めるのは，経済発展の長期的趨勢を前提とするプレデール本人の考えと
は異なるものである。

　一方，世界経済調査会の中尾謹三は『ナチス広域経済論』（1943, pp. 34-
35）[126] のなかで，前章で取り上げたウアマッハーと同じプレデールの 1937 年
の論文の同じ箇所を引用し（Predöhl 1937, p. 79），プレデールの主張する広
域化したアウタルキーは短期的な措置であって，長期的な解決策ではないとい
う意見に対して，異議を唱えている。それは中尾が広域経済を永久に正しい解
決であると信じてする主張に逆らうからである。しかし中尾は具体的な反対理
由を挙げることはなかった。

　このようにプレデールの経済空間の捉え方は，1943 年当時の日本において
必ずしも正しく理解されていた訳ではなかった。むしろプレデールの発言には，
戦争経済とは一線を画し，のちに述べる山田雄三や中山伊知郎の発言に通じる
ものがあった。プレデールのアウタルキーに対する見方は，あくまで短期的な
一時的な措置としてのものであり，その限界を指摘するものであったが，本人
の考えとは反対に強く国防経済に結び付けられて解釈された。

　　「しかしそれぞれの国民経済は経済的な自己犠牲の途を最後までは進まな
　　い。つまりアウタルキー化はある点から逓増するコストあるいはより少な
　　い供給を意味している。……その反対に経済性の負担が大きくなると，防

　　新報社，1943, pp. 37-53。なお，この書で生島はプレデールをプレドールと表記している。
　125）　プレデールは, Die Gesellschaft für europäische Wirtschaftsplanung und Großraumwirtschaft
　　　e.V.（欧州経済計画並びに大空間経済協会）の学者グループの副会長であった。
　126）　中尾謹三『ナチス広域経済論』世界経済調査会，1943。

衛（Wehrhaftigkeit）と安全が進まなくなるということは，アルタルキー化の限界に到達することを意味している。」(Predöhl 1941, p. 160) [127]

これは前述のナチスによる当該協会による 1941 年の研究論文集に掲載されたものであるが，そこにおいてさえ国防経済に対して限定的な姿勢を明確に表明している。いずれの場合でも，プレデールが自分のアウタルキー論のなかで国防の観点を除外したがっていたにもかかわらず，日本においては国防経済と結び付けて語られていた。

2　プレデールに近い見方をする人たち

しかしながら，これらの議論とは若干ニュアンスの異なる議論も日本には存在していた。例えば，当時の小樽高等商業高校教授の高橋次郎は，『広域圏の経済理論』(1943, pp. 184-185) [128] のなかでプレデールの説を取り上げ，国際分業の問題点についてプレデールの 1940 年の論文に関して以下の箇所を引用している。

「国際分業に於ける最大可能の収益は，ただ国民の他の利益の犠牲に於いて，すなわち，健全なる人口配分の犠牲に於いて，定住せる農民の犠牲に於いて，多数の文化的および社会的目的の犠牲に於いて，また少なからず国防性および安定性の犠牲に於いてのみ獲得され得ると云う事実を看過し軽視して居る。」(高橋 1943, p. 184, 高橋次郎訳による引用，原典はPredöhl 1940, pp. 197-198) [129]

というプレデールの発言を引用して，続けて高橋自身は以下のように主張した。

「換言すれば国防経済的アウタルキーと国際分業の利益とが如何にして調和されるかということが問題となるのである。……国防経済的アウタルキーの要求を充たしつつ，同時に国際分業の利益を確保する途は，現実的にはただ広域経済圏の形成に於いてのみ到達される。一国民経済は広域

---

127)　Predöhl, A. 'Grossraum, Autarkie und Weltwirtschaft', *Das neue Europa*, Dresden, 1941, pp. 158-166.

128)　高橋次郎『広域圏の経済理論』文川堂書房，1943。

129)　Predöhl, A. 'Die sogenannten Handelshemmnisse und der Neuaufbau der Weltwirtschaft', *Weltwirtschaftliches Archiv*, 52, 1940, pp. 193-222（国際経済調査所訳「所謂通商障碍と世界経済の新建設」『国際経済研究』第 2 巻 12 号，1941，pp. 55-82。

154

圏の建設によって先ず国防経済的アウタルキーの要求を充たすと共に，この広域圏内に於いて国際分業の利益をば広域分業と云う極限形式において充分にあげることによって始めて此の問題を解決することが可能になる。」(*Ibid.* pp. 185–186)

ここで述べられている高橋のこうした問題の捉え方は，本人のニュアンスとは若干異なるものであるが，プレデールの考えにある程度沿うもので必ずしも誤ったものではない。こうした議論は一部の学者の間においてまだ存在していた。この点に関して高橋は同書の同じページにおいて東京商科大学教授中山伊知郎『戦争経済の理論』[130]の以下の一文を引用する。

「けれどもそれは貿易原理としての二者の対立を意味するものではない。あるものは一つの原理であってただその原理の現実における実現が問題となるにすぎないのである。」(中山 1941, p. 142)

この見方は高橋の見解とも矛盾するものではないが，またプレデールの認識とも共通するものである。言い換えればそれは，プレデールの経済空間のなかでは経済の合理性が働くが，その現実に立ちはだかる政治空間はこれを受け入れず，国際分業から離れることによる負担とのバランスの問題であるという点を強調しているからである。

中山伊知郎のこの国際分業論の理解は，同じく東京商科大学助教授であった山田雄三にもみられ，その当時の状況について３者の間に似たような理解が示されている。山田も次のようにいう。

「吾々は国民主義的通商政策が政治的な意味においてアウタルキーの要求に基づくものであると認めるものであるが，それは経済理論的判断からはむしろ国際分業の利益は望ましいがアウタルキーのためにその犠牲を偲ばねばならぬという消極的な見方を現わすと言いたいのである。」(山田 1940, p. 12) [131]

この認識は先に述べたプレデールの考えとまさに非常に近いものであり，代弁しているとさえみえるものである。この山田雄三の引用後半部分は，中山

---

130) 中山伊知郎『戦争経済の理論』日本評論社，1941。
131) 山田雄三「国際経済と国民主義」国際経済調査所『国際経済研究』創刊号，1940，p. 12。

『戦争経済の理論』の103ページにも使われている。中山は『戦争経済の理論』のなかで一貫して戦争経済学，国防経済学を経済学として認めず，この書を収めた1973年に出版された『中山伊知郎全集』第十集の序文のなかで，戦争を経済学として扱うのは，従来その戦費調達やその後始末の財政問題に限定されてきた傾向があるとし，「戦争は本来理論にはなじまないものだ」（中山伊知郎全集　第十集への序文，p. 10）と断じている。

　プレデールの国際分業の基本的認識は，立地論からするものであったが，これを別とすれば，むしろ中山伊知郎や山田雄三の見方と認識を共通するものであった。しかし歪んだ形で紹介され，プレデールの広域経済論は国防経済に寄与する国際分業否定論として語られることとなっていた。

　プレデールの考えは必ずしもナチスの構想とは一致するものではなく，経済の自立性を歪める強制的な計画は，根底において彼の意に沿うものではなかった。しかし先に述べたようにこの協会の立場からしても，当然のことながらあからさまに表現できるものではなかったものと考えられる。

第3節　学問としての地政学との近似性

　それでは，当時日本において立地論の第一人者であった東京商科大学教授の江澤讓爾（1907-1975）はどのようにこの問題を扱ったのであろうか。彼は，第3章でも論じたように，ヴェーバーの工業立地論に関して2冊の翻訳書を出すなど，戦前のみならず戦後日本においても立地論の第一人者であった。それにもかかわらず，一方において1930年代後半から地政学者としての議論を積極的に展開していた。そもそもこうした日本における議論に大きな影響を与えていたとみられるのが，ナチスドイツを中心として展開されたドイツ地政学の影響であったと考えられる。

　そこで，立地論が地政学と接近しやすくみえる要因は何かという視点で捉え直すことが必要となってくる。

1 江澤譲爾の空間思想

　江澤は，思想としての空間認識論の理解者であり，その研究はギリシャ時代のヘロドートスやヘカタイオスにまで遡る[132]。すでに述べたように，戦前から日本におけるドイツ立地論の第一人者ではあったが，その出発点は必ずしも立地論にあったものではなく，彼の著書をみれば分かるように，むしろ西洋思想・哲学から出発していた。そしてまたドイツ語に堪能でもあったことから，ディルタイをはじめ幾つかの重要なドイツ語書籍の翻訳も残している。

　1931 年にはディルタイ（Wilhelm Dilthey, 1833-1911）の『文芸復興と宗教改革』を翻訳出版し，1934 年にはフリードリッヒ・シュレーゲル（Friedrich von Schlegel, 1772-1829）の『ルチンデ』を翻訳している。また 1936 年には自書『独逸思想史研究』を著し，ルター，カント，シュレーゲルなどを取り上げ論じ，固有の文化の形を求め，翻って日本的なものを追求する糧とした。このなかで合理主義から非合理主義を強調するドイツ・ロマン主義に大きな関心を寄せていたことは容易に想像できる。

　こうした傾向に関して，倫理学の大家，和辻哲郎（1889-1960）には，『カント実践批判』等とともに，『日本精神史研究』など直接的に日本の精神的風土に迫る研究を著しているが，江澤の場合ドイツを手掛かりに，ある種相通じるような研究姿勢を持っていたことがうかがえる。

　この関連で，江澤は，1941 年に「価値概念の日本的内容」という論文を著し，日本古来の「トモ」の概念を取り上げ論じ，さらに 1943 年には『国土の精神』という著書にまとめられた。これらは恐らく和辻哲郎の 1935 年の『風土──人間的考察』からの影響を受けているものとみられる。和辻は，当該書のなかで地理的な環境が人間の精神に影響を与えることを取り上げている。それは環境が精神形成を規定する側面を持っていることを指摘するある種の環境決定論に近いものを思わせるものである。これに対して江澤は，天皇を礎とする日本人の共同体意識を強調した。江澤がいうには，経済学が扱う価値というものは先験的価値とは異なり経験的価値であり，

---

132)　江澤譲爾『地理　その基本問題』育英書院，1943c, pp. 146-149.

「歴史的行為は絶えず変化して行く時間的過程であると同時に，常に空間
的場面において実現し充填し，この限りにおいて普遍的なものとして示さ
れる。かかる空間的場面において実現した歴史的行為がとりもなおさず制
度である。それ故に，われわれは歴史的事実としての経済価値を制度とし
て考察することが出来る。」(江澤 1941, p. 2)

として，精神史や倫理学の立場とは異なり，経済学の視点から経済価値の制度
論を展開する。

その一方で，江澤の研究活動において中心の場にあった立地論，経済地理学
に関しては，1938年にヴェーバー『工業立地論』，そして同じ年の『工業分
布論』が江澤の手によって翻訳されたのは，すでに論じたところである。

こうした経緯からも分かるように江澤は，立地論もしくは経済地理学一辺倒
に考えるのではなく，空間論を1つの軸として，地理的な空間をギリシャ哲
学にある空間認識論から出発させていた。そしてこの空間の追求は，一方では
経済空間において立地論という形で結実した。しかしこれと並行して，江澤に
とって経済空間では満たされないもの，救いきれないものとしてもう1つの
非合理性を尊重する空間が存在していたことは想像に難くない。

のちに一橋大学教授竹内啓一は，戦後日本においてゲオポリティクについて
批判がなかったことを論じる論文のなかで，江澤が空間概念を超えるものとし
て地政学に積極的に取り組んだことを指摘している (竹内 1974, p. 183)。

江澤のなかには，時流に押し流されることなく，むしろそれまでの彼の研究
からドイツ・ロマン派に関心を持ち，そのなかで空間の捉え方にも合理性を超
えた非合理性を認める視点があり，江澤独自の地政学的認識に繋がったものと
みられる。

2　江澤の地政学の空間

こうした思想的な背景を持つなかで，それでは何故江澤は，研究を積み重ね
てきた立地論，経済地理学から離れ，地政学に踏み込んでいったのであろうか。

江澤の発言をもう少し詳しくみてみよう。江澤自身は，1942年の『地政学
研究』の序において以下のように明確に表現している。

「それは認識に対する生活の優越を強調する傾向，悪しき意味の合理主義に反対する傾向と言うことができる。この点からみれば現代は19世紀末の合理主義に対して，思想史の上ではまさしくロマン主義の啓蒙思想に対する関係にあると言えよう。……それ故に地政学の基礎理論もまた今までの合理主義的認識の基礎概念，なかんずく，空間概念の批判から出発する必要があった。……この論文においては，経済地理学上の基本概念を地理学的概念として理解し，経済地理学の問題を終始一貫して地政学的方法によって取り扱っている。それ故に，この限りにおいて，経済地理学を地政学の一部門と考えていたのである。」(江澤 1942, pp. 2-3)

そしてこの視点に立って当該書の「第3編　地政学の一部門としての経済地理学」のなかで，経済地理学特にアルフレート・ヴェーバー立地論に対して，ヴェーバー立地論研究の第一人者として，それまでヴェーバーを高く評価し，優れた理解を示していたにもかかわらず，

「しかしヴェーバーは実際に於いては立地を決定する基本条件を「自然的因子」に帰し，かかる因子に伴う物理的な力の均衡する状態を以て立地の基本構造と考え，「社会的因子」を以てかかる状態を歪め変奇させる摩擦と見ているのである。このような考え方は尚ほ物理的空間と経済空間とを同視する従来の自然科学的見解に因われたるものと言うことが出来よう。……ザリーンを始め，プレデール (Andreas Predöhl)，エングレンダー (Oskar Engländer)，リッシェル，ヴェーの如く最近においてヴェーバーの立地因子の概念の批判を企てている諸家の説は，要するに経済地理学的空間としての立地空間に於ける人間的・社会的要素を強調しようとしているものと言える。」(同書，p. 250)

として，ヴェーバーを批判している。ここでは江澤は，ヴェーバーの立地図形のように一義的に解が求められる関係を評価してはおらず，数学や物理学の空間のように，人間の意志が反映されていない空間に対する不十分さを問題意識として強く示していた。ここにも普遍主義的な考えに対する江澤の抵抗がみてとれる。先に論じたザリーン (Edgar Salin) やゾンバルト (Werner Sombart) が主張したような現実の立地が実際には理論的ではなく経験的であり，非合理

的な立地の形成が多く存在していることを支持しているかのようにみえる。これは江澤の本心なのであろうか。

　江澤のなかでは，立地論の空間と地政学の空間は本来別々のもののはずであった。しかし地政学のいう意志的な空間を強調するあまり，意図的に意志的な空間を経済空間の上位に置いたことにより，立地論は地政学の一部として扱われることになってしまった。このことは，『地政学研究』のなかで地政学の一部としての経済地理学として位置づけを明確にしていたことに現れている。

　しかし，この翌年に出版された『地政学概論』は，序文において前年の『地政学研究』を統一的に書き直したものと自ら述べているが，そのなかでヴェーバーなどの経済地理学批判は，若干トーンダウンして以下の表現に改められている。

　　「また経済地理学を以て経済学の一部門となす見解は夙にハルムスによって採られている。彼によれば，自然現象の経済的意味を研究する限り，自然科学としての地理学の任務は終了し，経済学の一部門としての経済地理学の広範な領域が示されるのである。アルフレート・ヴェーバーによって体系化された立地論も亦，同様な意味で地理学的な対象を経済学の領域に引き入れようと試みているものと言える。ヴェーバーは従来の経済地理学と立地論との区別を述べ，将来斯学は自然科学的立場より脱却して特殊の方法によって固有の分野を開拓する必要があることを力説しているが，立地論はそれ自身かかる新たな方法による経済地理学の再構成を任とする可きものと考えられる。プレデール，エングレンダー，リッシェル，ヴェー等によるヴェーバー理論の発展については茲では立ち入ることは避けよう。」（江澤　1943a, pp.78-79）

　ここでは，ヴェーバーは経済地理学を自然地理学に近いものから，より経済学に接近することを指向し，そこに立地論の新たな発展の可能性を示唆している。この認識は，戦後における江澤の立地論展開に繋がるものであった。しかしそこには，先の『地政学研究』にあったヴェーバー理論について，単なる地政学の視点からではなく，立地論の独自の立場を復活させ，軌道修正を行っているようにみえる。立地論自体の欠陥を指摘・批判することをやめ，立地論の

有する独自の価値を否定していた訳ではないことがみてとれる。

3 飯塚浩二の地政学批判

以上の江澤にみる地政学への傾倒とは必ずしも直接的に繋がるものではないが、当時東京帝国大学教授の飯塚浩二は、彼の著書『地理学批判』のなかで、特に「科学或いは科学者と祖国――カール　ハウスホーファーの死」と題して、戦時下のドイツ地政学の代表的人物であったハウスホーファー（Karl Haushofer, 1869–1946）の自殺の報に接して 1 節を設け、国家と科学の関係についての規範のあり方として次のように述べている。

> 「自分は科学的であるよりも独逸的であったといったさきのハウスホーファーの告白のなかには、厳格にいって、それとは別な、何かちがったものが含まれているように思われる。私がいいたいのは、科学が独逸のために役立つというのと、科学が独逸（或は他の国家でもいい）に従属しなければならないというのとは、原則的に異なるということに関してである。」
> （飯塚 1947, p. 177）

飯塚は、この書で多くの人たちが時代の雰囲気に流されてしまった日本の学者たちを批判している。戦争が終わってみれば、敗戦国の国民、なかんずく問題意識を失っていなかった学者たちは、科学者としての理性を取り戻す機会を獲得した。しかしこのことは言い換えれば日本の戦時下において、立地論の名さえ語られなくなっていたことを物語っている。それは取りも直さず、立地論自体の存在する場所が失われてしまったことを意味していた。少なくとも経済立地論は、表面上当時の日本には受け入れる余地がなかったことを表していた。

しかし戦後間もなく立地論は息を吹き返し、江澤も 1955 年に『立地論序説』を、1959 年には『経済立地論概説』をはじめ、多くの学者たちが立地論を論じるようになったのである。

そもそもドイツ地政学には、空間認識において民族の生存空間など観念論的傾向が強かった。それはとりわけハウスホーファーなどに強くみられるものであった。しかし戦後から現在に至る地政学は、むしろ戦勝国として生き残ったイギリスのマッキンダー（Mackinder, H.A., 1861–1947）やアメリカのマハン

(Mahan, A.T., 1840-1914) をはじめとする軍事論, 戦略論, 安全保障論という面を重視する地政学が中心となっている。ここにおいて戦後の地政学は, ドイツ的な意志的な観念論的な色彩はなくなり, むしろ実践的な, 軍事的な色彩を強め, 政治空間を前提にして, とりわけ安全保障的な面での視点を濃厚にしている。これに対してプレデールの流れをくむカッペル (Robert Kappel) は, 政治ではなく経済の視点から, 経済力が政治に与えるリージョナル・パワーとして経済発展を捉える論文を書いていることを第10章において取り上げ論じたい。

第4節　時代に流された日本の立地論

　日本における戦前, 戦中の状況, とりわけ日本の地政学の当時の状況について竹内啓一は, 1974年「日本におけるゲオポリティクと地理学」と題して論文を発表し, 日本における地政学の多くが表層的であり, 学問的に耐えられるものではなかったと厳しい評価を下した。

　竹内は, 日本において多くの経済地理学者が無自覚のまま大勢としての流れのなかで地政学のなかに流れ込んでいき, 戦後も何の反省のないまま抜け出したことを手厳しく批判した。そのなかでまともに議論として体裁をなしたのは, 京都帝国大学地理学教室の主任小牧実繁を中心とするいわゆる京都学派の唱える皇道主義に基づくものと, 独自の思想体系を展開した江澤譲爾であったと指摘している。方向は誤っていたが, とりわけ別格として江澤が一貫していた点を竹内は認めていた。

　江澤は, 戦争が終わると地政学に傾倒した自分を, 唯一正面から自己批判し, 学会に復帰したといわれる。江澤の地政学について, 竹内は以下のように書いている。

　　「……［江澤は,］もともと有機体的国家論と自然科学的方法論からのアナロジー以外には, 理論らしい理論, 方法らしい方法のないゲオポリティクを何とかして科学として主張しようと努力したのであった。たとえばドイツ・ゲオポリティクの立場に最も近く, それなりに「皇道原理」などをも

ち出さずに彼の理論体系をつくりあげ，日本のゲオポリティカーの中で最も透徹した現状分析をおこなった江澤譲爾は，「思想史の上ではまさしくロマン主義の啓蒙運動に対する関係にあると言えよう。……それ故に地政学の基礎理論もまた今までの合理主義的認識の基本概念，なかんずく，空間概念の批判から出発する必要があったのである。」と述べてゲオポリティクの思想的背景をはっきりと自覚している。」（竹内 1974, pp. 182-183, ［　］は著者による補記）

　しかし完全なアウタルキーが成立する空間では，すなわち国際分業が否定される空間が理論的に存在するとするなら，そしてその範囲に必要とされる原材料，エネルギーの多くが含まれ，広域経済空間が形成されるのなら，かなりの程度のアウタルキー化が達成され，国際分業の問題の幾つかは吸収される可能性は理論的には考えられないことではない。これは，究極的にはそうした経済空間の存在とそれに応じた政治空間の統合を達成させることにより可能となる。言い換えれば，国際分業を否定できる状態が達成されることは，政治空間にとっても１つの理想状態であり，また政策上の目標でもあった。

　日本におけるプレデールに対する誤解は，一見すると直ちに否定されるべきものではあるが，それは単なる彼我の情報の差によるもののみならず，そこに立地論と地政学の間にある種の近似性の問題が潜んでおり，ともに現実の立地状況を前提として出発することから，必ずしも即下に否定できない共通性が存在していた。普遍性のみを追求する経済学とは異なって，個別性，固有なものの存在を認めるからである。プレデールの思想のなかにこうした誤解を生ぜしめる要素を有していたことは，ナチス政権内の彼の立場からみても十分にあり得ることである。しかしまた受け入れる日本の当時の学問世界にも混同せしめるというよりもむしろ，先に竹内や飯塚が述べているように，時代の流れのなかで地政学一辺倒に流され，多くの人たちが思想的に超越論的に受け入れてしまう要素が存在していたことも十分に考えられることである。いってみれば，政治空間統合の究極の姿が，広域経済圏構想に示されているように，国際分業を否定できると見做すことも可能であるという誤解を生みだす全体的な傾向にあったとみられるからである。

結果的に当時の日本では，立地論も地政学の一部とみなされた。戦時色が濃厚になるに従い，この分野での多くのものが地政学として組み込まれていった。そのなかでプレデールの思想も立地論ではなく地政学として扱われることとなってしまった。時代状況のなかで，自然科学，精神科学とも異なる社会科学が独自の立場を確保，維持することがいかに難しいかを語っているといえよう。

第9章
プレデールの欧州統合論

第1節　ドイツ経済思想における欧州統合

　欧州統合について論じたものは，政治的な視点，法制史的な視点，経済史・政治史・社会史による歴史的な視点[133]，マーケット論からの視点などとするものが多いが，経済学として理論的に正面から取り上げたものは限られている[134]。

　プレデール（Andreas Predöhl）の理論は，立地論を基盤とした経済発展論であり，ナチスの大空間経済構想にも関わりを持ったが，第2次世界大戦後の欧州統合論に発展し，その後のEUの統合，欧州統一通貨への理論的可能性と展望を先取りして論じるものでもあった。いずれの場合にも基本的に関係するのは，テューネンの取り上げた距離と運送費から生まれる同心円の環であり，プレデールにおいては中核地—周辺地—限界地の環からなる経済空間であった。

　プレデールによれば，欧州全体はイギリス・ドイツ中西部・フランス北部を中核地として内側の同心円のなかにあり，フランス南部，ドイツ南部，スペインなどの周辺地をはじめ，欧州各国の経済空間は1つに繋がっていると捉え

---

133)　歴史的な視点では，例えば紀平編 2004，佐々木・中村編著 1994，Kaelble 1987 などが参考になる。

134)　本章は拙稿「プレデールの立地論と欧州統合論——経済空間と政治空間の統合への一視点」早稲田大学政治経済学会『早稲田政治経済学雑誌』387 号，2015，pp. 61-74 をもとに加筆修正したものである。

られた。プレデールは，この同心円の内側の一部分で自立の途を強めて，自国の国家空間にのみ固執することは，経済の効率を落とし，国民に負担を課すことになると主張した。国境を越えた大きな経済空間のなかで，各国は自分の国家空間（政治空間）にこだわることをやめて，欧州全体に大きく展開する経済空間に合わせて経済統合する以外に途はないと説くものであった。

　この章ではこうした視点から，欧州統合の根底に立地理論に基づく経済合理性に従う経済空間が存在しており，第2次世界大戦の反省をふまえ，国家空間は経済空間に歩み寄る以外に欧州の発展と安定はないと主張するプレデールの欧州統合論を論じる。

　プレデールの生きた時代は，戦前から戦後 EC の拡大が始まる直前の時期であったが，その後の展開を見通すものであった。彼の2つの空間の境界に生まれる緊張問題とその解消という捉え方は，欧州固有のものに限られるものではなく，一般論としても有用な捉え方であるとして評価することができる。それと同時に現実の欧州統合において形成された EU とユーロは，プレデールの主張した経済統合と並行して進んでいた政治統合の意味合いが大きく作用していることも見落としてはならない。

　欧州統合の思想を論じる研究は，第2次世界大戦後の冷戦を出発点とするものも多いが，必ずしも戦後に新たに生まれたものではなかった。戦前にも各様の捉え方が存在した。特に第1次世界大戦後，欧州の没落の危機意識から活発に論議されるようになったといわれる（村瀬 1964，森原 2009）。

　ドイツ経済学においては，古くはリスト（Friedrich List）の 1841 年の『経済学の国民的体系』が有名である。これに続き代表的なのは，1910 年代に発表された，ドイツ語圏を中心とするフリードリッヒ・ナウマン（Friedrich Naumann, 1860–1919）の中央ヨーロッパ論である（Naumann 1911, 1915）[135]。これはドイツ，オーストリア，ハンガリーを軸に，ユダヤ人を含めた民族融和，新旧キリスト教の相互にたいする寛容などを掲げて，歴史的・文化的一体性を求め，中欧の統合を論じたものである。

135）　小林純 2012a, 2012b そしてユルゲン・フレーリッヒ 2012 が参考になる。

ナウマンの見方は，域内の自由貿易と域外に対する関税という関税同盟を提言するものであった。しかしそこでの姿勢は，経済を論じつつも，理論的というよりむしろ政策的であり，政治的統合の視点のもとに展開されたものであった。したがってそこには，のちのナチス広域圏構想を思わせる地政学的な要素もすでに存在していた。

同じように第1次世界大戦後の1923年に立ちあげられたクーデンホフ・カレルギー（Richard Nikolaus Coudenhove Kalergi, 1894-1972）による汎ヨーロッパ運動が有名である。彼はイギリスを除く全欧州大陸の統合を掲げ，経済統合から政治統合までを展望し，大きな影響を与えたとされ，一部からは，EU統合の父と呼ばれるほどであった。ただし経済統合自体については，特段理論的な展開が示された訳ではなく，経済の扱いはむしろ2次的なものであり，欧州の関税同盟を述べるに留まった。主題はむしろ欧州における文化的・精神的な統合を中心とするもので，汎ヨーロッパ運動として展開されたものであった。

両者はいずれも文化的・社会的な繋がりのうえに立ち，経済的には関税同盟を提言するものであり，政治的課題から派生する政策としての経済を論じるに留まるものであった。

また第2次世界大戦後においては，シューマン・プランで有名なフランスの首相兼外相シューマン（Robert Schuman, 1886-1963）の片腕といわれたジャン・モネ（Jean Monnet, 1888-1979）と，そして同様にアデナウアー（Konrad Adenauer, 1876-1967）の信任の厚かったドイツの政治学者ヴァルター・ハルシュタイン（Walter Hallstein, 1901-1982）なども欧州統合論者としてのみならず，実務家として活躍した。実際にモネはECSC（欧州石炭鉄鋼共同体）の委員長として，ハルシュタインはEEC（欧州経済共同体）の委員長として，欧州合衆国を理想として掲げ，実質的にも欧州統合の実現を進めた（Hallstein 1962）[136]。

しかしこうした捉え方の多くは，目の前の現実から直接論じられたものであ

---

136) このほかにも細谷雄一は，チャーチル（Winston Churchill, 1874-1965）にも統合思想があったことを「ウィンストン・チャーチルにおける欧州統合の理念」『北海道大学法学論集』52-1, 2001, pp. 71-117 において論じている。

り，経済学として理論的に捉える見方は必ずしも明確ではなかった。経済学の視点では，立地論がそうした試みを行っていた。テューネン（Johann Heinrich von Thünen）は，『孤立国』において経済発展の1つのモデルを提示している。またアルフレート・ヴェーバー（Alfred Weber）は，第4章で述べたように，『工業立地論』に加えて1919年の新聞論説において，後の欧州石炭鉄鋼共同体を先取りする石炭・鉄鋼の共同管理を提言し（Weber 1919），そして1926年には立地論の見方に立つ「欧州生産力の連邦と関税同盟」という論文を公にしている。

　立地論の視点から統合をみようとする捉え方は，戦後になって経済の発展理論のなかに取り入れられた。これまで述べてきたようにプレデールの見方が先駆的であり，代表的なものとみられる。アメリカにおいてもエール大学の経済学者ベラ・バラッサ（Béla Balassa, 1928-1991）は，1961年『経済統合の理論』を著し，経済統合の問題を経済学として正面から取り組んだ。

　バラッサは先進国の統合と発展途上国の統合，すなわち欧州とラテンアメリカの統合を，静態理論，動態理論，経済政策として取り上げ，立地論の必要性にもふれ，次のように述べている。

　　「経済統合の理論には，また立地論の観点も取り入れる必要がある。……生産の再編成や，地域的集積化・分散化並びにその新しい傾向を論ずる場合，立地論的分析をぬきにしては議論を正しくすすめることができないのである。」（Balassa 1961a, p. 3／同訳 p. 5）

　上記のバラッサの見方は，同じ年に発表した彼の論文のなかで引用しているプレデールの立地論をふまえたものとみられる[137]。

第2節　プレデールの欧州統合論と経済政策

　プレデールは，「世界経済の集中の極」の理論に立って，経済空間と国家空

---

137)　Balassa 1961b, pp. 6-8. このなかで Predöhl, Weltwirtschaft in räumlicher Perspektive, *Economia Internationale*, 1950, pp. 1044-1065 が統合理論の概念を表すものとして注記されている。

間（政治空間）との間に生まれる緊張の解決・調和策が，対外経済政策として具体化されることを主張した。経済政策は，通常経済の問題として理解されることが多いが，プレデールの見方は，国家空間が持つ価値判断に基づき，政治空間から経済空間へ発せられるものである。2つの空間の間の緊張の問題の解決・調和策として経済政策が存在し，それが保護関税の問題のみならず，通貨政策・為替政策として顕在化されるものと捉えた。

1　1929 年の大恐慌と戦後の世界経済

第1次世界大戦後の世界経済は，未開地の開拓が一巡し，また景気変動の波が大きくなるに伴い不況も深刻化していった。経済空間と国家空間との範囲の違いによる緊張の問題は，好況期には目立たないものであったが，不況期には顕在化した。企業行動も自由競争から独占，寡占，カルテルなどが目立つようになり，自由競争，自由貿易の世界経済は，本質的に変化していった[138]。とりわけ集積の中心となる製鉄・鉄鋼業は，世界経済の景気変動の影響を大きく受けた。この時期は，景気対策・失業対策を中心とする完全雇用という目標，特定国との通商に限定する2国間条約，輸入を抑え輸出を促進する為替政策が多くの国で採られ，世界経済を分断していくアウタルキー化の途へと追いやった。

各国では，管理・統制が経済運営の中心となり，拡張ではなく集約化が目指された。このなかで象徴的に計画経済という完全に統制的なソビエト連邦が成立し，共産主義に基づくアウタルキーが形成され，世界経済の新たな経済空間の構築が進んだ（第3の「世界経済の集中の極」の成立）。こうした管理・統制という措置にもかかわらず，この時期の世界経済は，1929 年の世界恐慌により限界に達し，金本位制も崩壊する。だが管理・統制というアウタルキー化の流れは，第2次世界大戦が終わったあとも引き続き存在した。

プレデールは，戦後においても管理・統制の流れが続くなかで，世界経済の基調は，引き続き国家の自立を追求する国家空間に対し，経済空間との間に存

---

138)　柳澤 2006，特に第4章が参考になる。

在する緊張をどのように調和させていくのかという問題が変わらずに存在しているとみていた。

2　世界経済の運転機構と保護関税

プレデールは，現実の世界において産業革命期の工業化過程では当初，国家の自立を確保するために，多くの国で保護主義が採られたことを指摘する (Predöhl 1949, pp. 167-177)。例えば，フランスとオーストリアは，1870年代にイギリスの産業から自国の産業を保護する政策に転じ，フランスは，当時の世界経済における農業国としてプロイセンと同じように，工業化の当初こそ自由貿易に利益を持ったが，工業化の進展とともに保護貿易に次第に利害を持つようになった。ロシアも保護関税政策を採った。同様にアメリカは，始めから保護関税に傾斜していた。こうしてみると，工業の発展期には各国とも自由貿易の状態にはなかったことが分かるという。アメリカの1861年のモリル関税や1890年のマッキンレー関税も明らかに保護関税であった (Predöhl 1949, p. 194)。

第2次世界大戦後において，ロシアのみが2国間主義の貿易政策をとったが，その影響範囲は，東側に限られ狭いものであった。イギリスは，形式的な多国間主義の貿易政策をとったが，しかし自国の雇用の確保が最優先とされていた。プレデールは，景気の好・不況により目立つ，目立たないという差はあるにせよ，工業化の時代において関税は，対外経済政策として常に根底に存在していたとみていた。

第2次世界大戦後においてGATTは，2国間条約に入り込んだ世界経済のこうしたこう着状態を多国間条約により克服しようとした。したがってGATTは，世界貿易の観点から特定地域にのみ関わる欧州の統合に批判的であった。そして，それと同時にプレデールは欧州統合に対して，

> 「論じようとしている欧州の統合努力のなかで共同市場について語るなら，それを自由な市場と取り違えてはならない。それは経済政策的に規制された市場を問題にしている。」(Predöhl 1971, p. 227)

すなわち，欧州の市場はカルテルによる協調的なものであることを指摘す

る[139]。それはあたかも国家の保護政策のように，統合された空間の外に対して障壁として存在する。そして，

> 「自由貿易は，19世紀のスローガンであったが，再び現代のスローガンになった。その間に自由貿易の世界経済の完全な崩壊を伴う世界経済恐慌があった。自由貿易は，1860年代における最盛期以降，自由主義の掛け声に対して，後ろ向きであった。第2次世界大戦が終わってから，自由貿易はそのスローガンと一致して再び登場した。……新しい自由貿易はかつてのものとは異なるものであった。自由貿易が完全雇用に最早役に立たなくなってから，完全雇用なしに自由貿易は不可能であった。したがって景気政策が完全雇用を上手く保証すればするほど，自由貿易の可能性はそれだけ多くなった。」(Predöhl 1971, p. 239)

このようにプレデールは，自由貿易を理想としながら，完全雇用が前提とされており，完全雇用が達成されない場合，国家の自立の観点からこれを補うために保護貿易が存在することを指摘した。プレデールは，そもそも「保護関税は，世界を動かす力ではなく，むしろ市場メカニズムの運転機構としての目立たないレバーであった」(Predöhl 1949, p. 195) とみていた。保護貿易は，目立つ・目立たないは別にして，国家の基本的な性格の一部を構成しており，常に存在していたと捉えていた。これは自由貿易主義に対する現実的な見方であり，重要な指摘である。

そしてプレデールの見方は，世界経済の根底に保護主義が存在するという前提に立って，欧州の地域的な統合により域内関税を解消していく途を勧めるものであった。アメリカのユニバーサルな資本主義に対するある種の欧州の地域主義といえよう。プレデールの主張は，国民経済の自立を考える際に，自由貿易論の裏側にある保護関税を必要悪として認めるものであった。プレデールは，この傾向が欧州統合においても本質的な要素として維持される点に注意を喚起している。これは次に述べる通貨のあり方にしても同様であった。

---

139) この見方は，Michel Albert, *Capitalisme Contre Capitalisme*, 1991（小池はるひ訳『資本主義対資本主義』竹内書店，1992）のなかで，欧州の資本主義は英米のそれとは異なり，協調主義的であるという見方に通じるものがある。

3 通貨政策と欧州統合

プレデールは，通貨政策についても以下のように主張する。

アメリカの政策は，1962年のケネディの「通商拡大法」によって大きく転換したが，保護主義的な傾向は，これ以降もアメリカにおいて強くみられた。しかし貿易政策の問題の背後には通貨問題が存在しており，貿易政策の秩序は，通貨政策の秩序がなければ不可能であった。

購買力平価で考えるなら，海外の物価水準が動くと国内の物価水準か為替レートが変化しなくてはならない。この原則は，金本位制にも変動相場制にも該当する。しかし労働創出的な政策，恒常的な完全雇用は金本位制と一致しないし，その際の拡張的な信用政策は物価を変化させ，必然的に為替相場を変動させる。金本位制の持つ均衡回復機能を人為的にゆがめてしまう。国際性は金本位制において本来的に本質的なものであるが，失業対策の重要性などから限界のある以前の金本位制のルールに戻ることができるという考えは不合理であると考えた (Predöhl 1971, pp. 255-261)。

プレデールは，すでに1940年の論文のなかで，為替規制をやめ，為替の不必要な変動を取り除き，自由な国際貿易の決済手段をかつての理想的な金本位制が有していたような安定した通貨のうえに再生する必要があることを主張していた。その際には，国内物価水準，海外物価水準，為替レートの3点を安定させる必要があり，なかでも為替レートが最も重要で，他の2つはこれに従属すると考えた。このために金本位制に依存しない物価水準，そして信用拡張政策を放棄することの重要性を強調した (Predöhl 1940, pp. 205-206)。この意味でプレデールは，ケインズの有効需要政策には反対であった。しかしまた失業対策が国家空間において大きな問題であることも事実なので止むを得ないものとして受け入れている。これは取りも直さず，現実においてかつての金本位制システムへの回帰が不可能であり，新しい世界経済の新秩序に結びつくことのできる出発点を形成する必要があると認識していたことによるものである。

この見方は1949年の *Außenwirtschaft* にも引き継がれ，通貨面においても米ドルを中心とするアメリカの大経済空間（第2の「集中の極」），ルーブル

に基づく東側計画経済のソビエト連邦を中心とする大経済空間（第3の「集中の極」）に対して，第1の「集中の極」である欧州の経済空間における通貨問題を取り上げて次のように論じている。

「アメリカ・ソビエト連邦の実例は，欧州空間を統一的な通貨によって結び付けることに近いようにみえる。確かに純粋に経済的にみるこの解決策は，非常に大きな利点を約束する。しかし我々は，通貨同盟は，経済の完全な統一を前提とすることを見落としてはならない。少なくとも財政・経済政策は，統一的な通貨に対応する。この計画は，扱いの難しい関税同盟を一層進めたもので，少なくとも今のところ幻想である。それは欧州において歴史的理由から自明である政治的連邦主義に反対するものである。より現実的には，欧州の地域は，ケインズのクリアリング構想に引き付けられるし，このクリアリング同盟がさらに一層進んで欧州国家に受け入れ可能になればなるほど，優越する経済的管理機能を担うことは一段と実りのあるものになるはずであり，こうした弾力性のある解決において，国家の主権の自立性は殆ど失われないことを意味している。」(Predöhl 1949, p. 318)

第7章で述べたように，戦時中からプレデールは，ケインズ（John Maynard Keynes）のクリアリング・システムの考えを支持し，金との繋がりを持たない各国通貨の一定比率による合成通貨を使うことをよしとしていた。ただしこの考えは，地域的な参加国の理解と相互信頼のもとにおいてのみ成立するものであり，お互いの理解が十分には行えない全世界に対して一律に拡大して展開するには難しいとしている。

また同様に，相互理解という意味で，欧州に一挙に統一通貨を導入するには無理があり，まずワイダー・バンドによる為替管理制度の統合をはかることを考えていた。この考えは彼の死後ほどなく EMS（欧州通貨制度）として実現された。統一通貨に対しては，国家の自立の問題と直結する政治空間の問題とみていたからである。

しかしプレデールの死後の現実は，ワイダー・バンドによる EMS から一挙にユーロの成立まで進んでしまった。ユーロの成立は，財政比率規制を基礎とするある種の域内固定相場を形成するものであった。実際には，すでに 1970

年代から欧州の中小各国が自国の通貨を持って国際的な通貨投機に個別的に立ち向かうことは難しくなっていた。かつてナチスのフンク構想にあった固定相場，さらにケインズが提言していた合成通貨の考えでさえ，各国の通貨制度のうえに成立するものであり，戦後の通貨投機圧力に対して無力であった。そして最終的に欧州各国の通貨は統一通貨にならざるを得なかった。

　米ドルを主体とする投機通貨は大量であり，実際に仏フラン，ベルギー・フラン，イタリア・リラなどはワイダー・バンドの水準を何度切り替えても維持不可能であった。かつてのような金本位制のもとで生産活動と結び付いた通貨制度は存在せず，管理通貨制度の時代には，米ドル通貨は生産活動を超えて増加していた[140]。欧州各国は，域内一丸となって通貨防衛にあたることを強いられた。しかし通貨の発行権は，本来的に国家の自立基盤の要であり，通貨統合は，政治統合に踏み込むものであったということを忘れてはならない。

　一方，変動相場についてプレデールは，金本位制において物価水準が自動的に為替レートに適合するのと同じように，変動相場制は為替レートが自動的に物価水準に適応することが理論上考えられるが，「景気政策の広範囲な同時的な切り換え，そして変動相場による自動的な調整はユートピアである」（Predöhl 1971, p. 307）として，理論的・技術的観点から現実的に導入には悲観的であった。しかし変動相場のもとで，欧州は多くの国でユーロの導入により相当程度通貨投機の圧力をかわすことができたのも事実である。強い通貨と弱い通貨は域内で相補って働いていくことができたためである。

　プレデールの死後，こうした欧州の通貨情勢には大きな変化が生まれていたが，いずれにせよ，これらの問題の背後には常に国家の自立と主権の問題が存在し，このバランスのなかにしか解決はあり得ないと指摘するものであった。

---

140)　通貨面からみれば，スーザン・ストレンジ（Susan Strange）が「カジノ資本主義」の時代としていみじくも表現したように，投機の力は強く，それまでの欧州通貨制度（EMS）自体すでに機能的な限界が明らかになった状況下では，出口として何らかの通貨統合が不可避であった（Strange, *Casino Capitalism*, Oxford: Blackwell, 1986, 小林襄治訳『カジノ資本主義』岩波書店，2007）。
　　通貨管理当局がグローバリズムの進展するなかで，次第に当事者能力を失っていく混乱した歴史的な状況を，ロドリック（Dani Rodrik）は『グローバリゼーション・パラドクス』のなかで書いている。理論的ではないが，貿易・通貨政策の見方には，プレデールの捉え方に近いものがある（Rodrik 2011, 芝山桂太・大川良文訳『グローバリゼーション・パラドクス』白水社，2014）。

したがってプレデールは，経済学の立場からは経済統合に辿り着く可能性を論じられるとしても，統一通貨の問題は，経済統合の範囲を越え政治統合にまで立ち入るものであり，政治統合についてまでは，何も発言できないと主張した（Predöhl 1971, pp. 311-312）。実際に EU には加盟しても，ユーロへの参加を見送る国々が存在しているのも事実である。

　プレデールは，戦前の金本位制の安定調整機能を高く評価して，これに支えられた自由貿易による世界経済を 1 つの理想としてみていた。しかし維持することが不可能になった金本位制に代わって管理通貨制度のもとで，しかもドルを中心的な基軸通貨とする戦後の世界経済の体制は，根底において自動調節機能を持っていないことから，プレデールは戦前の自由貿易体制の時代と本質的に異なっているので混同しないようにと度々注意を促している。通貨問題もまた経済と政治の接する空間に存在するからである。

4　欧州経済統合への出発

　こうした認識を持ってプレデールは，第 2 次世界大戦後の欧州の現状に対して積極的に発言していった。その多くは戦前のナチスの広域経済圏の構想において経済空間を強制力により一方的に決めつけ，再構築しようとした問題，人種的偏見に基づいた経済の合理性を無視した計画経済・国防経済への批判・反省をふまえるものであり，そこから新しい欧州統合を訴えるものであった。新しい世界経済の発展は，

　　　「平和の保障が将来の世界経済のなかに定着するとき，緊密な国際経済との絡み合いは，アウタルキーの増加と戦争による混乱を取り除き，役立つことに一段と値する」（Predöhl 1948, p. 35）

ものであるとした。翻っていえば，経済空間と政治空間の統合を進める際には，貿易政策，関税政策，通貨政策に象徴されるように，その背後に常に国家の自立を維持しようとする国家の主権に直接繋がる大きな問題が存在することを意味していた。ここにどのような妥協点，着地点を見出せるかが鍵となってくる。そしてその際に平和の保障が維持されることが，大前提であった。

　新しい欧州統合の動きは，1951 年のパリ条約に基づき 1952 年に成立した

ECSCから具体化していった。

　1951年にキール世界経済研究所において後に初代のEEC委員長になるヴァルター・ハルシュタインとキール大学教授プレデール，そして当時のキール世界経済研究所長フリッツ・バーデ（Fritz Baade, 1893-1974）の3者による討論会が行われた（Predöhl 1951b）。

　ハルシュタインは，西ドイツ政府の全権として参加したECSCの具体的な制度設計等を説明した。プレデールはECSCの必要性と効率性の向上を論じ，一方バーデは競争の制限に繋がるという視点から慎重な態度をとった。ハルシュタインは，欧州の積極的な統合推進論者といわれ，この討論のなかで，シューマン・プランの立役者といわれるジャン・モネと十分に協議を重ね，独仏をはじめ欧州にお互いの信頼と新しい創造的な関係をECSCに創出する必要性があるとの一致した意見に達したと繰り返し発言している。プレデールにとっても欧州の統合は彼の持論であり，日ごろの主張である石炭・鉄鋼の生産を中心とする重工業による発展，そして陸運をはじめとする欧州の交通手段の統合化への発展の可能性などについても，むしろハルシュタインの口から出ていることから分かるように，2人もまた近い立場にあったと考えられる。

　プレデールには戦前にアメリカ鉄鋼業の集積の牽引力についての論文があるが，彼の考えはアメリカの国内市場に近いものを欧州に創出することによりアメリカと経済的に対抗しようとするものであった（Predöhl 1928b）。この観点から国境により分断されている欧州の工業地帯の一体的運用は，プレデールにとって極めて望ましい展開であった。

　しかし自立を基本とする国家の政策は，この流れには馴染まない性格を持っている。それは国民国家の成立に関わる主権の問題であり，世界経済が進展するなかにおいて，プレデールがいうように，統合の議論の背後で一貫して底流として流れるものであった。

第3節　プレデールの空間認識の独自性

　プレデールの経済空間の捉え方，世界経済の捉え方と政治空間との統合の理

論は，ユニークであり彼独自のものである。その特徴は，彼の生きた時代の2
つの思想と比べるとより一層明確になる。特に経済と政治の関係の捉え方にそ
の違いははっきりと現れている。

1　ハルムスの世界経済論

　立地論をベースに展開したプレデールの考え方は，彼の師であるベルンハル
ト・ハルムス（Bernhard Harms, 1876-1939）の世界経済の捉え方，特に政治
空間の捉え方に関して大きな違いを持つものであった。

　ハルムスは，第1次世界大戦直前に展開したつかの間の平和な世界経済を
背景に，世界経済論を提唱した（Harms 1912, 1913）。彼は経済を個別経済，
国民経済，世界経済の3つのレベルに分けて論じた。個別経済（企業）が集
まって国民経済を構成する。そして，

　　「国民経済は，交通の自由と技術的な交通関係により可能とされるもので，
　　統一的な法規により，また経済政策的な措置により必要とされる関係であ
　　り，国家的に結び付けられた国民の個別経済の相互作用による全体的な総
　　体である。」(Harms 1912, p. 100)

と定義され，個別経済が自国の国民経済を超え，すなわち国境を越え，他の国
の国民経済と結びつく場所として世界経済を置いた。個別経済が自国内の他の
個別経済と関係する場合は，国民経済として，そして他の国の個別経済と関係
する場合は，世界経済として捉えた。

　　「世界経済は，高度に発達した交通体系により可能とされ，国家による国
　　際的な条約により可能とされるものであり，そしてまた，地球上の個々の
　　個別経済の間を規制し促進する関係とその相互作用の総体である。」(Ibid.
　　p. 106)

　ハルムスにとって企業活動は，取引が国内的か国際的かによって，国民経済
か世界経済に区別された。この国境を越える経済活動に対して扱う部分が，国
民経済との違いとして議論される。そこには，国際化が進展するなかで，国際
条約，国際連盟などにより，共通の利害をかかえる海運，陸運，郵便などの自
由な往来，運送料金の標準化などに対する国際的な取り決めが各国の国民経済

にとって必要になり，これを実現するための機関設置など共通の利害調整機能を備えた国際機関が必要とされた。

この世界経済は，国民経済と並列して置かれるものであったが，しかし基本的には国民経済は，政治的要素を含まないものとされた。当時京都大学助教授の松井清は，ハルムスの世界経済論に対して次のように論じている。

> 「ハルムスは，超歴史的な個別経済の概念から出発し，世界経済を単なる個別経済の関係と見，かかる関係そのものが歴史的な社会関係であることを見落としている。……ハルムスが世界経済の概念規定において，国家を単に非合理的なものとして理論の外に放逐し，個別経済の概念から直接世界経済を規定せんとした意味はかくして理解することが出来る。」（松井 1928, pp. 24–25）

ハルムスの捉え方では，国民経済は経済活動のみから構成されるいわば純粋な経済空間だけのものであった。

> 「ハルムスの主張は，……歴史学派の倫理的・有機的国家観に対し，あくまで合理的国家観をおく点では市場経済理論と同様である。そして国家が合理的・機械論的に把握される限りに於いて，それは経済科学の対象となりうるのである。」（*Ibid.* p. 6）

したがって，そこにおいては，国民経済における政治的要素は存在しなかった。世界が不況に突入すると，現実には世界経済は難しいものになり，世界貿易は急速に細っていった。それはプレデールがいうように，各国の国民経済が不況・失業克服のために自国の経済を優先させ，世界貿易も多国間貿易から2国間貿易にシフトし，各国の経済政策が自国中心主義へ方向転換したことによるものである。こうした解釈はハルムスの経済学から生まれる余地はなかった[141]。

翻っていえば，ハルムスの世界経済学は，普遍的な性格を備え，特定の地域にこだわるものではなく，直接的に全世界を対象とするものであり，そこには

---

[141] ただし，こうした世界貿易の変化は，ハルムスも認識しており，1926年の社会政策学会において世界経済の構造変化について論じたことを柳澤治は指摘している（柳澤 1989, p. 134）。

純粋に理論的な国民経済が想定されていた。別の見方をすれば、世界経済を構成するものとして国民経済をそのまま残し、そのうえで、例えば交通手段を論じた。しかしそこにおいてもテューネンが提起した市場への距離による問題は取り上げられていなかった。

ハルムスは、経済行為を国家の領域内か、それを超えるものかの2分法による区別を行った結果、欧州全体の経済的効率化は自由貿易に任され、集積や「世界経済の集中の極」の存在を問うことはなかった[142]。そしてそこでは、根底において金本位制の持つ自動調整機能が当然ながら前提とされていた。

しかし各国が為替管理を強化させるなどにより、管理・統制が中心となる時代には適用が難しいものであり、金本位制の基盤が崩壊すると彼の世界経済論は、展望を失うものであった。つまりハルムスの世界経済論は、ユニバーサル、グローバルな視点を有しており、昨今の新自由主義の経済観、グローバリズムに通じるものを含んでいるが、世界平和が保たれる限りにおいてという時代的に制約されたものであり、また国民経済が持つ経済政策の背後にある国家の自立意識に根ざす政治的要因は意識されていなかった。そうした問題が目立たない平和な時代においてのみ成立するものであった[143]。

ハルムスは、1927年の論文 'Strukturwandlung der Weltwirtschaft'（世界経済の構造変化）のなかで、1913年と1925年との間で各種資源、技術の変化により世界経済も大きな変化をしたが、「10年前、世界は炎のなかにあった。しかし今日では国際連盟が存在する」と書いている（Harms 1927, p. 57）。ハルムスは、この国際連盟が世界経済会議に繋がる可能性を思い、世界経済の利害関係の調整と連帯に期待を寄せていた（Harms 1927, pp. 57-58）。そして世界経済の構造変化のなかでも、彼の学問体系を変えることはなかった。柳澤治は、ハルムスのこの姿勢に対して、ハルムスは最後まで楽観論者であったと表現している（柳澤 1989, p. 176）。

---

142) しかしハルムスは、立地論や経済地理学に全く関心がなかった訳ではなく、彼の1912年の Probleme der Weltwirtschaft p. 426 において、世界経済論を構成する一部門として経済地理学を挙げている。

143) これは現代においてパックス・アメリカーナを前提に構築されている世界の経済秩序が変化を強いられているという状況にも通じるものを感じさせる。

これに対してプレデールは，純粋な経済的要素のみで構築されたハルムスの経済空間に，立地論の視点と非経済的要因を受け入れる政治空間の存在を取り入れることにより，地域の状況をふまえ，ある種のリージョナリズムのうえに世界経済が構築されるとする見方に立って，より現実的な捉え方をしていた。

2　ペルーの空間概念との違い

プレデールより10年遅れて生まれたフランスの経済社会学者フランソワ・ペルー（François Perroux, 1903-1987）は，プレデールと一部あい通じる同じような空間概念を提示した（Perroux 1950）。ペルーの空間は，支配の力のあり方を論じる場としての空間であり，この支配力の及ぶ範囲を空間と定義するものであった[144]。

ペルーは，経済空間を日常空間（地理的な空間）に対して展開する。まず経済空間を捉えるに際して，数学や物理学を見習って抽象空間の見方を導入する。空間は対象とする視点により，いく通りにも描かれる。それは器と盛られるもの，中味の問題というかたちで論じられていく。器は所与の空間であり地理上の空間といえよう。プレデールと同じように経済空間は，独自の経済の論理が働く空間として認識された。

ペルーは，企業の存在を手掛かりに，経済空間に支配・被支配の関係が成立する3つのタイプが存在するとした[145]。第1の空間は，供給者，生産者，販売者といった経済活動の「計画により形成される空間」である。商品にかかわる生産から販売を秩序付ける力が働く空間である。第2の空間は，人と物に対して影響のある求心力・遠心力が働く（支配力を持つ）「力の場としての空間」であり，1つの方向に生産の流れを規制する力が働く空間である。第3の空間は，競争関係において価格変化などの影響を受ける市場行動に従う「同質的な集団としての空間」であり，同じ市場に属する企業には似たような構造を持つ

---

144)　力としてみる見方は，ウォーラーステイン（Immanuel Wallerstein）にもある。彼もcore-periphery の関係を論じ，Perroux と同様に集中する力を直接権力と結びつけて考えている（Wallerstein 2004, pp. 28-29）。

145)　ペルーの思想については，清水 1991, 1998, 2002, そして西川 1976, 日仏経済学会 1988 が参考になる。

同じ競争のルールに従わせる力が働く空間である。これらが，経済において力が作用する支配力の及ぶ空間であるとした。

この第2点で述べられた求心力・遠心力は，プレデール自身も認めているように，集積に関わる求心力と遠心力である[146]。中心に向かって働く，もしくは反対に遠心的に作用する力の働く空間である。この点では両者の認識は一致していた。

また一方において，空間を描く多様な要素の1つとしての政治空間は，ペルーにおいて欧州統合のように政治の力が働く空間として捉えられている。

> 「もしここで国家群（当然欧州でも）の枠組みに描かれた分析が適用されれば，欧州の経済空間の誘惑，大欧州国家の誘惑，そして‘自由主義ブロック’の誘惑は，根本的に矯正される。はっきりと国境の引き下げをする経済的共同と，そして単に過去への押し戻しを言い張ることとの違いが明らかになる。つまり欧州国家においてそしていたる所で貿易を自由に行う有用な経験論と，障害を単に低くするだけのいわゆる連邦主義の原理との間の違いである。」(Perroux 1950, p. 102)

視点は異なるものの，プレデールと同じように政治優位の考え方に反対するペルーは，EECの創設に際して国境を維持する姿勢，国家の自立へのこだわりを前提とする姿勢に対して批判的であった。このようにプレデールとペルーの捉え方は互いに近いものを有していた。

しかしそこには，両者の根底に異なる認識が潜んでいる。それは‘力’に対する考え方である。プレデールの場合，経済の合理性に従い中核地へ引き付けるのは消費地の需要であり，供給は消費地に向けて展開する。それが極へ向かう生産の流れである。一方ペルーの場合は，支配力という経済学でいう合理性とは異なる社会的な，政治的な支配する力の関係をそこにみるものである。それは，プレデールにとって経済空間ではなく，むしろ政治空間に属するものであった。プレデールの経済空間は，距離という制約のもとで構築される空間であり，そこには純粋に利潤原理に基づいた経済の合理性に従った長期的な発展

146）　プレデール自身も，ペルーについて近似性を述べている（Predöhl 1951a, pp. 95-97）。

傾向が厳然として存在している。この空間は，ペルーのように力として表現されるものではなく，力は本来政治空間に帰属するものである。したがってペルーの捉える空間は，プレデールにとって異なるものであった。プレデールの純粋な経済空間という認識において，両者の考えは根底において全く視点を異にする各々独自のものであった[147]。

プレデールの統合概念は独特なものであり，経済空間自体は，テューネン同心円に従って自然的に拡大していくので，そこには人為的な統合という問題は存在しない。統合に関していえば，経済統合のみを考えるのであれば，経済政策を統一化することができれば完成する。経済学からも発言可能である。

しかし政治空間の統合は，国民国家それぞれが有する価値の体系を多くの点で共通化することが求められる。政治のみならず歴史，社会，文化の視点からの議論が必要であり，経済政策のみならずすべての政策が対象となる。プレデールは，経済的発展と政治的発展とが政治に与える影響について経済学からは何もいうことはできず，政治統合については歴史家と政治学者に任せるほかはないとして，経済学から発言できる経済統合に焦点を合わせた。しかしそれさえ関税同盟を超える大きな努力と相互信頼が必要であり，前提とされるべきであるとした（Predöhl 1949, p. 321）。

第4節　現実の欧州統合

第6章で論じたように，プレデールの見方に従えば，イギリスは欧州における「世界経済の集中の極」における中核地の一角を占めている。すなわちテューネン同心円の中心部にあるイギリス経済にとって，これに続く周辺の環がなければ，イギリス経済の自立は完結しない。オランダ，デンマークも同様である。

一方，イギリスと同様に中核地を構成するフランスとドイツは，他国よりも

147）　ペルーは，経済活動について彼の定義による経済的合理性に従い，商品社会を束縛，交換，贈与という3つの基本パターンに分類する（Perroux 1960）。この社会学的な分類においてすでにプレデールのいう経済空間とは異なっている。プレデールにとって束縛と贈与は，社会制度的なものであり，むしろ政治空間に属するものであるからである。

相対的に大きな国土を持ち，後背地を持っている。つまり，中核地のみならず幾つかの層の環のなかにあり，周辺地を備えている。しかし，経済発展を考えるならそれとても全く不十分で，国境の内側に留まるには非効率性が目立つようになる。アメリカほどの広がりと資源があれば，経済空間は国家空間の内側でかなりの自給率の達成度を持つことができるが，欧州の国家にはできない。最終的には欧州各国の経済は，経済空間の統合のなかに最適化を図らざるを得ない。これは戦前から続くプレデールの一貫した見方である。

　戦前のように国内の経済・失業対策からの必要から各国がばらばらに自立化（アウタルキー化）を図ってみても，完全なアウタルキー化には資源，食糧等の制約から至らず，国際貿易に頼らざるを得ない状況になる。国家レベルでは，前述の貿易政策と通貨政策に現実的な答えが求められた。

　Außenwirtschaft のなかでプレデールは，先に述べたキールにおける討論会の翌年 1952 年に生まれた ECSC，そして 5 年後に成立した EEC は，適用される地理的な範囲の狭さからそれに留まることができずに，市場の最適化を求めてさらに拡大せざるを得ないと指摘していた（Predöhl 1971, pp. 226–242）。実際プレデールがいうように，EC の成立（1967）に続き 1973 年には EC は拡大され，そして彼の死後 EU への統合となって進んでいった。そして通貨においても，彼の死後 5 年ののちに EMS が導入され，さらに欧州域内で参加・不参加の立場は分かれたが，共通通貨ユーロの成立へと繋がった[148]。

　プレデールは，欧州統合についてかつてリストが提唱した 1834 年の関税同盟を理想としてみてはならず，国家の権限を合意できる範囲で上位機関に移譲することによってのみ，戦後の欧州統合は可能になると主張した。そしてそれは，かつてのナチスの政策が，政治優位であり，経済を政治の道具として政治に従属させ，欧州の生産の再配置の問題に人種的序列を持ち込んだことの否定のうえに成り立つものであると考えられる。経済発展のみを指向すれば国家の自立を危うくすることに繋がり，また国家空間のみを優先させても経済の範囲は限定され経済の効率は低下する。2 つの空間の間に折り合える均衡点を求め

---

148)　権上康男は『通貨統合の歴史的起源——資本主義世界の大転換とヨーロッパの選択』（2013）において，戦後の欧州通貨統合の始めから EMS に至る過程を詳細に論じている。

ることがプレデールの提言であった。

　欧州統合のありようは，最終的にリストやハルムスそしてやや変則的ではあるがプレデールのような連邦体か，ペルーのいう統合体かという体制に従って規定され，存在の仕方も異なってくる。統合の前提として国家の自立的な要素，部分をどこまで残すのかという点が問題となる。プレデールは，集約化期にある世界経済の時代には連邦体には限界はあるものの，しかし経済統合の途を進む以外に途はなく，そのために各国の相互信頼が不可欠であり，これを無視することはできないと主張した（Predöhl 1971, pp. 307-312）。したがって，世界経済を単一のグローバルな統合で考えることは，地域差，文化的違いなどから相互信頼の基盤を構築するのが難しく，無理があると考えた。

　プレデール立地論に基づいた統合論は，世界の国々が1つの上位の団体に直接的に統合されるのではなく，地域的なテューネンの大きな同心円のうえに相互に信頼できる範囲で地道な積み重ねによってのみ可能になるとされた。プレデール理論は，国家のあり方と経済発展の関係を問うものであり，中小国家の経済発展の進む途に1つの示唆を与えるものであった。

　欧州の経済統合は，ECSC を出発点として大きく進展した。域内の取引は活発化し，統一会計制度など各国の許す範囲で域内統一化，規格化が図られてきた。また，シェンゲン協定（1990）の成立により域内の労働移動は一段と円滑に行われるようになったし，欧州中央銀行（1998）も設立された。この面で残された課題は，各国の政治制度に大きく利害の絡むものであり，相互に歩み寄ることのできる範囲は，すでに多くが実行に移されていると考えられる。

　残されたものの多くは，各国の自立に直接関わる部分が多いとみられる。その結果，現実の経済統合については，すでに相当程度達成されているものと理解され，むしろ一段と政治空間との関わりの度合いが強くなって，政治空間の統合へ進みつつあるとみられる。

　欧州の自立は，とりわけアメリカの経済空間に対してかなりの程度達成されている。欧州域内においてユーロ導入の効果もあり固有の欧州経済空間は保たれ，アメリカからの圧力は，大きく緩和されている。

　しかし欧州の経済空間は，統合されたものの，一方において現実に成立した

EUは，歴史的に東西冷戦を背景とし，安全保障を重視する国家の期待と重なるものであった。既に述べたが，プレデールは，経済統合と政治統合を混同しないようにと注意を喚起していた（Predöhl 1971, pp. 311-312）が，EUは，現実において経済統合とともに政治統合としての欧州統合に歩みを進めている。それは一段と国家の自立を制約するものとなって進んだ。この政治統合の進展は，これまであった国民国家の概念を揺るがす大きな問題であり，EUの拘束に耐えられなくなり，離脱する国家の出現となって顕在化し，また地方自治体の直接参加を求める行動となっている。

　戦後の欧州経済統合が始まるのとほぼ時を同じくして，冷戦下の1949年に発足した北大西洋条約機構（NATO）は，東西冷戦下の1952年のギリシャの参加や冷戦解消後の1999年のハンガリー，チェコ，ポーランドに始まる東欧諸国などに加盟国の範囲を拡大し，経済合理性に加えて安全保障上の配慮が働いたことは明らかである。これは経済空間だけの問題ではなく政治空間自体の問題でもある。つまりそこには地政学的色彩を持って政治空間の統合も進んでいることも重要な点である。EU自体にも経済統合のみならず，政治統合が進んでいるという面も当然として存在している。例えば，近年問題になったギリシャ問題でも，参加の経緯から経済空間よりも東西冷戦下の政治状況を反映したものであり，統合は政治的色彩の強いものであったとみられる。また東欧諸国や2004年のバルト3国のEU加盟は，明らかに安全保障を期待したものであり，経済空間を飛び越えた政治空間の拡大といえよう。

　欧州統合の現実は，経済統合の進展とともに，安全保障を求める政治統合の色あいを多く含んでいた。そしてまたプレデールが指摘しているように，通貨統合においても国家の主権を放棄する超国家的な指導が前提とされており（Predöhl 1971, pp. 310-311），すでにこの点でも政治統合に立ち入っていると認識する必要がある。

　一挙に進んでしまったユーロの成立は，最終的に統一通貨にならざるを得なかったものであり，管理通貨制度の時代の中心となる米ドル通貨は，実物の生産活動を超えて増加した。しかし通貨の発行権は，本来的に国家の自立基盤の要であり，通貨統合もまた，政治統合に踏み込むものであった点は見落とされ

てはならないものである。

　経済統合において，経済の自然的発展が根底に存在するものの，紛らわしいのは，統合政策として国家の関与が存在し，政治が不可避的に関わってくることである。経済統合であれ政治統合であれ，統合行動には人為的に政治的・政策的側面が常に存在しているからである。

　経済統合は，経済空間と政治空間との接点に生じるのに対して，政治統合は，経済空間以外の空間に，すなわち直接各国の政治空間を超越するものとして形成されることになる。政治統合，経済統合のいずれの場合にも政治空間が関わるということは混同を招きやすく，プレデールがいうように注意を要する点である。

　現実の欧州統合は，経済統合のみならず，すでに政治統合に大きく踏み込んでいた。プレデールが難しいと表現したにもかかわらず，実際の欧州の統合行動は，政治空間と経済空間との接点のみならず，政治空間自体の統合にも大きく踏み込む過程のなかに入ってきている。欧州統合の現状は，直接的な軍事力を伴わない大空間の経済と政治の2つの空間に対する統合行動の実践であるということができるとともに，あまりに早い政治空間の展開にその見直しと再確認の時期を迎えているとみられる。

第10章
プレデール理論の残された課題

第 *1* 節　世界経済の環境変化

　プレデール（Andreas Predöhl）が，主著 *Außenwirtschaft*（世界経済論）を
1949 年に発表して以降，ソビエト連邦の崩壊に伴う東西冷戦の終息，EU（欧
州連合）の成立，さらにはイギリスの EU 離脱，中国の台頭，そしてアメリカ
のトランプ政権の成立など，その後の世界経済の環境は大きく変わっている。
本章では，こうした状況の変化にプレデールの見方は何処まで通用するのかを
示すことにより，プレデール理論の有している可能性と限界を明らかにしたい
と考える。

　プレデールは，世界経済の発展に伴い，長期的に「世界経済の集中する極」
が増えていき，極を備えた経済空間の数は次第に増加していくという理論を展
開した（Predöhl 1971, p. 134）。しかしプレデールの死（1974 年）後，世界は
大きく変わった。とりわけ欧州統合に大きなインパクトを与えたのは，東西冷
戦の終結であり，EU の成立と統一通貨ユーロの誕生である。さらにはアジア
の発展や BRICS といわれる発展途上国の変化もあった。これらの幾つかはプ
レデールが生前予想もし，期待もしていたものである。そこでプレデールの提
起した世界経済の集中の第 1，第 2 の極に続いて第 3 の集中の極が成立して以
降，こうした大きな状況の変化をふまえ，その後の議論の変化をたどり，プレ
デール理論が現代においても有用であるのかどうかを考えてみたい。

第2節　プレデール後継者たちの理論展開

　プレデールの直弟子であるレンパー（Alfons Lemper, 1934-2013）は，1991年のソビエト連邦崩壊にともない，日本を第3の「世界経済の集中の極」として位置づけた。新たに欧州，アメリカ，日本を中心とする3極集中の世界経済が形成し直されるなかでレンパーは，プレデール理論の特殊型としてアジアを論じた[149]。そのうえで彼は，行動主体としての国際的企業に注目した。またレンパーに続く世代として，カッペル（Robert Kappel），ショイプライン（Christoph Scheuplein）たちは，新しい世界経済の経済秩序の議論に対する出発点の概念として，プレデールを起点として垂直的統合を論じた。

　これらの新しい捉え方とプレデールの認識，つまり経済発展における時間の捉え方，さらには地域的な相互信頼意識の醸成，経済と国家の関係について，レンパーやカッペルなどにより新しい視点が提示された。しかし，環境が変わり形を変えても問われるべき課題として，プレデールのいう立地論そして世界経済論は本質を捉えており，依然としてその価値を有しているものとみられる。以下，これらの点をめぐって論じる。

1　レンパーの国際企業論

　レンパーは，経済発展に関して 'Predöhl und Schumpeter: Ihre Bedeutung für die Erklärung der Entwicklung und der Handelsstruktur Asiens'（「プレデールとシュンペーター――アジアの発展と貿易構造を解明する彼らの重要性」）という論文を1998年に発表している。今から20年も前のものであり，幾つかの点で現実はこの論文をすでに追い抜いている。しかしプレデールの理論を冷戦解消後の状況に当てはめ，理解を進めるための手掛かりを与えるものである。

149）　レンパーは，すでに1974年に世界経済の発展の法則性についての著書を著し，また同じ時期にドイツ海外研究所において日本経済の分析プロジェクトを主導し取りまとめを行っている（Lemper 1974a, 1974b）。

レンパーは，当該論文のなかで，シュンペーターは，『経済発展の理論』のなかでダイナミックな企業家という像を描き出し，経済発展のダイナミズムの原理を扱ったが，シュンペーターには空間の認識がなかったと批判した。そして議論の出発点として空間概念を補完する必要があり，プレデールがそれを行ったのであり，シュンペーターの理論とプレデールの理論は補い合っていると評した（Lemper 1998, pp. 3-5）。これに続けて次のように論じている。

プレデールもシュンペーターもともに小さな地理上の立地が世界経済全体に拡張したと捉え，歴史的発展の視点から世界経済システムを眺めた。プレデールは，理論を構築するうえで，第6章でふれたようにシュンペーターの創造的破壊の原理に助けを求めた。そして18世紀の産業革命の始めから，歴史の過程のなかで世界経済のシステムは，資本主義的な空間のダイナミズムの影響下でどのように浸透していったかを問題とした。

レンパーは，1974年の彼の著書 *Handel in einer dynamischen Weltwirtschaft*（『世界経済とダイナミズム』）のなかで，基本的にプレデールの見方を継承しつつ，一方において当時盛んに議論されていたアメリカを中心とする多国籍企業，巨大複合企業（コングロマリット）などを世界貿易の行動主体である国際企業として取り上げた。今日グローバル企業と呼ばれるものである。そして国際的に展開するグローバル企業が，世界経済に対するダイナミズムを創り出すという見方を示した。多岐にわたり国際化する産業分野も，これまでの製鉄・鉄鋼業を中心とするものと捉える一方で，新たな集中の形成力として自動車産業の集積力にも注目した。

これはプレデールの捉え方に対して第1の相違点になる。レンパーが指摘しているように，プレデールの時代の集積の中心となるものは，石炭・製鉄・鉄鋼業であった。しかし日本にみられるように，石油をはじめとするその他の新しいエネルギー資源や自動車等の新興する産業によるものへと変化している現実の指摘がある。石炭・鉄鋼による集積力はかつて程にはすでにないとみるのは一般的にも受容されるところである。すなわち，集積力は減少している。

そして第2の相違点として，こうした行動の中心になる主体は，大企業の国際的な展開であり，これらの企業をベースに考える視点が以後の議論の中心

になっていった。行動主体として国際企業を中心に世界経済を捉えるということは，プレデールにはない視点であり，レンパーが指摘したものである(Lemper 1974b)。

2 新しい潮流——周辺地におけるバリュー・チェーンと非対称性

レンパーのこうした見方をふまえて，彼に続く人たちからは，立地論としての捉え方を見直す見方，そして政治空間の影響を排除した経済空間の運動に焦点をあて地域統合の可能性を論じる見方が提示された。レンパーの新しい世界経済の解釈は，基本的にはプレデールの認識を引き継ぎ，限界核からの発展を考える一方で，極の概念を具体的に捉え直し，新たな要因として国際化する企業行動を重視するものであった。しかし世界経済のグローバル化が進展するなかで，その後の議論は，プレデールが主張していた限界核からの新たな極への発展ではなく，中核地と周辺地の関係に焦点があてられた。

中核地と周辺地の関係は，プレデールに限らずレッシュ（August Lösch）やクリスタラー（Walter Christaller）をはじめ第2次世界大戦前から色々な人びとによって度々論じられていたテーマである。中核地と周辺地との関係に議論が集まるなかで，議論の出発点である基本概念としてプレデールの立地論は再び取り上げられた。

(1) グローバル化のなかの貿易，ヒエラルキー，協働

カッペルとブラッハは2009年の論文において，企業行動をベースに次のように述べている。国際的な生産活動をめぐる議論は新しいものではないが，国家を超えた結びつきと国家の外側にある規範との結びつきについては，今まで余り研究されていなかった。一般的に企業のクラスターから構成される国際的な生産過程におけるネットワーク化は，市場間の結びつきを増加させ，国家間の技術的な標準と環境・消費・労働の法的な標準等々の規範に影響を与える。またその一方で国際的な関連企業間のネットワークを通じた結びつきは，国家に対して自立を獲得していく。国境を越えた企業活動のネットワーク化が存在すると主張された（Kappel and Brach 2009, p. 6）[150]。

ハンブルク大学教授カッペルは，ペルー（François Perroux）の取り上げた

「経済領域」の概念，そしてミュルダール（Karl Gunnar Myrdal, 1898-1987）の主張した「極の集中効果と浸透効果」（Polarization und Sickereffekte）を取り上げ（Perroux 1950, Myrdal 1955），発展は先進国にプラスだが，発展途上国にはマイナスの効果しかないと主張した。言い換えれば先進国による途上国の搾取に過ぎず，世界全体からみると発展には余り寄与しないと主張した。

それと同時に，立地論の視点からテューネン空間の重要性を強調し，プレデール，レンパーなどの貢献を評価した。特にプレデールの理論は，周辺地，限界地を決定する点で，ペルーの理念的な捉え方とは決定的に異なっており，むしろ経験的であり現実的であると評した[151]。

プレデール理論に従えば，工業の中核地は高度な経済の質を備えた世界経済の重力の中心である。中核地は，重要な資源である原材料と人口に関して有利な条件を備えている。一方限界地と周辺地は，ともに中核地の影響のもとに存在している。

1945年以降，欧州，アメリカ，そして一時的にソビエト連邦の3つの集中の極が世界経済に浮かび上がったが，その際，中心構造にとって重要なのは，古い中核地における集約の特別な影響力である。つまり中核地における内部取引の重みである。レンパーが指摘するように，中核地は高い人口密度と工業密度，そして工業間での絡み合いと1人当たり高い所得で示される。

レンパーとは反対にカッペルは，引き続き製鉄・鉄鋼生産の中核工業から空間形成力が生まれることを取り上げた。各々の中核地が持つ強い吸引力に伴う高い運送費のせいで中核地は，明確に他の中核地とはお互いに区別される。その一方で技術の発展と石油・電力の新たな重要性により，中核地の内部から外

---

150) ハーバード大学教授マイケル・ポーター（Michael Eugene Porter）は，クラスター，ネットワーク，バリュー・チェーンなどの概念を呈示した（Porter 1985, 1990）。シリコン・バレーの集積を代表とする産業クラスター論は，ヴェーバーの集積に質的な面を付加し，外部経済効果によるより広い範囲を表している。
　これに対してプレデールの集中の極は，欧州でいえばロンドン，パリ，ベルリンを包括する中核地にあり，この範囲に産業のクラスターを数多く取り込む一段とマクロ的な概念ということができる。ただし，製品物流の距離的な制約は依然として存在するものの，一方でIT技術の進歩等により遠隔地のクラスターとの結びつきを可能とする国際的なネットワーク化は，世界経済を発展させる捉え方として注目に値する。この現象は最終的に立地の合理性に沿うものではあろうが，立地論では正面から論じるのは難しい面を持っている。
151) ペルーの捉え方については，第9章で論じたが，Perroux 1950に端的に示されている。また，ペルーの全体の思想構造については，特に清水2002が参考になる。

に向かう工業の強い分散化が生じることを主張する。

かつてプレデールは，限界核は中核地に発展する可能性を有しているが，集積の強い影響下にある周辺地には工業化の限界が存在すると論じていた（Predöhl 1949, p. 122）。しかしカッペルがいうまでもなく，すでにアメリカミシガン大学教授のグローテウォルト（Andreas Grotewold）が指摘しているように，中核地に向かう求心的な力（集積密度の上昇）よりも地代をはじめとする遠心的な力の方が大きいとする実体的な見方も重要である（Grotewold 1971, 1973）。遠心的な力により中核地から周辺地に向かう拡張が生まれる途も一方に存在していた。だがそこでは外延的に拡張する力の及ぶはずれが限界地であり，隣接する空間からの影響も十分に存在すると考えることができる。

カッペルは，さらに続けて次のように論じる。プレデールとペルーは，経済には均衡を求めるメカニズムが存在すると捉えたが，これに対してレンパーは，まず重力の中核地，周辺地，限界地の間に密接に絡みあう関係が存在し，協働に際しても不平等者間の協働が問題となると主張した。不平等者の間には実体的に新しい協働（Kooperation）のモデルが展開し，中核地の国々の間での輸出指向と拡張競争がこの協力関係を決定的にするとした。

カッペルは，レンパーの不平等者間の協働の概念をさらに進める。中核地のなかにある協働は競争機会の非対称性から出発するとして，これを垂直的競争と表現した。垂直的競争についてカッペルは，3つの本質的な特徴を示した（Kappel and Brach 2009, p. 26）。

1) 垂直的競争は，世界経済的なこれまであった協働の前提条件を破壊する。何故ならそこでは，例えば資金力のある企業が途上国の原材料生産企業を買収するといった，出発点が不平等なことから生まれる拡張圧力が支配的であるからである。

2) 地域的なブロック化・中核地化は，より大きな発展可能性を持っている。何故ならそこでは1国では得られないダイナミックな競争が支配するからである。国境とは関わりなく，彼らが属するブロック全体からみれば，輸入依存の程度は僅かである。状況により資源についてもそうした関係

が存在する。

3) 垂直的競争は，経済的な格差によって立つので，これまでの協働原理
とする自由貿易原理の型どおりの適用を事実上不可能にする。

以上のようにカッペルは，プレデールの見方を基本としながら，むしろペ
ルーの示した支配―被支配という捉え方（Perroux 1950, 清水 1998）に傾斜
している。したがってその関係は，当然に非対称的であり，同時にヒエラル
キー的である。世界経済の働きのなかで中核地を中心とする新たな垂直的統合
が鍵となることを強調する。そしてこの見方は，次に述べるショイプラインに
よって具体的な事例とともに引き継がれた。

(2) ショイプラインの垂直的統合論

ミュンスター大学のショイプラインは，'Vertical Integration and Macroe-
conomic Growth: The Case of the Steel Industry' と題する 2010 年の論文
のなかで，直近の製鉄・鉄鋼業の展開のなかにあるマクロ的経済発展と垂直的
統合との繋がりを論じた（Scheuplein 2010）。彼の議論の出発点もまたプレ
デールとペルーである。すなわち，プレデールの「経済空間における発展の
極」の理論とペルーの「部門別発展による極」の理論である。そしてこの 2
つの理論は，必ずしも国民国家を前提にしておらず，その代わりに，経済空間
の展開に集中する点が重要であると論じる。そのうえでショイプラインの経済
空間の議論は，レンパー，カッペルと同様に，国家の側からではなく，企業の
側からの視点を中心に組み立てられている。

工業の中核地は，経済発展とともに中心地とそれを取り巻く中核地により構
築され，周辺地により囲まれている。この状況が垂直的統合として表現される。
垂直的統合の経営戦略的影響力の強さは，中心の領域から拡張して周辺に向
かって次第に減少していく。そこでは，ペルーとプレデールの極の理論[152]に
より提起された統合論が，引き続き複数の国にまたがる経済統合に適用するこ
とが可能であると捉えられた（*Ibid*. p. 329）。

この基本的な認識に立ち，東アジア―太平洋間の経済地域が取り上げられる。

---

152) 両者の空間概念の違いについては，第 9 章で論じている。

企業の経営戦略的な視点で捉えれば，この地域は，工業の中核地としての中国と，インドをはじめとする周辺核，そしてオーストラリアなどを周辺地とする経済空間と捉えることができるというレンパーの見方が引き継がれる。

しかしショイプラインの捉える経済空間には，その後の世界経済の発展がこれまでのような大きな３つの「集中の極」を中心とするものではなく，新しい秩序が形成されつつあると主張する。それがショイプラインのいう垂直的統合論であり，カッペルの見方を一段と進めるものであった。この垂直的統合論は，特定の工業を中心としたコストの効率化による生産ラインの垂直的な統合という，個別的な集積を中心とするものである。高度な経済成長の原因であり，また同時に結果であるという捉え方を示す。ショイプラインは，垂直的統合が世界経済の新しい個別的な「集中の極」の現象を現すと主張する（*Ibid.* p.330）。

ショイプラインは，垂直的統合の要因を分析するなかで，カッペルと同じように伝統的な製鉄・鉄鋼業に注目する。ショイプラインの議論は，世界経済のなかで，欧州においてもアジアにおいても，依然として製鉄・鉄鋼業が基盤となっていると認識する。中国の経済成長は，多くの輸出指向の消費財産業とともに，製鉄・鉄鋼業も素材供給者であることから，輸出業者として寄与している点を強調する。

そもそも製鉄・鉄鋼業は，鉱石の採掘に大きく影響される。中国の製鉄・鉄鋼業は，国境を問わず鉱山の場所を周辺核として統合していく。そしてオーストラリアからも安い運送費で東アジアに鉱石を供給することが可能であり，現実にオーストラリアは，政治空間は異なるものの，経済空間における周辺地として中国に吸収されていると論じる（*Ibid.* p.339）。

このように新しい企業の世界経済的行動と垂直的統合は，戦前のものとは異なった新しいブロック経済体制の現れに繋がるものであると主張された。こうしてショイプラインのいう垂直的統合という経済統合論は，プレデールの理論を離れて，歴史的に新しい局面の出現と捉えられた。

ショイプラインの論をまとめれば，新しい秩序が再び製鉄・鉄鋼業において出現したことを軸とする。これらの経営戦略は，効率，コスト面から新興市場に限られ，すでにエスタブリッシュされた先進国の製鉄業，鉄鋼業には殆ど認め

られない。取引コストアプローチは，安全，頻度，取引の特定化により垂直的統合の機能的な優位性を説明する。限られた資源の確保のために安定的な鉄鉱石の供給は，費用の面から経営戦略にかなうものである。垂直的統合は，例えば，世界第 1 位の中国の製鉄所 Boasteel と第 2 位のインドの Tata 製鉄の事例をみると，まず原材料部門を追求し，鉱山会社を買収し，鉄鉱石の開拓投資，運送インフラへの投資を実行した。世界経済において自由貿易をブロック化する行動は，空間経済的な理由に基づくものであり，より大きな経済的な関係がある。そして，かつて欧州に世界経済の空間が出現したように，東アジア―太平洋の経済空間が新たに成立しつつあることを率直に認める必要があるとショイプラインは結んでいる (*Ibid.* p. 340)。

　しかしショイプラインには，東アジア―太平洋の経済空間の発展を強調する一方で，プレデールにみられた世界経済全体を捉えるという世界経済論的視点は存在しない。また，こうした垂直的統合が国をまたいだ安定的な経済統合にまで発展するのかにまでは言及していない[153]。そして，プレデールの提起する経済空間と政治空間の間の緊張問題は問われないままにあった。それは，最低でも現状の平和が維持される状態が暗黙の裡に前提とされているからである。カッペル，ショイプラインの認識では，企業がグローバルに株式投資，出資という形式をとりながら展開するなかで，反対に国家との関係は希薄になり，国民経済の概念も心もとないものとなる。かつてハルムスが，世界経済論のなかで発展段階として国民経済のうえに構築される世界経済をみていたのとは異なり，国際的企業は，国民経済の範疇に囚われず，直接的にグローバルに展開することになる[154]。しかしプレデールは，特定業種企業の生産論理に基づく個別的な単独な集積ではなく，むしろ複数の集積の絡み合いによる面としての広がりを持つ概念であることを強調していた。カッペル，ショイプラインの議論で

---

153)　現在語られている中国の一帯一路計画は，欧州と中国という大きな経済空間を連携させる交通体系を整備しようとするものと報じられているが，一方において地政学的にみる軍事的・安全保障面，すなわち政治空間を重視するものと一般的にはみえる。距離的な隔たりが大きく，そこでの経済合理性は未知である。

154)　ハルムスは，20 世紀初頭の資本主義の発展に伴い，各国の国民経済を超えるものとして国際連盟や国際司法裁判所などの国際機関のもとで世界経済の時代が展開すると主張した (Harms 1912, 1913)。

は，経済空間の拡張が，グローバル企業という新しい視点から再構築されるもので，グローバル企業が国民経済そして国家の政治空間とどのように関わりを持つのかという問題を生み出すが，議論されないで残されたままになっている。つまり，グローバル企業と国家空間との問題も併せて問う必要がある。しかし国家の下に収まらない，国家の手を離れ国家空間を超えてゆくグローバル企業と国家の関係を分析することは，これまで顕在化していなかった新しい問題であり，プレデール立地論にとっても大きな課題である。

　そしてこれに加えて見落とされてはならないのは，多極化の時代においてすでに論じられている欧州，アメリカに比して議論が望まれているのが，すでにレンパーが指摘しているように，アジアの地理的空間についての捉え方である。世界経済はアジアに軸足を徐々に移しつつある。

第3節　ゆらぐ第3の「集中の極」の捉え方
——アジアの地理的空間

　プレデールは，当初第3の「世界経済の集中の極」が成立するのに際して，この局面を世界経済の集約化期と名付け，欧州に近いソビエト連邦をユーラシアにまで展開する第3の「集中の極」として取り上げた（Predöhl 1949, pp. 109-122）。そしてソビエトの第3の「集中の極」について次のように書いている。

　　「……例外はあるにせよ，今日までいかなる国も古い中心地と同等であるような新しい集中力の中心地を形成するに至らず，反対に古い中心地を一層強化した。その例外は，ソビエト連邦の国家空間である。なるほどそれとならんで日本にも自立した中心地を発展させたが，……まず極東ではなくロシアに取り掛かろう。北米空間の工業化が，世界経済の拡張局面の基本的な発展であったように，ロシア—シベリア空間の工業化は，世界経済の集約化局面の基本的な成果であった。その際ロシアの発展は，かつてみられなかったほど素晴らしいものであった。そして20世紀初頭に世界経済発展の将来性の可能性の兆しがみられるところは，中国の，またせいぜ

いのところインドの空間が関係していた。」(Predöhl 1971, pp. 127-128)。

　しかしプレデールは，世界経済はソビエト連邦を例外として多くの場合需要の集まる古い中核地を中心に発展がなされるため，基本的な構造は変わらず，多極化が進展しても一旦形成された極が消滅するような水平化はないと結論した。中核地に向かってすべての生産活動が行われ，発展途上国は農業を中心に引き続き周辺地として世界経済の循環に巻き込まれてゆくという認識を示した（*Ibid.* pp. 145-159)。プレデールのこうした捉え方は，少なくとも第1，第2の「集中の極」の時代には適用できるものであった。しかしアジアの経済発展に伴い，ユーラシアを中心とする集約化期の世界経済の局面において，ソビエト連邦にせよ日本にせよ，必ずしもすんなりと当てはまるものではなく，議論を残すものであった。

　プレデールのこの見方に対して，レンパーを中心にこれを見直す捉え方，そしてプレデールにあった国家空間からの影響を排除する，若しくは切り離し，経済空間の運動のみによる地域統合の可能性を論じる見方が提示された。

　世界経済は，3極集中から多極集中の経済に向かいつつあったが，当初第3の極の中心とみられていたソビエト連邦は，国内の発展政策に失敗し，計画経済を放棄した結果，経済発展への機会を逃し，政治空間は国家的に分断されただけでなく，個々の部分においても発展途上国のせいぜい水膨れした国家の状態になり下がってしまったと論じた。この時点で第3の集中の極を語るなら欧州，北米，日本であるが，日本は世界経済への影響力において欧州・北米の重要性にまで達していないことに引き続き留意が必要であることを指摘した（Lemper 1998, p. 8)。

　そしてそのうえでレンパーは，プレデールの世界経済に対する全体的な把握力，構想力に対して今日でも通じるものであり，以下のように述べて高く評価した。

　　「当時のプレデールの考え方は，今日でも驚くばかりの構想力を持っており，個々の点で理由付けは多少なりとも変化しているかも知れないが，今でも世界経済の構造的な発展を本質的に的確に現している。」(*Ibid.* p. 8)

　しかしレンパーは，プレデールのいう発展の中心となる集積，すなわち製

鉄・鉄鋼業は，多くの人が指摘するように，すでに支配的な地位を失ってお
り[155]，その代わりに立地上余り目立たない他の産業が発展において主導的役割
を獲得していると主張した。交通制度もそれに応じた空間経済的な成果を伴っ
てすべての分野で革新されており，中核地における集積の牽引力が変化したこ
とを指摘した。そしてまた「世界経済の集中の極」について，過去の歴史にお
いて新しい重力の場が形成され，プレデールのいうかつての限界核から新しい
中心が生まれることを主張した (*Ibid.* p. 8)。

　レンパーは，今でも変わらずに経済発展が「世界経済の集中の極」という構
造のなかで展開するというプレデールの理論が生きており本質的であると解釈
した。プレデールが述べる貿易構造，世界経済における生産の空間的な配分は，
明解な発言であり，世界経済を理解するうえで重要な手掛かりを与えるもので
ある。フロンティアが限られたものになったとしても，相対的に中心核からの
拘束力が少ない限界核からの発展は，集約化・効率化によって多極化の時代に
も進展するものとみていた。

第4節　レンパーによるプレデール理論の解釈

　レンパーは，プレデール発展理論として重要なのは，周辺地の外側にある限
界核であるとみていた。そして，これまでの世界経済の発展は，すべて限界核
から世界経済の「集中の極」として成長してきたとするものであった。確かに
アメリカにおいても，かつてのソビエト連邦においても，そして日本において
も，それまでに成立した「世界経済の集中の極」に対する限界核から成長した
ものであった。

　プレデールの「世界経済の集中の極」は，拡大されたテューネン同心円の経
済空間が想定され，それはまた基本的に大陸を基盤とするものであった。一方，

---

155)　製鉄・鉄鋼業の集積力に関しては，第3章で論じたように，すでに戦前からザリーンなど
　　も実証的な分析から批判していた (Salin 1928)。また戦後でいえばアメリカにおいて，先
　　に述べた Grotewold が1971年，1973年の論文のなかで，プレデールのいう経済発展におけ
　　る中核地内の取引よりも中核地外との取引の方が多く，集中化よりも分散化の傾向の方が強
　　いことを主張している。

レンパーの唱えるアジアの範囲は，アジアと大洋州全体に及ぶ広大なものである。これまでそこでは文化的，社会的，歴史的な要因の違いは検討されないまま，純粋に経済的要因のみに注目し，アジアを一括して扱うものであった。しかもテューネン同心円がアジアにおいてどのように展開するのかは定かではなかった。

レンパーは，アジアでは経済的な意味よりも，より以上に地理的な意味で大きな空間であることが影響していると捉えて，むしろアジアにおける各地域の地理的な独自性を強調した。ここにプレデールとは異なる見方が呈示された。すなわちアジアの地域は，これまで議論した欧米の地域と比べて，地理的にも経済的にも非常に異質で多様である。極東部における日本，大空間の中国，フィリピンと韓国，東南アジア，とりわけインドネシア，そして南アジアにあるインドを中心とする大きなインド亜大陸，さらには中近東の世界がある。レンパーは，欧米とは異なってアジアでは中国大陸のみでは収まりきれない多様な空間が存在していると指摘した。

当時レンパーは，日本は相対的に低い輸出入比率と基本的な国内市場保護政策にもかかわらず，「世界経済の集中の極」の１つを形成しているとみていた。しかしさらなる経済発展のために日本は，欧州と同様に同質的なパートナーを必要としているものの，この1998年の時点では，周辺国との経済的な格差は圧倒的に大きいという現実に直面して，パートナーが不在である点に限界を持っていると指摘した（Lemper 1998, pp. 10–11）。

一方，中国が中長期的には世界経済において突出した地位を占める可能性を指摘した。中国は，他の国の場合と異なって，経済地理学的な位置づけ（geoökonomische Position）を考慮する必要はない。何故なら中国においては，すでに経済空間と国家空間が基本的に一致しているからである[156]。しかも同質

---

156) この論文が書かれた後に続く中国の発展は目覚ましく，積極的に外資を導入するとともに，特定の海外地域にも投資を活発化させている。しかし仮に世界が地政学的リスクに支配され，中国が保護主義に走る場合でも，生活水準は切り下げられるとしても，相対的に各種鉱物資源などに恵まれている自国の国家空間内においてアウタルキー的自己充足の程度は，アメリカと同様に高いものとみられている。中国大陸の空間は，千年以上も前から先行して概ね政治統合された空間である。経済空間的には幾つかの中核地を備えた空間が大きな国家空間の内側に存在しており，政治空間の統合に大きく遅れながらも急速に拡張を始めていると考えられる。中国国内の経済発展には，中小国家にはない空間的な優位性を持っている。

的な一様な国家ではなく，その空間は高度に差別化した異質な構成体であり，つまるところ政治的な締め付けにより，自立した統一体として認識され得るものであった。

　中国にとって重要なことは，潜在力が基本的に東または南の沿岸での比較的狭い海岸線において形成されていることである。例えば北京デルタ，揚子江・上海デルタ，珠江デルタ・台湾が３つの重要なデルタとして指摘される。この特徴は見落とせないものである。歴史的にも十数億人の生活する空間が１つの国家のもとに集約され続けるのは，稀有な例である。そこでは常に経済空間を超えて政治空間の統合が先行するという特殊な環境にある。もちろん，幾つかの経済空間は発展により他国の国民経済と重なることはあり得るが，中国の中核地は広い国家空間の内側に存在し，十分なアウタルキーの形成可能性レベルは，他の国と比べて群を抜いて高い。レンパーは，これらの外側にさらにマレーシアとシンガポールがあり，西ネパール，ブータン，そしてバングラデシュの一部も中国の影響下にあるとまで主張した (*Ibid*. pp.12-13)。

　レンパーによれば，現実にこの地域は，中国東南部およびその周辺において，比較的同質的な統合された空間を形成するのに十分な前提条件を備えている。しかも上海，シンガポール，台湾のように中国南部の沿岸地区の周辺に一連の国家は集まっている。この地域は，発展的に同質と見做すことができるので，この経済空間に対してそれに応じた政治的支援により成長する可能性も有している。これらの国々の間の域内取引は，すでに目立つものであり，また東南アジアにおいても次第に目立ってきている。その姿は対外直接投資にも現れている。20 年前に書かれた論文当時は，中国への投資の 2/3 は香港や台湾からであり，10% が日本からである。より発展した地域は，次第に周辺の地域に単純な生産活動を譲り，そこには明らかに赤松要の提起した雁行モデル [157] による発展がみられると指摘している (*Ibid*. p.14)。

　　近代の成果である国民国家は，そもそも存在していなかったし，経済発展には無関係であったようにもみえる。

[157]　赤松要の提起した雁行分析は，'A Theory of Unbalanced Growth in the World Economy', *Weltwirtschaftliches Archiv*, 86-2, 1961, pp. 196-217 としてドイツでも論文が発表されている。また，赤松のいう世界経済の同質化と異質化の認識は，ここにみられるようにレンパーにも受け入れられている。赤松要『世界経済論』国元書房，1965 年。

しかしレンパーは，次のようにプレデール理論の限界にも言及する。すなわち，日本と中国の例は，プレデールの説明モデル，つまり大空間的な重力の中心形成について立地論から持ち込まれた説明モデルが，今日もはや直接的には適用できないことを示している。例えば，日本でも中国でも中心となる産業は，石炭の基盤のうえに空間を構築した製鉄・鉄鋼業ではなく，各種の集積の利点とシナジー効果の早い時期からの活用に基づく発展の輸出指向形態である。それは繊維産業をはじめとする軽工業，光学工業から自動車産業に至るものである。この関係は，一時的に低い賃金，安い地代により提供されるコスト優位を使い切る雁行モデルにより，キャッチ・アップする過程が上手く捉えられていると論じた（*Ibid.* p.15）。

プレデールの見方では，中国と比べてインドは，これまで外国投資を引き寄せられなかった。ところがイギリスの植民地としての支配の遺産により有利な前提条件を備えている。官僚システム，交通システム，銀行制度である。だが政治的な過去のせいで，経済発展に必要とされる秩序政策の基盤がまだ与えられていないので時間を要するとの認識を示した（*Ibid.* p. 16）。

第5節　プレデール理論の限界と課題

1　経済のグローバル化の進展と「世界経済の集中の極」

経済のグローバル化は，すでに第1次世界大戦の前後にも唱えられ，ハルムス（Bernhard Harms）などにより世界経済論として主張されたことはすでに前章で論じた。そしてソビエト連邦共和国崩壊に続くデタントの時代にグローバリズムとして唱えられたのは，企業の国家空間を超えたより一層広範な活動を表現するものであった。

しかしグローバリズムとはいっても実際の世界では，個々の企業活動は各々の立地の場所から展開している。抽象的な世界空間に展開する訳ではなく，現実において一方において引き続き立地の制約を受けるものである。つまり企業の国際化とはいえ，濃淡の差はあれ，絶え間なく国家の領土という立地の制約を受けることに変わりはない。グローバリズムのなかでも「世界経済の集中の

極」は，欧州や北米には明白に存在している。それは隣接，近隣諸国間の貿易量の厚みにも表現されている。中核地の需要を考えれば引き続き極の強い吸引力は存在している。

　しかしアジアの地域において，そもそもプレデールが迷ったように，「世界経済の集中の極」は具体的に何処に存在し，どのように展開しているのかを捉えるという課題が存在している。アジアの「集中の極」の将来は，欧州，米州の２つの極の形成と比べて必ずしも明らかではない。またグローバリズムの響きには，プレデールの多極化する「世界経済の集中の極」というより，より一段と一様なハルムス的な世界経済やアメリカに一極集中する一元的な世界経済を思わせるものがある。

　プレデールの後を受け，客観的に忠実に経済と政治の関係を捉えようとするレンパーの見方に対して，経済のグローバル化の視点に拠って立つカッペルやショイプラインの理解によれば，国民国家がかつて備えていた国家の権力は，グローバル化の進展により次第に制限されていく傾向として受け止められている。これは正しい捉え方である。プレデールが指摘した経済と国家との間の緊張と調和の問題は，対外直接投資をはじめとする企業活動のグローバル化，つまり経済が国家の手を離れ国家の自立を制約する一方で，国家の側からは引き続き自立を求めるという複雑な絡み合いのなかに存在している。グローバル化の流れのなかで，世界経済における新しい秩序と国家における新しい国際秩序への適応が模索される。

2　経済空間における新たな論点

　これまでの議論のなかでプレデール理論の基盤にあったテューネン同心円の空間は，アジアにおいても従来と同じように存在するのかどうかがまず問われる。欧州においては，英仏独の３国が中心となる中核地をはじめとする同心円が想定され，米州においては，シカゴ，デトロイトを中心とする中核地と東海岸，西海岸を周辺核とする大きな同心円が想定された。そこで地理的に大きく異なるアジアの空間において，どのようなテューネン同心円が発展の基盤として想定し得るのかということが問題となる。それは，「世界経済の集中の極」

の存在，そしてその及ぶ範囲と周辺地の捉え方に影響を与えるものである。

　プレデールの経済空間についての理解には，出発点に欧州の状況を念頭におく発想がみてとれる。実際に農業については，小麦，ジャガイモをはじめとする主要農産物8品目による実証的研究により，欧州においてテューネン同心円は現実的にも明らかにされている（脇田 1983, p.53）。そしてこれと重なるように，英仏独の工業地帯が存在する。こうした捉え方をするプレデールと本章で論じたレンパー，カッペル，ショイプラインとの空間認識の違いは，主として以下の5つの点に集約される。

(1)　限界地から「集中の極」への発展

　プレデールは，テューネンの同心円を中核地―周辺地―限界地の3つの環に分けて議論した。そして限界地には，シュンペーター (Joseph Alois Schumpeter) のいうイノベーションとも一部相通じるものがあった。新しい原料や素材などは，今まで認知されなかったフロンティアともいえる。しかしシュンペーターにおいてイノベーションが現実に生じる場は，空間的には特定されておらず，中核地や周辺地の空間にも可能性を残しているものであった。

　一方カッペルやショイプラインの議論では，限界地は議論として言及されるものの，実際上は中核地―周辺地の関係が中心に論じられる。両者は，プレデール理論における限界核の重要性をかつてのものと見做すことで処理し，むしろ現在においては周辺地の中心となる周辺核としての重要性を強調するものであった。そして世界経済の性格は変質し，これまでの「集中の極」は最早意味がなく，新たに垂直的統合を中心とするものとなると主張するものであった (Scheuplein 2010, pp. 328-330)。

　翻っていえば，カッペルとショイプラインの認識には，現在の経済空間において現実的には周辺核から発展を論じるものである。立地論において純粋一般理論としてクリスタラーやレッシュが中核地―周辺地の関係を基本とみる捉え方に呼応するものであるということができるし，またウォーラーステイン (Immanuel Wallerstein) が中核―半周辺―周辺の関係を論じていることにも対応しているようにみえる (Wallerstein 1979, 1984)。もっともウォーラーステインの空間は，経済，政治，社会から構成されるものであり，経済空間のみを

指すものではない。

(2) 集積の吸引力

プレデールは，アルフレート・ヴェーバー（Alfred Weber）の認識を引き継ぎ，製鉄・鉄鋼業に集積の強い効果を認めた。しかしレンパーは，むしろ自動車等の新しい集積力のある産業を考えた。一方，カッペル，ショイプラインは，製鉄の垂直的統合効果を重視して，かつての集積の場を離れ，新しい集積が生まれていると主張する。実例は，中国の Boasteel やインドの Tata 製鉄である。

しかし，彼らも認めているように，先進諸国をみれば実態的に製鉄・鉄鋼業にはかつて程の集積力はもはやないとみるのが一般的である。現状では，世界経済全体からみて製鉄・鉄鋼業のウェイトは低下し，集積の吸引力となる特定の産業は目立たなくなってきている。ただし世界経済全体，若しくは工業生産活動全体を絶対的に捉えるならば，製鉄・鉄鋼業は古くからある先進国から駆逐されてしまったものの，かつて程の集積力はないとしても，依然として工業生産にとって重要なものである。この点については，むしろレンパーが 1 つの指標として取り上げた 1 人当たり GDP という見方に示されるように，特定の生産活動が何かを問うのではなく，需要の集中する場所を重視する実体的な分析の見方が有効であると考えられる。

(3) 行動主体としての国際的企業

レンパーをはじめとする行動主体の認識の問題は，抽象的な空間から一転してより具体的なグローバルな企業を考えるという違いとなって現れる。国家と経済との関係についていえば，プレデールは，経済政策において経済の自律性と，自立を維持しようとする国家（国民）の有する制度的な，非経済的な価値からの要求とのバランスのうえに成立するという見方を採っていた。こうした点が抽象的な経済空間から具象的な企業に置きかえられることを意味する。

いみじくもカッペルは，2010 年，2011 年の論文において，リージョナル・パワーを政治的概念から企業をベースとする経済の視点によって見直すことを行っており，政治空間と経済空間との繋がりに関して新たな試みを行っている。経済が政治空間に与える影響である。

グローバリズム経済と国家空間との間の調和問題は，例えば累進税率，法人

税率の引き下げなどが国際競争という形で国家空間に発生する。それは西欧の
かつての福祉国家というイメージを破壊しつつある。国家空間の内側で社会的
な格差は拡大していく。そこで新たな視点としてグローバル企業，グローバル
競争を捉え直す必要が生まれる。

　また一方国際企業という概念を導入することには，ペルーやレンパーなどの
唱える支配・非支配の関係へ議論の途を開く可能性を残すものということがで
きる。国家を離れて，国際的大企業対地元企業との競争への置き換えを可能と
させるものである。これは新しい視点であり，プレデールの理論とは出発点か
ら認識が異なる見方である。

（4）　長期的な時間軸と歴史意識

　プレデールは，1971 年の *Außenwirtschaft* 改訂第 2 版において，多極化
の時代を見通して，世界経済の限界核として 5 つの中心地を指摘し，中国，
インド，オーストラリア，ブラジル，南アフリカを取り上げていた（Pre-
döhl 1971, pp.138–141, Grenzen der Industrialisierung der Peripherie（周辺地
の工業化の限界））。しかし，これらの限界核を発展論的にどう捉えるかにまで
は言及していない。

　発展を長期的に捉えるなら，アジアにおける現在の状況を，変化発展する途
上の過程と見做すことは可能である。そしてそのなかでプレデールがいう 5
つの限界核が新たに発展していくと捉えるならば，アジアにおいて個々別々に
独立した「世界経済の集中の極」が形成されると考えることはプレデール理論
のなかに吸収可能なものである。

　この議論のなかで，プレデールのなかにドイツ歴史学派の重鎮ゾンバルトに
も通じる歴史意識が存在することが反対に浮かび上がってくる。プレデールの
「世界経済の集中の極」の思想は，基本的に歴史的発展を意識するものであっ
た。この点がレンパー，カッペル，ショイプラインとの大きな違いとなってい
る。反対にレンパー以降の研究者には，基本的に歴史的な経済発展に対する関
心は希薄であり，機能的な面を重視していることも明らかである。つまり，歴
史的発展を含まない経済モデル的な見方が強くなっていると考えられる。

　彼らによれば，中国大陸に収まらない第 4 の集中の極は，巨大な空間となり，

インド，ASEAN，オーストラリア―ニュージーランドを周辺地とみるもので
ある（Scheuplein 2010, p. 340）。

　しかしそうした地域で経済発展が続くと考える場合，現状の空間的位置づけ
に留まり続けることはない。発展途上という前提条件のもとでの見方と捉える
ことが必要である。レンパー自身も自らいうように，上記のグレーターチャイ
ナとして捉える見方には，余りにも政治的な不透明さが存在していると指摘し
ている（Lemper 1998, pp. 13-14）。それは同様に経済的な不透明さについて
もいえることである。

　レンパーたちプレデールの後継者については，経済発展に関わる経済空間の
拡張に関して，短期的にみた場合と解釈するならば，この意味でプレデール理
論と彼らとの違いは，短期的な視点に留まるか，長期的な歴史的発展要因を考
慮するのかという明確な違いとなって現れてくる。

(5)　相互信頼と共通の秩序意識の有無

　プレデールの空間は，経済空間と国家空間の２つから構成されており，そ
れ以外の空間は語られない。しかし欧州の経済統合を振り返ると，そこには共
通の秩序意識が存在するという暗黙の前提がみてとれる。それは，第９章に
おいて論じた戦前のナウマン（Friedrich Naumann）やカレルギー（Richard
Nikolaus Coudenhove Kalergi）において強調されたものにも通じるものである。
そして空間的にもプレデールが世界経済は１つの極に集中するのではなく大
陸ごとに集中の極を考えると捉える背景には，明示はされていないものの，共
通の秩序意識が大陸ごとにあると考えていたとみられる。しかしカッペル，
ショイプラインは，世界経済の発展による極の増加というプレデール思想が，
多極化の時代にはもはや該当しないとみているものといえよう（Scheuplein
2010, p. 330 そして p.339）。

　この違いは，プレデールの「世界経済の集中の極」の捉え方が，経済統合に
関して自らいうように，相互信頼を基盤とすることにある（Predöhl 1971, pp.
307-312)。そして相互信頼の背後に宗教や文化の共通性に繋がる共通の秩序
意識が暗黙のうちに前提とされているからである。

　しかしプレデールは，アジアのなかに各々本質的に異なる秩序意識が複数存

在することを必ずしも意識しておらず，認識に限界があったといわざるを得な
い。アジアへ直接的にプレデール理論を適用する難しさは，アジアを1つの
空間としてくくってしまったことにある。残念ながら，それはプレデールがア
ジアを限界的にしか捉えていなかったことを反対に物語っている。

　大きなテューネン空間は，中近東，南アジア，東南アジア，東アジアに各々
あるとみられる。そのうえ中国大陸には北京を中心とする経済空間，上海を中
心とする空間，広州・香港・台湾を中心とする空間，はたまた中国東北部の空
間といった少なくとも人口的には欧州，アメリカに数倍ある人たちが生活する
経済空間が存在しており，国内にある経済空間自体簡単に1つにくくれるも
のではない可能性がある。

　プレデールの認識は，個々の大テューネン同心円の空間の理論は正しいとし
ても，具体的なアジアの地理的な空間認識には，レンパーが指摘したように誤
りがあった。だがこの問題は共通の秩序意識を考えない経済空間のみを中心に
論を展開するレンパー，カッペル，ショイプラインにとっては問題にされず，
政治空間の問題も問われないものであった。

3　ASEAN の経済空間の展開とプレデール理論の位置づけ

　アジアの発展において，プレデールと後継者たちとの間に生じた考え方の違
いの問題は，基本的な問題を提起しているといえる。

　経済空間の統合は，政治空間の影響のもとで進展するので，この意味でプレ
デールのいう政治空間の影響には，2つのレベルが存在するという見方は引き
続き有効なものである。つまり経済統合に対する政治空間の働きと，それ以外
の多様な価値の統合を求める政治空間自体の統合とである。

　この違いを示す良い例が，近年目立って存在感を現してきている ASEAN で
ある。メコン川，チャオプラヤ川，サルウィン川などに囲まれたこの地域は，
高温・多湿という自然条件に加えて，昔からの大国中国とインドに挟まれなが
ら，どちらにも属さないという文化的な共通性を有している。

　ASEAN は，1967 年に 5 カ国により発足し，1999 年に全 10 カ国の加盟を
達成した。関税を引き下げ，域内自由貿易を進め，最終的に 2008 年に極力政

治色を抑えた ASEAN 憲章が発効した。現段階においてアジアの空間において ASEAN の経済統合は、プレデールの見方をうまく説明するものである。すなわち、政治空間において参加各国の政治体制は、共産主義、自由主義、立憲君主、軍事独裁的と制度的にさまざまでありながら、地域的に文化的な共通性が存在し、経済空間において共通の経済発展を目指した経済統合が進められている。その経済活動は多岐にわたり、この空間に特定の産業を軸とする垂直的統合を適用しようとすることには無理がある。垂直的統合論のみでは経済統合にたどり着くことはできないことは明らかである。

　しかし、かつて欧州統合の背後において東西冷戦に大きく影響された国家の安全保障の問題が存在していたのと同じように、インドシナ半島には近隣の大国の影響が存在している可能性もみてとれる。周辺の強大な国家の存在は、東西冷戦時代の NATO のように現在直接的に顕在化することはないが、影響を与えていることは否めない。しかし足下の政治情勢に鑑みれば、各国の政治体制の異なる ASEAN において政治空間の統合へ直接進みだすということはまず考えられない。ASEAN では 2 つの空間の緊張問題の解消が、主として経済統合の歩みを支配している。

　こうした経済統合の動きをみた場合、特定の産業を軸とするショイプライン等の垂直的統合論には集積の影響力の広がりからいって限界があり、少なくとも経済統合の視点からは、拡張への展望は限界があるとみられる。そこには大きな統合を成立させる極への求心力が欠けており、また歴史認識や時間のなかで育まれる共通の秩序意識の形成など問題とされず、個別経済部門が備え持っている集積効果のみが中心になっている。したがって、比較的短期的な経済活動に視点を特化させるものと考えられる。

　また中心核を形成する企業・業種は何かという問題は、ミクロ的な個別的な議論に落ち込みやすく、プレデール理論の主張する大きな流れを摑むという視点からいえば、レンパーが提示した 1 人当たり GDP の大きさ（できることなら、大国では地域ごとの）に代替させることが全体観を捉えることに寄与するものと考えられる。

　広い空間であるアジアの空間については、複数の空間が存在することに修正

してもプレデール理論の基本的性格を損なうものではなく，大きな問題とはならないと考えられる。また両者の相違点の多くは強調する視点の置き方の違いといえ，プレデール理論と正面から対立するものではなく，むしろ依然として包摂されるものと考えられる。

これまでの議論のなかでプレデール理論にとって補われるべきは，2つの空間を超えて存在するグローバルな企業の位置づけである。グローバル企業は，経済空間にも政治空間にも存在しながら，必ずしもどの空間にも従属しない新しい問題として認識すべきものである。

終　章
本書のまとめ

第1節　立地の合理性と国民国家

　テューネン（Johann Heinrich von Thünen）の『孤立国』は，農業を基盤と
するアウタルキーの国家を描き，自立する国家と経済の調和する1つの姿を
示した。一方リスト（Friedrich List）は，国家の役割―主導性を重視して，国
家空間の構築に重点を置き，合わせて経済の内的な充実化を図ることを考えた。
これはドイツ歴史学派ゾンバルト（Werner Sombart）にも引き継がれる視点で
あった。

　その後，欧州において工業化が進展するなかで，アルフレート・ヴェーバー
（Alfred Weber）は，産業革命に始まる資本主義経済の大きな発展が人類史に
おいて特異な展開を示し，人口の移動となって現れたことを取り上げた。その
ための分析用具として『工業立地論』のなかで純粋理論を提示した。そして純
粋理論のうえに予定する現実的理論のなかに歴史との融合を図ることを同書の
なかで宣言した。ここに立地論は，資本主義社会の分析において自然地理学と
は異なる人間の働きかけを重視する独自の立場を構築することが明らかにされ
た。

　そしてそれはまた，ドイツ地政学の出発点ともいわれる人類（人文）地理
学・政治地理学者ラッツェル（Friedrich Ratzel）のいう人種・民族の有機体と
は異なる普遍性を備えた労働力の移動という概念に支えられていた。人の集団

を優先的に考えるのか，経済活動を合理的に考えるのかという2つの途は引き続き存続した。この違いは最終的に立地論と地政学との違いに繋がるものであった。

第2節　欧州生産力の連邦と国家という2つの視点

ヴェーバーは，経済の効率化の追求と国家の自立との関係に関して，1926年の論文のなかで，リストを引き合いに出しながら，欧州における生産力の連邦と関税同盟について論じた。しかしヴェーバーのなかには，国家としてのドイツに立脚して論じる姿勢と，立地の合理性を追求する行動から生まれる経済空間を分析する姿勢という2つの態度が並存し分裂したままであった。

この状況に対して，プレデール（Andreas Predöhl）は，ヴェーバーの工業立地の純粋理論が経済学でいう代替理論によって置きかえられることを指摘し，立地論と経済学との融合の可能性を指摘した。ただし，経済空間における立地の合理性を分析する純粋理論の研究は，キール世界経済研究所の部下であるアウグスト・レッシュ（August Lösch）に委ねられた。レッシュの捉え方は，その後の空間経済学の発展に繋がるものであった。しかしプレデールは，純粋理論を追求するのではなく，歴史的な経済発展性を地理的空間の拡大として追求した。

第3節　プレデールの空間統合理論

1　経済空間統合への2つの途

ヴェーバーのなかにあった資本主義を舞台とする経済発展と国家との関係は，プレデールにおいて経済空間と政治空間という2つの空間の統合理論に結実した。

まずプレデールは，ヴェーバーの欧州生産力の連邦を，欧州におけるテューネン同心円の拡大と解釈し，経済空間は経済の合理的な活動により，歴史的にも地理的にも発展・拡大すると捉えた。彼は，産業革命がイギリスで始まって

以降欧州大陸全体に広がり，世界経済はまず初めに欧州を中心に成立し，「世界経済の集中の極」が形成されたと考えた。英仏独を中心に中心核が形作られ，その周りに農業地帯が周辺地として，さらにその外側に限界地が認識された。多数の工業集積から成る英仏独の中心核において生産された製品は，世界中に輸出され世界貿易は活発化し，世界経済のすべてを飲み込んだ。

　次いで産業革命当初は欧州に対し限界地であった北米大陸にアメリカを中心に第2の「集中の極」が成立した。そして第2次世界大戦を跨いで，さらにソビエト連邦を中心としてコメコン諸国を従えて，第3の「集中の極」が形成され，同時に小さいながらも日本にも第4の「集中の極」が形作られたと捉えた。この歴史認識は，ゾンバルトにある早期資本主義，高度資本主義，晩期資本主義の時代を意識したものである。異なる点は，ゾンバルトが晩期資本主義のなかで閉鎖的になる世界経済の流れを意識して，アウタルキー化を予測したのに対して，プレデールは，アウタルキー化を認めて，世界経済の集約化期として捉えるとともに，第2次世界大戦後において発展途上国も加わって，世界経済の発展による，多極化の時代を迎えるとしたことである。

　言い換えれば，世界経済の発展に伴い「集中の極」が形成されるものの，フロンティアの開拓が一巡すると，高度資本主義の時代は過ぎ去り，晩期資本主義の3極集中の時代となり，以降拡大よりも集約化が追求された。国家空間（政治空間）の内側での効率化が指向され，拡張を傾向とする経済空間と国家空間との範囲の違いから国境において緊張が顕在化すると捉えた。

　国家は自国の国家空間の効率化，活性化を優先して追求するが，それがお互いの国家間に軋轢を生み出す。そしてこの緊張をどうやって解消するのかを問題とした。国家空間を拡大して，すでに自国の政治空間を超えて拡張してしまった経済空間に合わせようとする努力は，国境の拡大変更を追求するのか，国家空間が相互の信頼に基づき国家権力を可能な範囲で共通機関に寄託し国境を引き下げるのか，国家空間と経済空間の一致を進めるために2つの途が示された。

2 ナチス広域経済圏構想と欧州の経済統合論

プレデールは，とりわけ欧州では国家の領域と国家を超えて拡張する経済空間との間にその範囲の不一致から，国境において緊張が顕在化したと考えた。好況時には経済は拡張的になり世界経済も拡張し，貿易政策も多国間的となるが，それまで景気循環のバッファーとなっていたアメリカをはじめとする開拓時代が終わると，不況期には，次第に各国は自国内の失業の解消など国家の空間を優先する内向きの政策が顕著になり，貿易・為替管理など対外的に管理・統制色が強くなり，アウタルキー化が指向されると論じた。これに伴い世界貿易も不況期には，多国間的から２国間的に変化し，世界経済の進展は鈍化した。このように，プレデールの思想は，世界経済が発展の途を進みつつも，そこに国家と経済の範囲の違いから生まれる緊張状態を，立地論的な経済の拡張行動とそこに展開する世界経済との関係から論じるものであり，立地論的世界経済論ということができる。

自律的に拡張する経済空間と自立にこだわる国家空間との間に生まれる緊張を解消するために，１つのあり方としてナチス政権下では，軍事力を背景に同盟国間での広域経済圏が構想され，プレデールも参加し，対外経済政策を担当することとなった。ナチスの貿易決済制度には，為替の固定相場による金を使わない決済システムなどケインズ（John Maynard Keynes）の目を引くものもあったが，軍事力に依存する空間の構築・維持には限界があり，中・長期的には無理があり，持続することはなかった。

第２次世界大戦が終結してドイツの国家体制が大きく変化したにもかかわらず，プレデールの認識する経済空間は，基本的にあり方を変える必要はなかった。これは，第７章で論じたように，経済空間と政治空間とを区別することで，従来ドイツ経済学に含まれていた非経済的要因を政治空間の問題として分離することにより可能になったものである。大きな変化は政治空間の変化の問題として吸収することが可能であった。

プレデールは，第２次世界大戦の終結とともに再び同じ認識，論理に従って，テューネン同心円のうえに存在する欧州について，イギリスを含めた連邦的な国家間の協調による経済統合を提唱した。現実の欧州の経済統合は，ECSCを

出発点として EU の成立までに発展した。プレデールは，1949 年に *Außenwirtschaft*（世界経済論）の前書きにおいて，「大雑把な道具が誤りを犯していない限り，理論の細かい点について専門家に任せることにしたい」として厳密な理論化を追求するのではなく，全体の大きな流れの方向をつかむことに注力したと書いている。それは，ヴェーバーが純粋理論において細かい部分的な整合性を追求する一方で，宣言しながら未着手に終わった現実的理論との統合にプレデールなりに答えるものであり，現実を重視したドイツ歴史学派的な一面を表していた。

第4節　プレデール理論の評価と課題

1　グローバリズムと世界経済

東西冷戦の解消によりアメリカを中心に一段と経済のグローバル化が進展するなかで，各国の経済政策は，依然として変わらずに 2 つの点で現実的に課題を担っている。すなわち一方において，グローバル化のなかで，対外直接投資の問題，雇用の問題をはじめ世界経済と自国の経済との調整，バランスをどのようにとっていくのかという問題である。他方において，政治空間にとって国家の自立を保っていくために，国内政策のあり方の問題，つまり他国の政策に左右されないアウタルキーを構築することを究極的な理想とする国家空間と経済空間との関係をめぐるバランスの問題が引き続き存在していた。このなかでどのように政策を展開するかという課題は，一層重要になってきている。

経済と国家の関係において，プレデールの立地論の見方に立てば，国家には，経済との関わり方が問われるだけでなく，そこには全く別の視点からなされる国家空間としての自立という課題が存在する。この国家空間の内容は，有機体を前提とする地政学の視点とも重なるものである。経済の範囲を国家空間に限定すれば，両者の思想は近似してみえるものとなる。国家空間を前提としてその内側で経済の効率化議論を展開する場合には，立地論は地政学とそれ程違ってみえない要素を有しているからである。国家にとって世界経済の一部に組み込まれてしまっている自国内の経済は，いかにあるべきかの問題が問われるか

らである。

　しかしながら世界経済に目を転じると，国家空間へのこだわりのうえに成立する地政学と，国家空間を超えた統合を展望するプレデールの立地論の姿勢の違いは，明らかなものとなる。世界経済は，経済発展を前提とする立地論の視点からのみ論じることが可能になり，地政学にはこの視点は存在しないからである。

　しかし現代において世界経済における近年の経済のグローバル化は，不況期になっても，かつてのように自国経済のみの自立を願うアウタルキー化の経済は，成立が一層難しい状況を迎えている。それ程大きく各国の経済は世界経済のなかに組み込まれてしまっている。この中心にあるのがグローバル企業といわれるものである。こうした状況は，現在では大国にあっても当てはまる。プレデールが分析したように自国のみを最優先に考えるアウタルキー体制は，国民の耐えられる範囲において一時的にのみ可能性をみるからである。自国の経済の立て直しのために，どの国家も国際的な協調が求められ，国際的な理解・協調を欠いた行動は戒められ，他国からの批判を浴び，中長期的には負担となって再び自分の国に跳ね返ってくるからである。しかもグルーバル企業にとって直接的にこうした議論に加わる余地・必要性は存在しない。グローバル企業に対しては各国が連携した対応を行う以外なく，レベルの差はあれ不可避的に政治空間の統合（合意）も求められることになる。すなわち，国民国家の崩壊ともいうべき de-nation-state の問題である。

2　アジアの経済発展

　プレデールの理論におけるもう 1 つの課題は，欧米からアジアに目を転じると姿を現す。

　戦後のアジアを中心とする経済発展は，プレデールにとって予測検討する状況になかったことから，その後の現実の発展に関して必ずしも十分捉えることができるものではなかった。

　いみじくもレンパーが指摘していたように，アジアという大陸，亜大陸，半島と大小の島嶼から構成される広大な地理的な空間は，プレデールの当時の理

論をそのまま直接的に適用することは難しく，理論的に新たな切り口が必要とされている。

プレデールはどの場合でも中核となる国家を中心に考えており，行動の主体は常に国家にあった。アジアに関してプレデールが意識していたのは，ロシア，日本，中国，インドそしてインドネシアであった。ところがプレデールの見方とは異なって，例えば，実際の ASEAN の経済統合に対しては，必ずしもインドネシアのみを中心として進展したものではなく，相互依存的な発展が進んでいるとみられる。

アジアの捉え方においてこうした問題を抱えながら，プレデールがかつて指摘したように，経済発展に伴う経済の統合行動に関して，背後に相互信頼，すなわち人種や民族ではなく，歴史的文化的な共通性が存在するとみるプレデールの理論から議論を再構築することの意義は，依然として存在しており，有用性を備えていると考えられる。すなわち，相互信頼，共通の規範意識を欠くことのできない前提があるからである。しかしこの課題は，アジアにおいて多極化が幾つかの地域に分かれて進展すると捉えれば吸収可能なものと考えられ，本質的な問題ではないといえよう。

第5節　現実との接点

以上のようにプレデールの世界経済の捉え方は，現代においても我々に考える手掛かりを与えるものである。グローバル化のなかでの国家と経済の関係は，雇用政策，産業政策，社会保障制度，安全保障政策など多岐にわたり，殆どすべての分野に影響をもたらすものになってきている。こうした状況のなかで国家と経済のバランス，地域との調和の問題についてプレデールは，政治空間，すなわち各国の国家空間が，国境を越えて広がった経済空間に歩み寄る以外に途はないと訴えた。経済発展を必要と認識するなら，相互信頼の積み重ねのうえに，何らかのレベルで経済統合が国家空間に対して求められることを主張するものである。

その場合，国家空間は，2つのレベルで関わってくる。経済統合を促進する

政治空間と，政治空間自体の統合の問題である。経済空間とこの２つのレベルにある政治空間の統合は，区別して考える必要がある。そのなかで経済統合の問題は，各国とも試行錯誤のなかにあるということができる。

　経済発展と国家の関係を問うプレデールの基本的な認識は現在も生きており，経済集中する極が多極化する世界経済のなかで，広いアジアにおいても複数の経済空間が想定される。

　世界経済が不況期に入り，その脱出のために各国の政治家が，自国を守るためにアウタルキー化を図りたいと考えることは容易に想像できる。しかしプレデールが行ったアウタルキー化の限界の議論は，現在でも非常に示唆的である。プレデールがいうアウタルキーは，厳密なものではない。輸入に関して，極力必要不可欠なものに限定し，一方輸出に関しては議論の外に置かれる。

　こうしたアウタルキー化の限界について，プレデールは，アウタルキー化は，自由貿易と比べそれだけ経済の効率化から乖離し，その分国民の負担は大きくなるので，国民の耐えられる範囲でのみ可能となると表現した。その国家が，経済統合から離れるということは，統合に留まる人達と比べ，経済の生産活動の最適値から離れ，その分効率が落ちるということから実生活においてそれなりの負担を負うことになる。

　国家の自立を優先させるということは，それぞれの国民が，これに伴う犠牲とのバランスのなかにあるという自覚を持つことが求められることを忘れてはならない。そうした犠牲を国民が長期間にわたり耐えてゆくことは非常に困難である。紆余曲折はあっても最終的には，各国民は相互信頼に努める以外に途はないという結論にたどり着くはずである。

　そして，そのうえでこれまで論じられていない未着手の大きな問題が残っている。それは分配の問題である。具体的にグローバル企業と国家はどの様に向き合うかであり，遠い昔に経済学から放逐してしまったテューネンが描いた孤立国における分配に対する思いである。テューネン同心円のなかでＡ国とＢ国に分けて論じたように，経済統合のもとにおける国家間の分配問題の議論が残されている。この問題はプレデールによれば政治空間に属する問題である。残念ながら，未だに経済学者も政治学者も格差が存在することは指摘できても

出口まで論じ得ない大きな課題であり，これもまた国民国家の根幹に関わるものである。この問題は同様に国家空間の内側にも存在している。現実にかつてもてはやされた西欧福祉国家はグローバル競争のために，基盤である累進税率を引き下げざるを得ず，福祉国家は後退している。世界秩序が不安定になり，新たな時代を迎えていると考えられる。

　かつてレッシュは，現実は混沌とした無秩序な動きのなかにあるようにみえても，そこに理論という物差しをあてて見直すと，不規則にみえた動きのなかに規則性，法則性をみることができると述べている（Lösch 1940, p. 142/ 同訳 pp. 256-257）。プレデールの見方を経済の現実に投げかけると，課題は幾つかあるものの，新たにみえてくるものがあるはずである。地政学とは異なった切り口で，しかも経済学からは見落とされがちな地理的状況を踏まえて考えること，そして政治空間との間にある緊張を認識することは，現実の経済そして将来を考えるうえで有用な見方であると考える。

おわりに

本書においてこれまで論じてきた立地論，とりわけプレデール立地論の見方に立って世界経済を見直すと，ソビエト連邦の崩壊後，アメリカに主導されて世界中に広がったグローバリズムは，アメリカにおけるベア・スターンズの破綻やリーマン・ショック，サブプライム問題などを経験し，世界経済は発展のダイナミズムを失いつつあり，シュンペーターのいう長期的な波動の底へ向かっているようにみえる。グローバリズムによる世界中を巻き込んだ，効率のみを重視する競争は，人々の間に格差を広げ，累進課税の機能を低下させ，社会的な緊張を一段と高めるなど，多くの人たちがストレスをかかえ不満は高まっている。そして，将来への展望は見通し難くなってきている。

また，現在の世界経済を好況とみるか否かという問題は別として，不況の時代には国際貿易協定は，多国間的なものから2国間的なものが主流になってくるとプレデールは指摘している。

一方，世界経済において経済統合の進展は，立地論の原則に従って生産要素の移動を促し，特に資本と労働力を中心核へ向かわせる力，そしてこれと同時に遠心的な力を生み出した。資本の流動化は，ある国の国内投資から他国への対外投資に代わってゆくことを意味する。それは，国内の投資の減少とともに，需要の集まる地域への資本の流れとなる資本の効率化を追求する行動ではあるが，他方，より深刻なのは国内にとり残された人たちの失業問題である。国家間とともに，国内でも格差の拡大が生まれ，一層深刻な問題になっている。この問題は，効率化を原則とする経済空間から国家の政治空間に跳ね返り，大きな政治問題に繋がってゆく。グローバリズムは，自由競争を旗印に各国の税制にも及び，累進課税の緩和，法人税の引き下げにも波及し，タックス・ヘイブンの問題もクローズアップされている。これらは最終的に福祉国家の根幹に触れるものである。グローバリズムの拡散により，かつて北欧・西欧にあった福祉国家の夢は次第に色あせ，各国とも後戻りを余儀なくされている。こうした現状を理論的に捉える必要が生まれてくる。経済統合における国民国家間の分配の問題であり，またグローバル企業をはじめとする利潤の分配の問題である。

経済空間と政治空間の2つの空間の間にまたがって存在する分配の問題は，簡単には解決できない大きな課題である。

　経済の効率化・最適化を追求して国境を越えること，つまりグローバル化を進める方向性と，失業を回避するなど国家の自立上必要と考えることから生まれる経済的に非効率的なものは，自立化に伴うコストとの絡み合いのなかで，どのように均衡を得るのかという問題に行きつく。したがって経済空間と政治空間は，区別して論じる必要があるが，また一方においてこの2つの空間は，地理的空間を共有して重なるものであり，この関係は常に問われ続けなければならないものである。

　こうした捉え方が可能になるのは，レンパーがかつてプレデールの見方を評して，驚くほど先見性を備えていると述べているように，取りも直さずプレデールの理論が，空間統合の本質を備えた「原理性」「普遍性」を有していることにほかならない。

　もちろん，その後の世界経済の構造変化はプレデールの想定を超えたものもあった。例えばIT技術の発達による情報の問題である。なるほどハード・ソフトウェアは，実物生産になるが，経済活動における実際の効果は，直接的・間接的な合理化効果，売上効果に繋がるものである。また，スーザン・ストレンジが指摘したように，管理通貨制度のもとで実物経済を超えて大量に発行される通貨と派生的な金融商品の売買に依存する経済成長の問題である。これらは，立地論の空間にはそのままでは収まりきれないものである。金融は21世紀に残された最後の産業であるとみる意見もある。

　しかし，それでも経済空間の根底にあるのは，実物の財・サービス生産活動であり，経済空間と政治空間の間に緊張をみる彼の捉え方は，原理的に世界経済の展望において不可欠なものである。ともすれば専門分野が細分化するなかで，こうした統合化を追求する幅広い視野から眺めることは，依然として魅力にあふれたものといえよう。

　この書の中心となるプレデールの著書との出合いは，今から44年前に遡る。著者は株式会社日本興業銀行に勤務しており，当時東西冷戦下にあった西ドイツのハンブルク大学へ2年間（1973-1975）留学する機会を与えられたことに

始まる。ハンブルク大学において，ドイツ海外研究所（Deutsches Überseeisches Institut，現名称 GIGA）から大学に教えに来ていたアルフォンス・レンパーのゼミに参加することができたことは幸運であった。図らずも彼が，プレデールは自分の先生であると言ったのには驚かされた。プレデールの名前は，かつて一橋大学経済学部の青木外志夫教授の経済地理学の授業で聞き，当時の自分が知る範囲では，西ドイツにおいてまだ存命とみられた唯一のドイツ人学者であったことから関心を持っていた。残念なことにプレデールは，私がハンブルクに到着する2週間前に息を引き取っていた。

　レンパーのアドバイスで大学前の本屋で売れ残っていたプレデールの最後の1冊 *Außenwirtschaft*（1971，改訂版）を入手することができた。目次から興味を覚え手にしたものの，内容的にもまたドイツ語的にも自分にとって難解であり，この本を何とか理解しようと試みたが，初めの20，30ページで先に進めなくなってしまった。結局最終的にこの本を理解するには，大学院に進むしかないと覚悟して30年が過ぎ，仕事も常勤の仕事を終えるに際して，一念発起して早稲田大学大学院経済学研究科に入学することができた。大学の図書館では，埋もれていた数多くのプレデールの雑誌論文や，関連する書籍に出合うことができたのは至福のひと時であった。完全とはいえないまでも，ようやく彼の思想の全貌を理解することが可能になった。

　本書は，2016年3月に早稲田大学大学院経済学研究科にて経済学博士号を授与された論文「プレデールの経済空間と政治空間の統合思想について──経済のグローバル化と国家の自立」をもとに，加筆修正を加えたものである。また，下記の5本の公開された論文に加えて，序章，第10章，終章は，学位請求論文のために書き下ろしたものに手を加えたものである。
　公刊論文
　　　「ナチス広域経済圏構想におけるプレデールの空間統合思想」早稲田大学政治経済学会『早稲田政治経済学雑誌』386号，2013，pp. 47-59 掲載
　　　「プレデールの経済空間と政治空間の統合思想──ナチス広域経済論と

欧州統合論をめぐって」経済学史学会『経済学史研究』55-2号，2014，pp. 37-53 掲載

「プレデールの立地論と欧州統合論——経済空間と政治空間の統合への一視点」早稲田大学政治経済学会『早稲田政治経済学雑誌』387号，2015，pp. 61-74 掲載

「工業立地論と経済学——アルフレート・ヴェーバー，プレデール，レッシュの論争をめぐって」早稲田大学大学院経済学研究科経済学研究会『早稲田経済学研究』72号，2015，pp. 13-34 掲載

「アルフレート・ヴェーバー『工業立地論』における経済地理学批判と現実的理論について」早稲田大学大学院経済学研究科経済学研究会『早稲田経済学研究』72号，2015，pp. 35-56 掲載

そして，本書における以下の3本は未発表論文に基づくものである。

「テューネン孤立国の社会モデル——合理的な農業生産と孤立国の社会」

「リストの立地空間と世界連邦」

「プレデール立地論と地政学——戦時下の日本における誤解」

最後になりましたが，一橋大学でご指導頂いた美濃口武雄先生，留学時代から終始アドバイスを頂いた神戸大学名誉教授宮下國生先生をはじめ，これまで多くの方にご指導を賜り，本書の出版にたどりつくことができたことに感謝の意を表したいと思います。とりわけ，早稲田大学経済学研究科でご指導下さった渡会勝義先生，若田部昌澄先生，清水和巳先生，学科は違えど快く相談に応じてくださった早稲田大学社会科学総合学術院教授古賀勝次郎先生，商学学術院教授矢後和彦先生，そして，早稲田大学出版部武田文彦氏，文化推進部尾崎健夫氏をはじめ多くの方にお世話になりました。改めてここにお礼申し上げます。

　2018年2月

　　　　　　　　　　　　　　　　　　　　水 野 忠 尚

参 考 文 献

Akamatsu, Kaname 'A Theory of Unbalanced Growth in the World Economy', *Weltwirtschaftliches Archiv*, 86-2, Jena: Gustav Fischer, 1961. pp. 196-217.

Albert, Michel *Capitalisme Contre Capitalisme*, 1991.（小池はるひ訳『資本主義対資本主義』竹内書店，1992。）

Ascani, Andrea, Crescenzi, Riccardo and Iammarino, Simona *New Economic Geography and Economic Integration: A Review*, European Commission, SEARCH, 2012.

Backhouse, Roger E. *Space in Economics: A Historical Perspective*, Internet, Faculdade da Economia do Porto-Universitade do Porto, Programa de Doutoramento em Economia, Joao Oliveia Correica da Silva, n.d.

Balassa, Béla *The Theory of Economic Integration*, London: Allen and Unwin, 1961a.（中島正信訳『経済統合の理論』ダイヤモンド社，1963。）

Balassa, Béla 'Towards a Theory of Economic Integration', *Kyklos*, 14, 1961b, pp. 1-15.

Blesgen, Detlef J. *Erich Preiser*, Berlin: Springer, 2000.

Brentano, Lujo *J. H. von Thünen's Naturgemässen Lohn und Zinsfuss im Isolierten Staate*, Göttingen: E. A. Huth, 1867.

Bruckschwaiger, Karl 'Carl Schmitt am Rande des Grossraums: Die kurze Geschichte des Begriffs', hrsg. Pircher, Wolfgang *Gegen den Ausnahmezustand. Zur Kritik an Carl Schmitt*, Wien: Springer, 1999, pp. 201-217.

Buntrock, Oliver *Institution-Induced Problem Solving: Problem-Oriented Micro-Institutionalization and the Case of the European Steel Crises in the European Coal and Steel Community* (ECSC), Bremen: Universität Bremen, 2006.

Cassel, Gustav *Theoretische Sozialökonomie*, Leipzig: A. Deichertsche, 1927-4.Aufl.（大野信三訳『カッセル　社会経済学原論』岩波書店，1926。）

Christaller, Walter *Die Zentralen Orte in Süddeutchland*, Jena: Fischer, 1933.（江澤譲爾訳『都市の立地と発展』大明堂，1969。）

Cornelissen, Christoph und Mish, Carsten hrsg. *Wissenschaft an der Grenze: Die Universität Kiel im Nationalsozialismus*, Essen: Klartext, 2009.

Daitz, Werner 'Die Grundlagen europäischer Marktordnung', *Das neue Europa*, Dresden: Meinhold, 1941, pp. 19-28.

Daitz, Werner 'Das europäische Sittengesetz als Strukturgesetz der europäischen Grossraumwirtschaft', *Nationale Wirtschaftsordnung und Grossraumwirtschaft*, Dresden: Meinhold, 1942, pp. 11-17.

Demm, Eberhard 'Einführung in Leben und Werk Alfred Webers', In The Works, *Alfred-Weber-Gesamtausgabe*. eds. Demm, Eberhard vol.1, Marburg: Metropolis, 1997a, pp. 11-23.

Demm, Eberhard 'Einleitung', In The Works, *Alfred-Weber-Gesamtausgabe*. eds. Demm, Eberhard vol. 1, 1997b, Marburg: Metropolis, pp. 25-48.

Demm, Eberhard 'Einleitung', In The Works, *Alfred-Weber-Gesamtausgabe*. eds. Demm,

Eberhard vol. 7, Marburg: Metropolis, 1999, pp. 7-21.

Dieckmann, Christoph 'Wirtschaftsforschung für den Grossraum', hrsg. Kahrs, Horst und Meyer, Ahlrich *Modelle für ein deutsches Europa*, Berlin: Rotbuch, 1992, pp. 124-198.

Engländer, Oskar 'Kritisches und Positives zu einer allgemeinen reinen Lehre vom Sombart', *Zeitschrift für Volkswirtschaft und Sozialpolitik*, Neue Folge V 1-3, Wien und Leipzig: Franz Deuticke, 1925, pp. 435-505.

Eulenburg, Frantz 'Großraumwirtschaft und Autarkie', *Kieler Vorträge*, 37, 1932, pp. 4-74. (建林正喜訳『オイレンブルク　広域経済論』冨山房，1943。)

Grotewold, Andreas 'The Growth of Industrial Core Areas and Patterns of World Trade', *Annals of the Association of American Geographers*, 61-2, 1971, pp. 361-370.

Grotewold, Andreas 'West Germany's Economic Growth', *Annals of the Association of American Geographers*, 63-3, 1973, pp. 353-365.

Guillebaud, Claude William *The Economic Recovery of Germany from 1933 to the Incorporation of Austrian in March 1938*, London: Macmillan, 1939. (世界経済調査会訳編『ナチス独逸の経済建設』世界経済調査会，1944。)

Gutberger, Hansjörg 'Sozialstrukturforschung und Sozialraumforschung in den Sozial- und Bevölkerungswissenschaften zwischen den 1930er und 1950er Jahren', hrsg. Mackensen, Rainer *Bevölkerungslehre und Bevölkerungspolitik im 'Dritten Reich'*, Hemsbach: Leske+ Budrich, 2004, pp. 206-218.

Haberler, Gottfried *Der internationale Handel*, Berlin: Julius Springer, 1933.

Haberler, Gottfried 'Die Gleichgewichtstheorie des internationalen Handels', *Schriften des Vereins für Socialpolitik*, Neue Folge 10: 1954, pp. 36-65.

Hallstein, Walter *United Europe: Challenge and Opportunity*, Cambridge, Mass.: Harvard University Press, 1962. (中島正信訳『ヨーロッパ合衆国』ダイヤモンド社，1963。)

Harms, Bernhard *Probleme der Weltwirtschaft*, Jena: Gustav Fischer, 1912.

Harms, Bernhard 'Weltwirtschaft und Weltwirtschaftslehre', *Weltwirtschaftliches Archiv*, 1, 1913, pp. 1-36.

Harms, Bernhard 'Strukturwandlung der Weltwirtschaft', *Weltwirtschaftliches Archiv*, 25, 1927, pp. 1-58.

Hein, Wolfgang and Kappel, Robert *Raum, Welt, Wirtschaft: Andreas Predöhl - eine duetsche Wissenschaftlerkarriere*, Hamburg: GIGA working paper-252, 2014, pp.8-11.

Hettner, Alfred *Die Geographie: ihre Geschichte, ihre Wesen und ihre Methoden*, Breslau: Hirt, 1927.

Isard, Walter *Location and Space-Economy*, Massachusetts: M. I. T. Press, 1956. (木内信蔵監訳『立地と空間経済』朝倉出版，1964。)

Isard, Walter 'The Contribution of Predöhl to Location Theory and Regional Science', hrsg. Jürgensen, Harald *Gestaltungsprobleme der Weltwirtschaft*, , Göttingen: Vandenhoeck & Ruprecht, 1963, pp. 22-28.

Janssen, Hauke *Nationalökonomie und Nationalsozialismus*, Marburg: Metropolis, 2009-3. Aufl.

Jürgensen, Harald hrsg. *Gestaltungsprobleme der Weltwirtschaft*, Göttingen: Vandenhoeck & Ruprecht, 1964.

Kaelble, Hartmut *Auf dem Weg zu einer europäischen Gesellschaft*, München: C. H. Beck'sche Verl. (Oscar Beck) 1987. (雨宮昭彦・金子邦子・永岑三千輝・古内博行訳『ひとつのヨーロッパへの道――その社会史的考察』日本経済評論社，1997。)

Kant, Immanuel *Zum ewigen Frieden*, 1795 (宇都宮芳明訳『永遠平和のために』岩波書店，1985。)

Kappel, Robert and Brach, Juliane *Handel, Hierarchien und Kooperation in der Globalisierung*, Hamburg: GIGA working papers-95, 2009.

Kappel, Robert *On the Economics of Regional Powers: Comparing China, India, Brazil, and South Africa*, Hamburg: GIGA working papers-145, 2010.

Kappel, Robert 'The Challenge to Europe: Regional Powers and the Shifting of the Global Order', *Intereconomics*, 2011-5, 2011, pp. 275-286.

Keynes, John Maynard Keynes to H. Nicolson, 20 November 1940. In *The Collected Writings*, vol. 25, London: Macmillan, 1980, pp. 1-3. (村野孝訳『ケインズ全集』25巻，東洋経済新報社，1992年，pp. 2-4。)

Keynes, John Maynard 'Covering Note Dated 1 December 1940 to 'Proposals to Counter the German 'New Order'', In *The Collected Writings*, vol. 25, London: Macmillan, 1980, pp. 10-16. (村野孝訳『ケインズ全集』25巻，東洋経済新報社，1992, pp. 11-16。)

Kjellén, Rudolf *Der Staat als Lebensform*, Leipzig: S.Hirzel, 1917. (阿部市五郎訳『生活形態としての国家』叢文閣，1936。)

Krugman, Paul R. *Geography and Trade*, Massachusetts: M.I.T. Press, 1991. (北村行伸・高橋亘・妹尾美起訳『脱「国境」の経済学』東洋経済新報社，1994。)

Kurz, Heinz D. 'Über die Knappheit und eine mißglückte Analogie zwischen Arbeit und Boden Kapital:Thünens Theorie der Produktion und Verteilung', *Schriften der Vereins für Socialpolitik*, 115/XIV, 1995, pp. 115-151.

Launhardt, Wilhelm *Die Bestimmung des zweckmäßigen Standorts einer gewerbliche Anlage*, Z.V.D.I, XXVI, 1882.

Launhardt, Wilhelm *Mathematische Begründung der Volkswirtschaftslehre*, Leipzig: Scienta, 1885. (本間祥介訳『経済学の数学的基礎』中央経済社，1971。)

Lemper, Alfons *Handel in einer dynamischen Weltwirtschaft*, München: Weltforum, 1974a.

Lemper, Alfons *Japan in der Weltwirtschaft*, ed. Lemper, A., München: Weltforum, 1974b.

Lemper, Alfons 'Predöhl und Schumpeter: Ihre Bedeutung für die Erklärung der Entwicklung und der Handelsstruktur Asiens', *Bericht aus dem Weltwirtschaftlichen Colloquim der Universität Bremen*, 58, 1998, pp. 1-19.

Leontief, Wassily 'Internationale Beziehungen wirtschaftlicher Aktivitäten', *Schriften des Vereins für Socialpolitik*, Neue Folge 14, 1959, pp. 46-55.

List, Friedrich *Outlines of American Political Economy*, Philadelphia: S.Parker, 1827. (正木一夫訳『アメリカ経済学綱要』未来社，1966。)

List, Friedrich *Das nationale System der politischen Ökonomie*, Stuttgart: J.G. Cotta, 1841.

（小林昇訳『経済学の国民的体系』岩波書店，1970。）

List, Friedrich *Die Ackerverfassung, die Zwergwirtschaft und die Auswanderung*, Stuttgart: J.G. Cotta, 1842.（小林昇訳『農地制度論』岩波書店，1999。）

Lösch, August *Die räumliche Ordnung der Wirtschaft. Eine Untersuchung über Standort, Wirtschaftsgebiete und internationalem Handel*, Jena: Fischer, 1940. 1943-2.Aufl.（篠原泰三訳『レッシュ経済立地論』農政調査委員会，1968，並びに大明堂，1991。）

Marshall, Alfred *Principles of Economics*, London: Macmillan, 1922-8th ed.（馬場啓之助訳『マーシャル経済学原理』東洋経済新報社，1965-67。）

Menger, Carl *Untersuchungen über die Methode der Socialwissenschften, und der politischen Ökonomie insbesondere*, Leipzig: Duncker & Humblot, 1883.（福井孝治・吉田昇三訳『経済学の方法に関する研究』岩波書店，1939。）

Mish, Carsten 'Führer der Universität', hrsg. Cornelissen, Christoph und Mish, Carsten *Wissenschaft an der Grenze: Die Universität Kiel im Nationalsozialismus*, Essen: Klartext, 2009, pp. 33-55.

Myrdal, Gunnar *Economic Theory and Underdeveloped Region*, London: Duckworth, 1955.

Naumann, Friedrich *Neudeutsche Wirtschaftspolitik*, Berlin: Georg Reiner, 1911.（大日本文明協会訳『経済政策』大日本文明協会事務所，1913。）

Naumann, Friedrich *Mitteleuropa*, Berlin: Georg Reiner, 1915.

Nutzinger, Hans G. 'Einleitung'. In The Works, *Alfred-Weber-Gesamtausgabe*, eds. Nutzinger, H.G. vol.6, Marburg: Metropolis, 1998, pp. 7-24.

Nutzinger, Hans G. 'Einleitung'. In The Works, *Alfred-Weber-Gesamtausgabe*, eds. Nutzinger, H.G. vol.5, Marburg: Metropolis, 2000, pp. 8-21.

Opitz, Reinhard *Europastrategien des deutschen Kapitals 1900-1945*, Köln: Pahl-Rugenstein, 1977.

Palander, Tord *Beiträge zur Standortstheorie*, Uppsala: Almqvist & Wiksells Boktryckeri, 1935.（篠原泰三訳『立地論研究』大明堂，1954。）

Parsons, Talcott and Smelser, Neil.J. *Economy and Society*, London: Routledge and Kegan Paul, 1956.（富永健一訳『経済と社会』岩波書店，1958。）

Perroux, François 'Economic Space: Theory and Applications', *Quarterly Journal of Economics*, 64-1, 1950, pp. 89-104.

Perroux, François *Économie et Société: Contrainte, Échange, Don*, Paris: Presses Universitaires de France, 1960.（岡山隆・堀川マリ子・堀川士良訳『経済と社会』ダイヤモンド社，1962。）

Petersen, Hans-Christian 'Expertisen für die Praxis', hrsg. Cornelissen, Christoph und Mish, Carsten *Wissenschaft an der Grenze—Die Universität Kiel im Nationalsozialismus*, Essen: Klartext, 2009, pp. 57-79.

Porter, Michael E. *Competitive Advantage: Creating and Sustaining Superior Performance*, New York: The Free Press, 1985.

Porter, Michael E. *The Competitive Advantages of Nations*, New York: The Free Press, 1990.

Predöhl, Andreas 'Das Standortsproblem in der Wirtschaftstheorien', *Weltwirtschaftliches Archiv*, 21, Jena: Gustav Fischer, 1925, pp. 294-319.

Predöhl, Andreas 'The Theory of Location in its Relation to General Economics', *Journal of political Economy*, 36,Chicago: University of Chicago Press, 1928a, pp. 371-390.

Predöhl, Andreas 'Die örtliche Verteilung der amerikanischen Eisen- und Stahlindustrie', *Weltwirtschaftliches Archiv*, 27, 1928b, Jena: Gustav Fischer, pp. 239-292.

Predöhl, Andreas 'Die Südwanderung der amerikanischen Baumwollindustrie', *Weltwirtschaftliches Archiv*, 29, Jena: Gustav Fischer, 1928c, pp. 106-159.

Predöhl, Andreas 'Die Industrialisierung Russlands', *Weltwirtschaftliches Archiv*, 36, Jena: Gustav Fischer, 1932, pp. 456-475.

Predöhl, Andreas 'Staatsraum und Wirtschaftsraum', *Weltwirtschaftliches Archiv*, 39, Jena: Gustav Fischer, 1934, pp. 1-12.

Predöhl, Andreas 'Die Beziehungen zwischen Währung und Handelspolitik', *Zeitschrift für die gesamte Staatswissenschaft*, 97, Tübingen: H.Laupp'schen Buchhandlung, 1937, pp. 71-84.

Predöhl, Andreas 'Die sogenannten Handelshemmnisse und der Neuaufbau der Weltwirtschaft', *Weltwirtschaftliches Archiv*, 52, Jena: Gustav Fischer, 1940, pp. 193-222. (国際経済調査所訳「所謂通商障碍と世界経済の新建設」『国際経済研究』第 2 巻 12 号, 1941, pp. 55-82。)

Predöhl, Andreas 'Grossraum, Autarkie und Weltwirtschaft', *Das neue Europa*, Dresden: Mainhold, 1941, pp. 158-166.

Predöhl, Andreas 'Die Angelsächsischen Währungspläne und die europäische Währungsordnung', *Weltwirtschaftliches Archiv*, 58, Jena: Gustav Fischers, 1943, pp. 1-26.

Predöhl, Andreas *Deutschland und die wirtschaftliche Einheit Europas: Ökonomisches Manifest zum Marschall-Plan*, Hamburg: Auerdruck,1948.

Predöhl, Andreas *Außenwirtschaft: Weltwirtschaft, Handelspolitik und Währungspolitik*, Göttingen: Vandenhoeck & Ruprecht, 1949.

Predöhl, Andreas 'Weltwirtschaft in räumlicher Perspektive', *Economia Internationale*, Vol. III, Genova: Camera di Commercio, Industria E Agricoltura, 1950, pp. 1044-1065.

Predöhl, Andereas 'Von der Standortslehre zur Raumwirtschaftslehre', *Jahrbuch für Sozialwissenschaft*, 2, Göttingen: Vandenhoeckt & Ruprecht, 1951a, pp. 94-114.

Predöhl, Andreas 'Probleme des Schumann-Plans', *Kieler Vorträge*, Kiel: Institut für Weltwirtschaft an der Universität Kiel, 1951b, pp. 3-34.

Predöhl, Andreas & Haberler, Gottfried *Schriften des Vereins für Socialpolitik*, Neue Folge 10, Berlin: Duncker & Humblot, 1954.

Predöhl, Andreas *Verkehrspolitik*, Göttingen: Vandenhoeck & Ruprecht, 1958.

Predöhl, Andreas and Leontief, Wassily *Schriften des Vereins für Socialpolitik*, Neue Folge 14, Berlin: Duncker & Humblot, 1959.

Predöhl, Andreas *Weltwirtschaft und Europäische Integration*, Münster Westf: Aschendorf,

1960.

Predöhl, Andreas *Das Ende der Wirtschaftskrise*, Reinbeck bei Hamburg: Rowohlt, 1962.

Predöhl, Andreas *Außenwirtschaft*, Göttingen: Vandenhoeck & Ruprecht, 1971-2.Aufl.

Predöhl, Andreas *Gustav Cassel, Joseph Schumpeter, Bernhard Harms: Drei richtungsweisende Wirtschaftswissenschaftler*, Göttingen: Vandenhoeck & Ruprecht, 1972.

Ratzel, Friedrich *Anthroporogeographie*, Stuttgart: J.Engelhorn, 1882-1891. （由比濱省吾訳『人類地理学』古今書院，2006。）

Ratzel, Friedrich *Politische Geographie oder die Geographie der Staaten, des Verkehrs und des Krieges*, München und Berlin: R.Oldenbourg 1903-2.Aufl. 1923-3.Aufl.

Recktenwald, Horst C. 'Johann Heinrich von Thünen, Der Forscher und das Kassische seines Werkes', *Vademecum zu einem frühen Klassiker der ökonomischen Wissenschaft*, Düsseldorf: Wirtschaft und Finanzen , 1986, pp. 7-31.

Ricardo, David *On the Principles of Political Economy and Taxation*, London: John Murray, 1817.

Riha, Tomas *German Political Economy: The History of an Alternative Economics*, West Yorkshire: MCB University Press, 1985. （原田哲史・田村信一・内田博訳『ドイツ政治経済学——もうひとつの経済学の歴史』ミネルヴァ書房，1992。）

Rodrik, Dani *The Globalization Paradox: Democracy and the Future of the World Economy*, New York: W.W. Norton & Co, 2011. （柴山桂太・大川良文訳『グローバリゼーション・パラドクス』白水社，2014。）

Roscher, Wilhelm *System der Volkswirtschaft III*, Stuttgart, Gotta, 1887-3. Aufl.

Salin, Edgar 'Der isolierte Staat 1826-1926', *Zeitschrift für die gesamte Staatswissenschaft*, 81 (3), Tübingen: H.Laupp'schen Buchhandlung, 1926, pp. 410-431.

Salin, Edgar 'Standortsverschiebungen der deutschen Wirtschaft', hrsg. Harms, Bernhard *Strukturwandlungen der Deutschen Volkswirtschaft*, Berlin: Reimar Hobbing, 1928, pp. 75-106.

Salin, Edgar *Politische Ökonomie Geschichte der wirtschaftspolitischen Ideen von Platon bis Gegenwart*, Tübingen; J. C.B. Mohr（Paul Siebeck）and Zürich: Polygraphischer, 1967-5. Aufl. （高島善哉訳『ザーリン国民経済学史』三省堂，1935。同じく『ザリーン経済学史の基礎理論』三省堂，1944。）

Scheuplein, Christoph 'Wirtschaftliches Maximum, völkisches Optimum: Raumwirtschaftstheorie und -politik bei Andreas Predöhl', hrsg. Mäding, Heinrich und Strubelt, Wendelin *Vom Dritten Reich zur Bundesrepublik: Beiträge einer Tagung zur Geschichte von Raumforschung und Raumplanung*, Hannover: die Akademie für Raumforschung und Landesplanung, 346, 2009, pp. 10-38.

Scheuplein, Christoph 'Vertical Integration and Macroeconomic Growth: The Case of the Steel Industry', *Erdkunde*, Bonn: Ferd. Dümmler, 64-4, 2010, pp. 327-341.

Schäffle, Albrecht *Das gesellschaftliche System der menschlichen Wirtschaft*, Tübingen, 1867, pp. 274-302. （春日茂男『立地の理論』大明堂，1982, pp. 299-302。）

Schneider, Erich 'Johann Heinrich von Thünen', *Econometrica*, Vol.2, No.1, JSTOR:

Econometric Society, 1934, pp. 1-12.

Schriften des Vereins für Socialpolitik, *Wandlungen des Kapitalismus: Auslandanleihen, Kredit und Konjunktur*, München und Leipzig: Duncker & Humblot, 1929.

Schriften des Vereins für Socialpolitik, Neue Folge 14, München und Leipzig: Duncker & Humblot, 1959.

Schumpeter, Joseph Alois *Theorie der Wirtschaftlichen Entwicklung*, München: Duncker & Humblot, 1926-2.Aufl.（塩野谷祐一・中山伊知郎・東畑精一訳『経済発展の理論』岩波書店，1977。）

Schumpeter, Joseph Alois *Business Cycles: A Theoretical, Historical, and Statistical Analysis of the Capitalist Process*, New York: McGraw-Hill, 1939.（吉田昇三監訳 金融経済研究所訳『景気循環論』有斐閣，1958。）

Sombart, Werner *Der moderne Kapitalismus: Historisch-systematische Darstellung des gesamteuropäischen Wirtschaftslebens von seinen Anfängen bis zur Gegenwart*, München und Leipzig: Duncker & Humblot, 1924-II-6.Aufl.（木村元一抄訳『ゾムバルト・近代資本主義』春秋社，1949。）

Sombart, Werner 'Die Wandlungen des Kapitalismus', *Schriften des Vereins für Socialpolitik*, 175, München und Leipzig: Duncker & Humblot, 1929, pp. 23-41.

Stavenhagen, Gerhard *Geschichte der Wirtschaftstheorien*, Göttingen: Vandenhoeck & Ruprecht, 1969-4. Aufl.

Stolper, Wolfgang. F. 'August Lösch in Memorian', *The Economics of Location*, New Haven: Yale University Press, ix, 1954.

Strange, Susan *Casino Capitalism*, Oxford: Blackwell, 1986.（小林襄治訳『カジノ資本主義』岩波書店，2007。）

Thünen, Johann Heinrich von *Der isolierte Staat in Beziehung auf Landwirtschaft und Nationalökonomie*, hrsg. Schmacher-Zarhin, Berlin: Wiegandt, Hempel & Paren, 1875-3. Aufl.（近藤康男・熊代幸雄訳『孤立国』日本経済評論社，1989。）

Trepp, Gian *Bankgeschäfte mit dem Feind*, Zürich: Rotpunktverlag, 1993.（駒込雄治・佐藤夕美訳『BIS 国際決済銀行の戦争責任』日本経済評論社，2000。）

Tribe, Keith *Strategies of Economic Order*, Cambridge: Cambridge University Press, 1995.（小林純・手塚真・枡田大知彦訳『経済秩序のストラテジー』ミネルヴァ書房，1998。）

Uhrmacher, Hildegard *Grossraumwirtschaft*, N.A. 1938.（世界経済調査会訳「広域経済」『ナチス広域経済論』世界経済調査会，1943。）

Volkman, Hans-Erich *Ökonomie und Expansion*, München: R.Oldenbourg, 2003.

Wallerstein, Immanuel Maurice *The Capitalist World-Economy*, Cambridge [Eng.]: Maison des Sciences de l'Homme and Cambridge University Press, 1979.（藤瀬浩司・麻浅沼賢彦・金井雄一訳『資本主義世界経済——中核と周辺の不平等』名古屋大学出版会，1987。）

Wallerstein, Immanuel Maurice *The Politics of the World-Economy: The State, the Movements, and the Civilizations*, Cambridge [Eng.]: Maison des Science de l'Homme and Cambridge University Press, 1984.（内藤俊雄・伊豫谷登士翁・田中治男訳『世界経済の政治学——国家・運動・文明』同文舘出版，1991。）

Wallerstein, Immanuel Maurice *World-Systems Analysis: An Introduction*, Durham and London: Duke University Press, 2004. (山下範久訳『入門・世界システム分析』藤原書店, 2006。)

Weber, Alfred 'Deutschland und die Rohstoffländer'. In the Works, *Alfred-Weber-Gesamtausgabe*, eds. Demm, Eberhard and Nutzinger, Hans G. vol. 5, Marburg: Metropolis, [1902a] 2000, pp. 382-406.

Weber, Alfred 'Die gemeinsamen wirtschaftlichen Interessen Deutschland und Österreich'. In the Works, *Alfred-Weber-Gesamtausgabe*, eds. Demm, Eberhard and Nutzinger, Hans G. vol. 5, Marburg: Metropolis, [1902b] 2000, pp. 293-309.

Weber, Alfred 'Deutschland und der wirtschaftliche Imperialismus'. In the Works, *Alfred-Weber-Gesamtausgabe*, eds. Demm, Eberhard and Nutzinger, Hans G. vol. 5, Marburg: Metropolis, [1904] 2000, pp. 382-406.

Weber, Alfred *Über den Standort der Industrien: Erster Teil Reine Theorie des Standorts*, Tübingen: J.C.B. Mohr (Paul Siebeck), 1909, 1922-2.Aufl. (江澤讓爾監修, 日本産業構造研究所訳『工業立地論』大明堂, 1966, 改訂版 篠原泰三訳 大明堂, 1986。)

Weber, Alfred 'Die Standortslehre und die Handelspolitik', *Archiv für Sozialwissenschaft und Sozialpolitik*, 32, Tübingen: J.C.B.Mohr (Paul Siebeck) 1911, pp. 667-688.

Weber, Alfred 'Industrielle Standortslehre (Allgemeine und kapitalistische Theorie des Standortes)', *Grundriss der Sozialökonomik Abt. 4: Industrie, Bergwesen. Bauwesen*, Tübingen: J.C.Mohr (Paul Siebeck), 1914, pp. 54-82. (江澤讓爾訳『工業分布論』改造社, 1938。)

Weber, Alfred 'Sozialisierung des Bergbau', *Berliner Tageblatt*. In the Works, *Alfred-Weber-Gesamtausgabe*, eds. Nutzinger, Hans. G. vol.5, Berlin and Marburg: Metropolis, [1919] 2003, pp. 513-514.

Weber, Alfred 'Prinzipielles zur Kultursoziologie. (Gesellschaftsprozess, Zivilisationsprozess und Kulturbewegung)', *Archiv für Sozialwissenschaft und Sozialpolitik*, 20, Tübingen: J.C.B.Mohr (Paul Siebeck), 1921, pp. 1-49.

Weber, Alfred 'Europa als Weltindustriezentrum und die Idee der Zollunion'. In The Works, *Alfred-Weber-Gesamtausgabe*, eds. Nutzinger, Hans G. vol.6, Marburg: Metropolis, 1926a, pp. 335-345.

Weber, Alfred 'Paneuropa'. In the Works, *Alfled-Weber-Gesamtausgabe*, eds. Demm, Eberhard, vol.7, Marburg: Metropolis, [1926b] 2003, pp. 527-532.

Weber, Alfred 'Vorwort zu *Die produktionswirtschaftliche Integration Europas*, von Gaedicke, H. und Eynern, G. v.', Berlin: Junker und Dünnhaupt, 1933.

Weber, Alfred *Kulturgeschichte als Kultursoziologie*, In the Works, *Alfred-Weber-Gesamtausgabe*, eds. Demm, Eberhard, vol. 1, Marburg: Metropolis, [1935] 1997, pp. 51-522.

青木外志夫「序章　経済地理学の新しい動向──総括的展望」経済地理学会編『経済地理学の成果と課題』大明堂，1967, pp. 3-21.

赤松要「ドイツ社会政策学会に出席して」『経済評論』4 (3)，日本評論新社，1955, pp. 101-102。

赤松要『世界経済論』国元書房，1965。

雨宮昭彦『競争秩序のポリティクス』東京大学出版会，2005。

飯塚浩二『地理学批判──社会科学の一部門としての地理学』帝国書院，1947。

生島廣治郎「皇道世界経済学の提唱」『新経済理論の確立』東洋経済新報社，1943, pp. 37-53。

板垣與一『新版　政治経済学の方法』勁草書房，1951。

板垣與一「ヨーロッパ統合概念の形成と発展」板垣與一・山本登監修『欧州経済統合の分析と展望』日本国際問題研究所，1964, pp. 1-15。

伊藤久秋『ウェーバー工業立地論入門』大明堂，1976。

入江昭「オピニオン」6 月 19 日付け朝日新聞，2014。

江澤譲爾訳，ヴィルヘルム・ディルタイ著『文芸復興と宗教改革』春陽堂，1931。

江澤譲爾訳，フリードリッヒ・シュレーゲル著『ルチンデ』春陽堂，1934。

江澤譲爾『独逸思想史研究』主張社，1936。

江澤譲爾『価値概念の日本的内容』刀江書院，1941。

江澤譲爾『地政学研究』日本評論社，1942。

江澤譲爾『地政学概論』日本評論社，1943a。

江澤譲爾『国土の精神』新潮社，1943b。

江澤譲爾『地理　その基本問題』育英書院，1943c。

江澤譲爾『立地論序説』時潮社，1955。

江澤譲爾『経済立地論概説』時潮社，1959。

江澤譲爾「故アルフレート・ヴェーバー教授とその業績」日本産業構造研究所『工業立地論』大明堂，1966, pp. 287-292。

小笠原茂「関税同盟からドイツ帝国へ」諸田實他『ドイツ経済の歴史的空間──関税同盟・ライヒ・ブント』昭和堂，1994, pp. 74-118。

春日茂男『立地の理論』大明堂，1982。

川西正鑑『工業立地論』千倉書房，1937。

紀平英作編『ヨーロッパ統合の理念と軌跡』京都大学学術出版会，2004。

木村元一「補論　ゾンバルトの思想的系譜」『ゾンバルト近代資本主義』春秋社，1949, pp. 398-400。

工藤章『20 世紀ドイツ資本主義──国際定位と大企業体制』東京大学出版会，1999。

黒正巌『経済地理学総論』叢文閣，1936。

国際経済調査所「戦後の欧州経済──フンク独経済相声明」『国際経済研究』第 1 巻 10 号，1940, pp. 259-263。

小原敬士『社会地理学の基礎問題』古今書院，1936。

小林純『ドイツ経済思想史論集 I』唯学書房，2012a。

小林純「ドイツの「中欧」構想──経済思想史の視点から」『思想』岩波書店 1056 号，2012b, pp. 53-72。

小林昇『フリードリッヒ・リスト論考』未来社，1966。

小林昇『リスト　経済学の国民的体系』岩波書店，1970。

小林昇「ドイツ経済学」小林昇・杉原四郎編『新版経済学史』有斐閣，1986, pp. 116-129。

小林昇『東西リスト論争』みすず書房，1990。

権上康男『通貨統合の歴史的起源──資本主義世界の大転換とヨーロッパの選択』日本経済評論社，2013。

近藤康男『チウネン孤立国の研究』近藤康男著作集，農山漁村文化研究会，(1928) 1974。

佐々木隆生・中村研一編著『ヨーロッパ統合の脱神話化』ミネルヴァ書房，1994。

清水和巳「フランソワ・ペルー──人間主義（ユマニスム）的経済学の一頂点として」『早稲田経済学研究』33 号，1991, pp. 39-50。

清水和巳「「国民経済」というプロブレマティーク (1)──「国民経済」概念と経済学」『早稲田政治経済學雑誌』336 号，1998, pp. 181-211。

清水和巳「Fr. ペルーにおける経済社会の再生産装置とその配置について──「商品社会」から「進歩する」社会へ」『早稲田政治経済學雑誌』349 号，2002, pp. 234-255。

世界経済調査会訳編『ナチス広域経済論』世界経済調査会，1943。

高橋次郎『広域圏の経済理論』文川堂書房，1943。

竹内啓一「日本におけるゲオポリティクと地理学」『一橋論叢』LXXII-2, 1974, pp. 169-191。

玉野井芳郎『エコノミーとエコロジー』みすず書房，1978。

中尾謹三『ナチス広域経済論』世界経済調査会，1943。

中山伊知郎『戦争経済の理論』日本評論社，1941。

中山伊知郎『中山伊知郎全集　第十集への序文』講談社，1973。

西岡久雄『立地と地域経済』三弥井書店，1963。

西川潤『経済発展の理論』日本評論社，1976。

西牟田祐二「第二次世界大戦期の国際決済銀行 (1)」京都大学経済学会『経済論叢』161-2, 1998, pp. 1-24, 同じく「第二次世界大戦期の国際決済銀行 (2)」161-3, 1998, pp.1-21, 同じく「第二次世界大戦期の国際決済銀行 (3)」161-5,6, 1998, pp. 19-46, 同じく「第二次世界大戦期の国際決済銀行 (4)」163-2, 1999, pp.1-31, 同じく「第二次世界大戦期の国際決済銀行 (5)」164-1,1999, pp. 1-30。

日仏経済学会『Bulletin　フランソワ・ペルー教授追悼記念号』日仏経済学会，11 号，1988。

根岸隆『経済学の理論と発展』ミネルヴァ書房，2008。

平尾弥五郎『広域経済の理論的研究』有斐閣，1943。

細谷雄一「ウィンストン・チャーチルにおける欧州統合の理念」『北海道大学法学論集』52-1, 2001, pp. 71-117。

堀川士良「計画的社会調和最優先のフランス派」『東洋経済──現代経済思想』3501 号，東洋経済新報社，1969, pp. 70-77。

松井清『世界経済学批判』有斐閣，1928。

松原宏『経済地理学──立地・地域・都市の理論』東京大学出版会，2006。

水野和夫『資本主義の終焉と歴史の危機』集英社新書，2014。

三ツ石郁夫「初期アルフレート・ヴェーバーにおける労働問題の意義」滋賀大学経済学会『彦根論叢』315, 1998, pp. 191-208。

村瀬興雄「欧州統合の前史」日本国際政治学会編『欧州統合の研究』有斐閣，1964。

森原隆「ヨーロッパとは何か――欧州統合の理念と歴史」福田耕治編『EU・欧州統合研究』成文堂，2009, pp. 2-22。

森本憲夫『世界経済学の研究――方法論の立場より』関書院，1956。

森本憲夫『キール学派世界経済学の展開』近畿大学世界経済問題研究叢書，No. 2, 1960。

諸田實『フリードリッヒ・リストと彼の時代――国民経済学の成立』有斐閣，2003。

八木紀一郎「カール・メンガーと歴史学派――方法論争とその後」住谷一彦・八木紀一郎編『歴史学派の世界』日本経済評論社，1998, pp. 193-219。

八木紀一郎「C. メンガー――精密的理論と主観主義」八木紀一郎編『経済思想のドイツ的伝統』日本経済評論社，2006, pp. 115-65。

薬師寺洋之『世界経済の立地＝貿易理論』晃洋書房，2008。

矢後和彦「戦時 BIS における市場認識と戦後構想――ペール・ヤコブソンの政策論を中心に」雨宮昭彦・J. シュトレープ編『管理された市場経済の生成――介入的自由主義の比較経済史』日本経済評論社，2009, pp. 137-182。

矢後和彦『国際決済銀行の 20 世紀』蒼天社，2010。

山田雄三『チューネン分配論の研究』森山書店，1934。

山田雄三「国際経済と国民主義」『国際経済研究』国際経済調査所，創刊号，1940, pp. 1-17。

山本健児『産業集積の経済地理学』法政大学出版局，2005。

山本登『世界経済論　改訂 4 版』泉文堂，1960。

柳井雅人『経済発展と地域構造』大明堂，1997。

柳澤治『ドイツ中小ブルジョアジーの史的分析――三月革命からナチズムへ』岩波書店，1989。

柳澤治『資本主義史の連続と断絶――西欧的発展とドイツ』日本経済評論社，2006。

柳澤治『戦前・戦時日本の経済思想とナチズム』岩波書店，2008。

ユルゲン・フレーーリッヒ（深井智明・宮崎直美訳）「フリードリッヒ・ナウマンの『中欧』――この書物をめぐっての諸事情とその結末」『思想』岩波書店，No. 1056. 2012, pp. 172-194。

脇田武光『立地論読本』大明堂，1983。

和辻哲郎『日本精神史研究』岩波書店，1926。

和辻哲郎『風土――人間的考察』岩波書店，1935。

人名索引

あ行

アイサード，W.　7，84，93-96
アルベール，M.　171
青木利志夫　75-76
赤松要　92，200
雨宮昭彦　133
飯塚浩二　61，160，162
イェッセン，J.　4，133
生島廣治郎　5，151-152
板垣與一　47，99
伊藤久秋　51
ウアマッハー，H.　134，152
ヴェーバー，A.　1，2，5-7，10，20，
　39，48，50-53，55-59，61-86，88，
　90-91，95-97，101-106，113，123，
　145，147-149，155，157-159，168，
　204，211-212，215
ウォーラーステイン，I. M.　8，109，
　180，203
江澤讓爾　51，53，61，70-71，73，
　101，155-162
エングレンダー，O.　26，158-159
オイケン，W.　143-145
オイレンブルク，F.　101
小笠原茂　108
小原敬士　59
オピッツ，R.　144

か行

春日茂男　49，101
カッセル，G.　82，93，103，105-106
カッペル，R.　1，97，102，161，188，
　190-195，202-207
川西正鑑　51

ギルボー，C. W.　118
クーデンホフ・カレルギー，R. N.　167
工藤章　99，131
クリスタラー，W.　11，50，76，96，
　190，203
クルツ，H. D.　24
グローテウォルト，A.　192
ケインズ，J. M.　118，137，141，
　172-174，214
黒正巖　59，61
小林純　99，166
小林昇　36，47，99
小牧実繁　161
権上康男　120，183
近藤康男　27

さ行

ザリーン，E.　25-26，51，66-68，70，
　74，123，158
シェフレ，A.　49
篠原泰三　53，76，84
清水和巳　180，191
シャハト，H.　140
シュナイダー，E.　4-5，31，50
シュモラー，G.　50
シュンペーター，J. A.　53，103-104，
　117，188-189，203
ショイプライン，C.　188，193-195，
　202-208
シラー，K.　3，5，84，131，142-143
スターベンハーゲン，G.　51，101，106
ストレンジ，S.　89，174
スミス，A.　13，38
ゾンバルト，W.　52，64-71，74，104，
　122，138，148-149，158，205，211，

213

た 行

ダイツ，W.　131-132
高橋次郎　150, 153-154
竹内啓一　157, 161-162
チェーレン，R.　62
テーア，A.　14
デム，E.　53, 63, 68-69
テューネン，J. H.　1-2, 10, 13-14,
　17-33, 35-36, 39-40, 46, 48-50, 53,
　57, 59, 67, 75, 78, 82, 93, 103,
　105-106, 114, 122, 132, 144, 147,
　165, 168, 179, 184, 203, 211, 218
トライブ，K.　99, 118, 137, 144-145
トレップ，G.　140

な 行

ナウマン，F.　166-167, 206
中尾謹三　152
中山伊知郎　152, 154-155
西岡久雄　51
西牟田祐二　140
ヌッツィンガー，H. G.　68, 70
根岸隆　24, 33

は 行

ハイン，W.　4
ハウスホーファー，K.　62, 160
パーソンズ，T.　7, 51
バックハウス，R. E.　96-97
バーデ，F.　4, 176
ハーバラー，G.　9-10, 90-93
バラッサ，B.　168
パランダー，T.　76
ハルシュタイン，W.　167, 176
ハルムス，B.　3-4, 11, 52, 75, 90,
　100, 102, 124, 142-143, 148, 177-
　179, 184, 195-196
平尾弥五郎　150-151

プレデール，A.　1-12, 16, 21, 36, 55,
　75-77, 81-88, 90-97, 99-107, 109-
　125, 127-135, 137-145, 148-149,
　151-155, 158-159, 161-163, 165-
　166, 168-178, 180-199, 201-208,
　212-219
ブレンターノ，L.　22, 27
フンク，W.　118, 135, 137, 140-141
ヘットナー，A.　59
ペルー，F.　12, 109-110, 115, 180-
　182, 190-193, 205
ポーター，M. E.　191
堀川士良　109

ま 行

マーシャル，A.　20, 54-56
松井清　178
松原宏　55, 97
ミュルダール，K. G.　191
メンガー，C.　52, 69-70, 74, 123
モネ，J.　167, 176
森本憲夫　96, 102
諸田實　46, 108

や 行

八木紀一郎　69
薬師寺洋之　96, 102
矢後和彦　140
山田雄三　101, 122, 152, 154-155
山本登　5, 103
柳澤治　115, 138, 169, 178-179
ユルゲンセン，H.　102

ら-わ 行

ラウンハルト，W.　50
ラッツェル，F.　11, 59-62, 71, 73-74,
　131, 147-148, 211
リスト，F.　2, 10, 13, 35-48, 56, 64,
　77, 80, 87, 99-100, 122-123, 166,
　183-184, 211-212

リハ, T.　51
レオンティエフ, W.　5, 9-10, 93-96
レッシュ, A.　5, 7, 20, 50, 55,
　75-76, 84-87, 90, 92, 94-97, 143,
　190, 203, 212, 219
レンバー, A.　102, 188-194, 197-208,

216
ロッシャー, W.　49
ロドリック, D.　124, 174
脇田武光　203
和辻哲郎　156

事項索引

アルファベット

ASEAN の経済統合　208
BIS　　→国際決済銀行
de-nation-state　97
　　──の問題　216
EC　183
ECSC　　→欧州石炭鉄鋼共同体
EEC　　→欧州経済共同体
EMS（欧州通貨制度：European Monetary
　System）　120，173，183
EU　　→欧州連合
GATT　170
GIGA（German Institute of Global and
　Area Studies）　102
Godesberger Programm　3
new economic geography　89，96-97
SPD（社会民主党）　3
URATOM　119

あ　行

アウタルキー　9，129，137，149-150，
　153-154，162，200，215
　　──化　11，116，128，133-134，
　　139，143，148，169，183，213-214
　　──化政策　138
　　──化の限界　218
　　──経済　32
　　──政策　68，135-136，141
　　──体制　130
アジアの空間　208
亜麻栽培と麻布製造の関係　20
安全保障　81，120，161，185
アンビバレントな関係　68
域内固定相場　173

イギリス経済の自立　182
イギリス古典派　36，38-39
育成関税　79
　　──論　80
位置地代　24，27
一極集中　202
一般均衡理論　76，85，91，93，96
一般的な地代（Gutrente）　26
移動法則　72
意志的な空間　159
イノベーション　203
移民　114
インセンティブ　29
運送費　14-15，21，26，49，53，72，
　78，80，95，149
運転機構　170
遠心力　181
　　──的な力　192
欧州合衆国　167
欧州経済共同体（EEC）　100，119，121，
　167，181，183
欧州経済計画並びに大空間経済協会　129
欧州新秩序　100，118，129
　　──政策　129
欧州生産力の連邦　95-96，168，212
欧州石炭鉄鋼共同体（ECSC）　81，88，
　167-168，176，183-184
欧州統一通貨　165
欧州統合　8，11，47，99，175，185，
　187
　　──論　6-7，76-77，99-100，118，
　　165
欧州連合（EU）　99，100，120，166，
　183，187
　　──の統合　165

大きなチューネン同心円　114，207

か　行

外部経済　54
価格理論　83，105
拡大 EC　120
拡張的な信用政策　172
価値判断　31，122，169
カッセルの代替原理　103
カルテル　170
為替管理制度　173
為替原理　116
環境決定論　59，61，156
雁行モデル　200
関税政策　68，78，80
関税同盟　40，80，87-88，167-168，
　182
関税問題　89
完全雇用　6，9，116，128，169，
　171-172
観念論　160
管理通貨制度　174-175，185
管理・統制　128，169
　――色　116，214
機械化　56
企業経営者　29
企業者利潤　22，27
企業のクラスター　190
基軸通貨　175
技術的相関性　83
規制された市場　170
北大西洋条約機構（NATO）　185
吸引力　202
求心的な力　192
求心力　181
狭隘の原理　105
供給地　71
供給独占　50
共通の秩序意識　206-207
協働　190

　――原理　193
共同管理　168
共同体意識　156
共同的生産　38
京都学派　161
局地原料　54
　――指向　108
極東部　199
極の集中効果と浸透効果　191
巨大複合企業（コングロマリット）　189
距離の問題　148
キール学派　151
キール世界経済研究所　3-4，133，140，
　142，176，212
キール大学　3
金回転台　141
均衡回復機能　172
近似性の問題　162
近代経済地理学　75
近代資本主義　72
緊張　110
　――関係　130
　――状態　7，214
　――問題　88，103，111，127，169
勤勉報酬　23
金本位制　117，137，172，174，179
空間概念　157，180
空間均衡理論　92
空間経済学　50，76-77，93，96
空間形成力　191
空間構築　100
空間的秩序　112
空間的場面　157
空間統合　47
空間認識　35，44，145，160
　――論　156-157
空間の拡張　1
偶然性　64
クリアリング構想　141，173
グレーターチャイナ　206

グローバリズム　89, 179, 201
　　――経済と国家空間　204
グローバル化　6, 190, 215
グローバル企業　12, 189, 196, 205, 209
グローバル競争　205
経営参加（共同決定）　81, 88
経営利潤　22
計画経済　117, 173, 197
計画により形成される空間　180
景気循環　115-116
　　――論　53
景気変動　169
経験的価値　156
経験的理解　69
経済外的要因　83, 86
経済価値　157
経済空間　88, 95-96, 100, 107, 119, 149, 165
　　――と国家空間　5, 111-112, 168, 199, 206, 212
　　――と政治空間　103, 124, 130, 150
　　――と政治空間の間の緊張問題　144
　　――の発展　124
経済計画　132
経済原則　80
経済構造　94
経済合理性　121, 123, 166
経済性原理　105
経済組織　56
経済体制　71, 83
経済秩序　99, 118, 188
経済地理学　58-59, 73, 75, 102, 159
　　――的な位置づけ（geookonomische Position）　199
　　――批判　51
経済的共同　181
　　――体　136
経済的要因　51, 123

経済統合　107, 119, 120-121, 148, 166, 168, 182, 184, 214
　　――と政治統合　185
　　――論　77
経済と国境の問題　97
経済の拡張行動　214
経済のグローバル化　201
　　――の問題　97
経済の合理性　181
経済の自律性　204
経済発展　1, 9, 63, 77, 87, 103-105, 149, 197
　　――の自律性　111
　　――論　165
経済平和のための委員会　140
経済領域　87
経済理論　84
計量経済学の先駆者　31
ゲオポリテック　157
決済機構　141
決済システム　214
決済制度　11, 137, 139, 141
決済通貨　136
限界核　107, 110, 198, 205
限界革命　52
限界地　108-110, 114, 191-192
限界分析　69
限界理論　69
現実的理論　5, 52, 64, 69-71, 73-74, 105, 123, 215
原子論的な競争　116
厳密理論　10, 52, 64, 69
原料供給地　53
原料指向　56, 58, 72, 79
　　――工業　78
原料指数　81
原料地　71
広域経済　152
　　――圏　131, 139, 214
　　――圏構想　8, 11, 88

——論　6，44
交易の効果　18
公益優先　143
交換価値の理論　40
工業化過程　170
工業再配置計画　129
工業集積　108-109
工業集中　56
工業の最適立地　5
工業立地　78
——論　50，66，147
構成体　200
合成通貨　173
交通経済学　102
交通手段の統合化　176
交通制度　45-46
交通論　101
皇道主義　161
皇道世界経済学　151
高度資本主義　67，110，122，213
購買力平価　172
合理的行動　51
合理的国家観　178
合理的な分配方法　22
合理的農業学　14
合理的立地　66
国際移動　77
国際機関　178
国際競争　205
国際協調　97
国際経済学　10，89
国際決済機構　141
国際決済銀行（BIS）　140-141
国際商業会議所（ICC）　140
国際的企業　12，188
国際的大企業　205
国際分業　90，128，135，138，148，
　150，153-155
——否定論　101-102，150-151
——論　90，97，154

国際貿易理論　91，92
国際連盟　177
『国土の精神』　156
国内取引　96
国防経済　153
国防経済学　133，155
国防経済論　134
国民経済　26，39，48，86，116，171，
　177-179
——学　10，32，36，122
——の空間　113
国民国家　10，38，44，48，87，176，
　193，202
——の空間　113
——の根幹　219
——の自立　124
——の存在基盤　97
——の存続　96
——の崩壊　216
国民的統一　43
国家化　128
国家間の分配問題　218
国家空間　48，77，88，95，107，109，
　116，123，166，169，197，215
——と経済空間　96，127
——と経済空間との緊張の理論　97
——の形成　36
——の構築　211
——へのこだわり　216
——を越えた統合　216
国家統一　35-36
国家の意志　48
国家の意思　111
国家の介入　149
国家の主権　120
国家の自立　6，7，9，119，149
国家の統合　87
国家領域　1，87，113
国家の領土　201
国境　87，95-96，110-111，113，115，

127, 181
　　——の制約　　119
　　——の問題　　6, 75, 77, 86
固定相場　174
古典的立地論　75
個別経済　177
コメコン　117
孤立国　　2, 13-14, 19, 113, 147
　　——の限界地　　32

さ　行

最恵国待遇　　116, 128
最小手段の原理　　106
財政比率規制　173
最適化　　128, 183
最適配置　　86, 121
最適配分　　80, 86
差額地代　26
作業の分割　45
差別化　200
産業移動　79
産業革命　147, 170
産業集積　54, 114
3極集中　197
　　——の時代　　213
　　——の世界経済　　188
私企業　48
私経済　39
資源の合理的配分　31
自国経済の保護　116
市場秩序　132
市場への距離　18
市場メカニズムの運転機構　171
自然科学　59
自然地理学　59, 61, 159
自然賃金　22-23, 25, 29, 30, 122
自然的因子　158
自然的・技術的要因　56
自然的条件　71
自然的な有機体　69

自然的要因　51, 63
自然的立地条件　79
自然法則　59, 64
失業対策　172
失業問題　116
実質費用の理論　91
実践的　68
　　——・実用主義的　68
　　——政策的な視点　73
実態認識　64
質的競争　72
質的な優位性　65
私的産業　39
指導者原理　143
自動調整機能　179
自動調節機能　175
シナジー効果　201
支配・被支配　180
支配力　180
支払い差額清算の体制　136
資本家　29
　　——の事業執行者　22
資本主義化　56
資本主義経済体制　69
社会化の過程（Gesellschaftsprozess）
　　53, 63
社会現象　69
社会正義　31
社会政策学会　90
社会的因子　158
社会的・文化的要因　56
収益逓増　55
収益の分配　25
宗教や文化の共通性　206
重商主義　37, 41
集積　71, 74, 189, 197
　　——概念　104
　　——傾向　54
　　——地　83
　　——地点　54

——の概念　105
——の吸引力　204
——の利点　201
——要因　54, 56
——力　79, 189
集中の過程　56
集中決済　139
集中する秩序　93
集中の極　110, 194, 196
周辺核　107, 194, 203
周辺地　108-109, 191-194, 197-198,
　206
集約化　116, 169
——期　127, 184, 196
——期の世界経済　118
集約的　57
——な農業　108
重量減損原料　54
重量図形　80
重量と距離　54
重力の中心形成　201
重力の場　110, 198
主権の譲歩　119
主権の問題　176
珠江デルタ・台湾　200
シューマン・プラン　167
主要農産物8品目による実証的研究　203
純粋理論　5, 10, 52, 64, 67, 69-71,
　74-76, 83, 105, 123, 215
商業自由の制限　21
商業精神　41
商業の制限　21
消費指向　56, 58, 72
——工業　79-78
消費地　54, 71, 78
商品連鎖　8
自律的な経済原理　7
自律的な行動　95
進化論　60, 113
新機軸　113

新興市場　194
（新）社会政策学会　4, 9, 89-90, 93
新自由主義　111, 179
人種的序列　183
人種・民族の有機体　211
人類地理学（人文地理学）　60, 73, 211
人類・民族の地域的分布　60
垂直的競争　192
垂直的統合　188, 193, 195, 203
——論　194
水平化　197
生活の孤立空間（Insel）　60
生産集中の過程　39
生産諸力の結合　45
生産諸力の理論　40
清算制度　136
生産の分散化　67
生産力の連邦　80, 88
政治空間　48, 87, 100, 107, 149,
　150
——と経済空間　110
——の統合　184, 200, 208, 216
政治経済学　36, 40, 122
政治体制　100, 121, 208
政治地理学　11, 147, 211
政治的要因　123, 179
政治的要素　122, 178
政治的連邦主義　173
政治（的）統合　107, 119-120, 166,
　175, 182
政治同盟　87
政治の先祖返り　120
政治優位　143, 145, 181, 183
精神形成　156
生存空間　130, 132, 160
生存圏構想　88
生存賃金　29-30, 33
製鉄・鉄鋼業　169, 189, 193-194,
　197, 204
制度論　157

生物地理学　60
精密化　95
精密的理解　69
世界経済　19，88-89，108，110，114，
　116，124，138，177
　――恐慌　117
　――システム　189
　――新秩序　151
　――秩序　118
　――の拡張期　115
　――のグローバル化　9
　――の集中の極　2，8，10，104，
　　109-112，114-117，120，122，124，
　　127，141，168，179，182，188，
　　196，198，201-202，205，213
　――の集約化期　117，213
　――の循環　197
　――の統合期　114
　――論　6，11，52，100，122，148
　――論的視点　195
世界主義　38
　――経済学　36，40
　――的意図　37
世界貿易　116
世界連合（Universalunion）　37，41
世界連邦　38，44，103
石炭・鉄鋼　176
石炭埋蔵地　79，81
先験的価値　156
戦時経済研究　133
前資本主義　67
戦争経済学　134，155
早期資本主義　66-67，122，213
相互依存　91，217
相互作用　61
相互信頼　8，10，124，148，182，184，
　206，217
相互理解　81，173
　――・信頼　42
創造的破壊の原理　189

その他の都市圏　16

た　行

第1の「集中の極」　173
対外経済政策　111，123，133
対外貿易政策　78
大空間経済　118，131-132，136
　――構想　100，121
大経済空間　109，113，173
大消費地　109-110
代替関係　82
代替原理　82
代替理論　83，212
代用の原理　106
多角的決裁　136
多極化　122，197
　――する世界経済　218
　――の時代　205，213
多極集中　197
多国籍企業　189
地域構造　72
地域主義　171
地域統合　8，197
地域分析　93
地学的歴史観　61
力の場としての空間　180
地政学　2，11，62，147，155，157，
　162-163，167，185，215
　――的認識　157
地代（Landrente）　20
　――の課税　27
中央ヨーロッパ論　166
中核企業　191
中核地　8，67，108-110，114，181-
　182，191-193，197
　――化　192
　――周辺地―限界地の同心円　107
　――周辺地―限界地のモデル　9
　――周辺地―限界地の環　165
　――周辺地の関係　203

事項索引 247

中核となる国家　217
中核―半周辺―周辺の関係　203
中規模農業　48
中近東　199
中心核　198
超国家的な指導　185
地理的位置　60
地理的環境　61
地理的空間　42, 122
地理的な独自性　199
通貨政策　112
通貨投機　174
　　――圧力　174
通貨統合　185
通貨同盟　87, 173
通商拡大法　172
通商政策　116
鉄道　17
　　――の延伸　18, 19
　　――の効果　18
テューネン空間　191
テューネン孤立国　2
テューネン同心円　6-7, 10, 67, 100,
　　104, 112, 119, 121, 135, 148-149,
　　182, 198-199, 202, 212, 214
ドイツ海外研究所　102
ドイツ関税同盟　36, 43, 107
ドイツ地政学　62, 160
ドイツ歴史学派　35, 205, 215
ドイツ・ロマン主義　156
統一通貨　120, 174-175
統合化　95
統合行動　186
統合理論　112
東西冷戦　112, 185, 187
同質的　199-200
　　――な集団としての空間　180
　　――なパートナー　199
同心円　15, 57, 147
動態過程　56, 57

動態的　105
　　――な空間　109
　　――な分析　51
投入産出分析　93-94
土地地代（Landrente）　24-25, 27-28
土地の肥沃度　26
「トモ」の概念　156
取引コストアプローチ　195
トン・キロメートル　50, 54, 81

な　行

ナチス広域経済圏　99
ナチス広域圏構想　167
ナチスの大空間経済構想　143
ナチスの党綱領　132
二元論　123
　　――的認識　123
2国間の貿易協定　116, 128
日常空間　180
『日本精神史研究』　156
人間の意志　158
ネットワーク化　190
農業企業家　14
農業立地論　49, 66

は　行

発展傾向　66
発展政策　197
発展段階　10, 37, 40, 46, 87
　　――論　122
発展秩序　119
発展の極　12
発展理論　84
パリ条約　175
範囲の不一致　213
晩期資本主義　122, 213
ハンブルク海外研究所　4
汎ヨーロッパ運動　167
ヒエラルキー　190
比較生産費の理論　91-92

非関税障壁　89
非経済的な価値　204
非経済的要因　88, 122-123, 180, 214
非合理主義　156
非合理性　64, 67, 157
非合理的　65
　――立地　66
非対称性　192
費用競争　72
費用上の節約　78
費用節約　66
　――効果　65
費用優位　65
費用要因　82
比例中項$\sqrt{ap}$　29, 33
封鎖制度　31
『風土』　156
不完全競争　97
不完全市場　50
福祉国家　205
2つの空間　7, 11, 96, 124, 186
　――の境界に生まれる緊張問題　166
　――の緊張問題　208
　――の統合理論　212
物理的空間　158
不平等者間の協働　192
部分均衡　85
普遍性　149
普遍的な共通過程　73
普遍的な法則性　70
部門別発展による極　193
プレデールの代替理論　83-84, 101, 103, 105
プレデール立地論　11, 196
プレデール理論　103, 112, 191, 198, 201-202, 205, 208-209
ブレトン・ウッズ　141
プロイセン関税表　41
不労所得　27
ブロック化　192

ブロック経済体制　194
フロンティア　203
文化運動（Kulturbewegung）　53, 63
文化的・社会的要因　123
文化的な共通性　208
分業と協業　45
フンク構想　139, 174
フンク声明　135, 141
分散化　39
分散的　71
分配の問題　218
文明化の過程（Zivilizationsprozess）　53, 62-63
文明史　52-53, 64, 69, 73
北京デルタ　200
偏奇　79
偏在原料　55
遍在原料　54, 78
　――工業　80, 114
変動相場　174
　――制　120, 172
貿易政策　77, 79, 82, 96, 112
　――論　86, 88
法人税率の引き下げ　204
暴力革命　30
補完理論　10, 75-76, 83, 91
保護関税　35, 39, 47, 169
　――政策　170
保護主義　116, 128, 170-171
保護政策　171

ま　行

マッキンレー関税　170
3つの立地指向　70-72, 74, 77, 84
南アジア　199
ミュンスター大学　3
民族主義　151-152
モリル関税　170

や 行

有機体　11，61，215
　　──説　60
有効需要政策　172
ユニバーサルな資本主義　171
輸入禁止制度　21
ユーラシアの経済空間　117
ユーロ　166，183，187
揚子江・上海デルタ　200

ら‒わ 行

ライヒスバンク　139-140，141
ラウンハルトの漏斗　50
ラウンハルト‒ホテリング問題　50
利益の分配　27
利潤（Kapitalgewinn）　20
　　──原理　107
リージョナル・サイエンス　93，95
リージョナル・パワー　161，204
リストの世界連邦　77，80
立地移動　78
立地因子　54
立地概念　105
立地革命　56
立地形成　66，97
立地構造　58，94
立地効率　81
立地最適化　85
立地指向　56，66，78
立地重量　81
立地図形　5，54，69，83
立地単位　81
立地の一般均衡理論　97
立地の決定要因　84
立地の最適化　81，82
立地の制約　201
立地の選択　7
立地の非合理性　52，74

立地要因　82，85
立地論　2，6，10，48，72，77，86，
　89，102，121，147-148，159，162
　　──的世界経済論　2，84，100-101，
　214
領邦国家　2，10，35，36，40，43，
　107
倫理学　156
倫理的・有機的な国家観　178
類似性　69
累進税率　204
冷戦構造　95
歴史学派　49，52，123
　　──経済学　90
歴史性　65
歴史的・経験的　67
歴史的発展　122，205
　　──要因　206
歴史的文化的な共通性　217
劣等白人　133
連邦的な経済統合　8
連邦的な国家　214
連盟　37
　　──的な世界連邦　87
　　──的な統合　47
労賃（Arbeitslohn）　20
労働指向　56，58，71-72，79，149
　　──工業　78
労働指数　81
労働創出的な政策　172
労働地　71，78，83
労働費　53，78，80
　　──の節約　82
労働力　71，114
ロシア‒シベリア空間　196
ロックフェラー基金　3-4
論理的厳密性　73
ワイダー・バンド　120

Andreas Predöhl's Location Theory in the World Economy and Geopolitics

MIZUNO Tadahisa

This book intends to explore the German location theories, especially those regarding the thought of Andreas Predöhl (1893-1974) and suggests that his theory has value even today. J.H. von Thünen (1783-1850) introduced a universal abstract concept of economic space with a distance factor. Around the same time, Friedrich List (1789-1846) proposed a German customs union for the integration of German territorial states. As German industry developed, Alfred Weber (1868-1958) wrote the location theory of industries, as Weber was not satisfied with the economic geography at that time and the political geography (geopolitics) of Friedrich Ratzel. Predöhl incorporated Weber' s theory into general economics via Predöhl's substitution principle.

Based on his predecessors' theories, Predöhl developed his own theory envisioning economic space as a series of concentric poles. The first world economic space covered all of Europe according to economic development. The second world economic space was a concentric pole in North America. Finally, the third world economic space was a concentric pole in the Soviet Union under the planned and controlled economy. The development of the world economy is thus producing new global economic spaces with concentric poles, and the world economy is becoming multi-polarized.

Predöhl's theory of world economic developments has the function that the economy has rules and tendencies to keep its own principles independent of nation-states' territories (political space). Predöhl emphasized the discrepancies between economic spaces and political spaces, and proposed that policies should harmonize the discrepancies between the two spaces. However, this economic principle does not differ between domestic and foreign states, and nations will not accept such universalities and safeguard their autonomy.

The economic spaces in Thünen's rings expanded due to contemporary development but were divided by every national border. This discrepancy, therefore, caused economic inefficiencies. For Predöhl, one of the functions of economic policy is to dissolve and harmonize the tensions between economic and political spaces.

Predöhl proposed the promotion of economic integration based on mutual understanding among related nations for further economic development. A lack of mutual understanding among countries only leads to the formation of a large space economy under powerful nations with military power. The Nazi's large space economy project and the European integration ideas after World War II were two approaches to address this tension.

Predöhl argued that related countries should reduce their political power to the furthest extent possible and establish a federation based on economic integration. Economic efficiency decreases to the degree to which each country insists on its own autonomy. Therefore, mutual reliance is inevitable. However, the relationship between the economy and politics presents a problem for nation-states in the context of economic globalization. Predöhl's theory points out the problem of the relationship between a nation's existence and economic rationality. His point of view is worth study even today.

Key words: Andreas Predöhl, economic integration, economic space, geopolitics, location theories, nation-state territories, political space, world economy (global economy)

著者紹介

水 野 忠 尚（みずの　ただひさ）

1946 年，東京都に生まれる。

1970 年，一橋大学経済学部を卒業後，株式会社日本興業銀行に入行。

1973 年より 1975 年まで，同行よりドイツ連邦共和国ハンブルク大学に行費留学。

2001 年，同行を退行し，2012 年まで DIAM アセットマネジメント株式会社監査役等を歴任。

2008 年，早稲田大学大学院経済学研究科修士課程に入学，2016 年博士課程を修了。博士（経済学）。
　　専攻は経済思想。

主な翻訳：

『世界経済のダイナミズムと貿易──国際貿易理論の新しい方向への出発点』アルフォンス・レン
　　パー著（2003 年，私家版）。

早稲田大学エウプラクシス叢書　11

プレデール立地論と地政学
－経済のグローバル化と国家の限界－

2018 年 3 月 1 日　　初版第 1 刷発行

著　者⋯⋯⋯⋯⋯⋯⋯水 野 忠 尚

発行者⋯⋯⋯⋯⋯⋯⋯島 田 陽 一

発行所⋯⋯⋯⋯⋯⋯⋯株式会社 早稲田大学出版部

　　　　　　　　　169-0051 東京都新宿区西早稲田 1-9-12

　　　　　　　　　電話 03-3203-1551　http://www.waseda-up.co.jp/

校正協力⋯⋯⋯⋯⋯⋯株式会社 ライズ

装　丁⋯⋯⋯⋯⋯⋯⋯笠 井 亞 子

印刷・製本⋯⋯⋯⋯⋯大日本法令印刷 株式会社

© 2018, Tadahisa Mizuno. Printed in Japan　　ISBN978-4-657-18801-4

無断転載を禁じます。落丁・乱丁本はお取替えいたします。

刊行のことば

　1913（大正2）年、早稲田大学創立30周年記念祝典において、大隈重信は早稲田大学教旨を宣言し、そのなかで、「早稲田大学は学問の独立を本旨と為すを以て　之が自由討究を主とし　常に独創の研鑽に力め以て　世界の学問に裨補せん事を期す」と謳っています。

　古代ギリシアにおいて、自然や社会に対する人間の働きかけを「実践（プラクシス）」と称し、抽象的な思弁としての「理論（テオリア）」と対比させていました。本学の気鋭の研究者が創造する新しい研究成果については、「よい実践（エウプラクシス）」につながり、世界の学問に貢献するものであってほしいと願わずにはいられません。

　出版とは、人間の叡智と情操の結実を世界に広め、また後世に残す事業であります。大学は、研究活動とその教授を通して社会に寄与することを使命としてきました。したがって、大学の行う出版事業とは大学の存在意義の表出であるといっても過言ではありません。これまでの「早稲田大学モノグラフ」、「早稲田大学学術叢書」の2種類の学術研究書シリーズを「早稲田大学エウプラクシス叢書」、「早稲田大学学術叢書」の2種類として再編成し、研究の成果を広く世に問うことを期しています。

　このうち、「早稲田大学エウプラクシス叢書」は、本学において博士学位を取得した新進の研究者に広く出版の機会を提供することを目的として刊行するものです。彼らの旺盛な探究心に裏づけられた研究成果を世に問うことが、他の多くの研究者と学問的刺激を与え合い、また広く社会的評価を受けることで、研究者としての覚悟にさらに磨きがかかることでしょう。

　創立150周年に向け、世界的水準の研究・教育環境を整え、独創的研究の創出を推進している本学において、こうした研鑽の結果が学問の発展につながるとすれば、これにすぐる幸いはありません。

2016年11月

早稲田大学